郭沫若研究文库

"大现代"
文化视域中的郭沫若

李继凯　冯超　著

四川文艺出版社

图书在版编目（CIP）数据

"大现代"文化视域中的郭沫若 / 李继凯，冯超著. —
2版. — 成都：四川文艺出版社，2019.4
ISBN 978-7-5411-5307-5

Ⅰ.①大… Ⅱ.①李… ②冯… Ⅲ.①郭沫若（1892—1978）—
人物研究—文集 Ⅳ.①K825.6-53

中国版本图书馆CIP数据核字（2019）第045842号

DA XIANDAI WENHUA SHIYU ZHONG DE GUOMORUO

"大现代"文化视域中的郭沫若

李继凯　冯超　著

责任编辑　苟婉莹　方基华
封面设计　赵海月
内文设计　史小燕
责任校对　蓝　海

出版发行　四川文艺出版社（成都市槐树街2号）
网　　址　www.scwys.com
电　　话　028-86259285（发行部）　　028-86259303（编辑部）
传　　真　028-86259306

邮购地址　成都市槐树街2号四川文艺出版社邮购部　610031
印　　刷　三河市华东印刷有限公司
成品尺寸　169mm×239mm　　　　开　本　16开
印　　张　18.25　　　　　　　　字　数　310千
版　　次　2019年4月第二版　　　印　次　2021年4月第三次印刷
书　　号　ISBN 978-7-5411-5307-5
定　　价　68.00元

郭沫若研究文库

编委会

郭沫若研究文库

百〇二歲叟
馬識途

清若学渊弘哲海
研究才俊逐浪来
文库别裁开生面
出新时代再添彩

祝清若研究文库云尔
丙申重阳玉铭

序"郭沫若研究文库"

蔡　震

郭沫若研究已经有了近百年历史，积累的研究成果浩如文海。在这个研究领域，相比较于学术论文的发表，研究专著的出版曾是一个令许多学者心中无底，感觉棘手的事情。稍微年长一些的学者们或许都有过这样的经历：因为学术著作的出版是一个难以预知的问题，所以在开始一部研究专著的写作时，就一定要有一个如司马迁所云"藏诸名山，传之其人"的心理准备。当然，也可能有些人便因此放弃了进行系统的研究，做一部学术专著的考虑，而宁愿零敲碎打式地撰写论文。

我并不是说研究郭沫若一定要撰写学术专著，事实上撰写一篇高水平的学术论文，所付诸的学术思考和努力，有时甚至要难于写作一部专著。但是郭沫若研究领域的许多方面，许多问题，确实需要进行系统的、深入的思考和研究，需要以学术专著的形式将研究成果呈现出来。好在近年来从国家到地方，投入到学术研究和出版方面的经费愈来愈多，学术著作的出版有了充分的财力支持。

在这样的情势下，四川郭沫若研究中心设立了"郭沫若研究文库"，专门资助出版研究郭沫若的学术著作，这之于郭沫若研究界显然是一个福音。

"文库"资助出版的学术著作，要经过学术委员会评审通过，这保证了进入"文库"的著作，要具有相应的学术水平和学术质量。而得到资助的学术著作，可以获得全额出版的资助，则保证了在出版环节的顺利操作。

希望"郭沫若研究文库"的设立，能够吸引到更多的学者，特别是青年学者们在郭沫若研究领域作深入、细致、全面的研究，并撰写成书，这将会更有力地推进郭沫若研究的发展。

所谓"文库"既是一种系列书籍的汇集，也是一个藏书之地——将相关的学术文献资料聚拢在一个平台上。所以看远一点，相信若干年后，"郭沫若研究文库"的积累可以构成郭沫若研究信息库、资料库的重要组成。

八十余年前，流亡海外的郭沫若在日本出版了研究古文字的学术著作《卜辞通纂》，为此，他特意给印制这部著作的印刷所老板题赠了一首诗以示感谢。诗中有句云："没道名山事，劳君副墨传"。就借这两句诗给四川郭沫若研究中心"郭沫若研究文库"吧。

丙申　夏

目　录

下篇　读书、受教及其他

附　录

难忘郭沫若

（代序）

多年前，长居陕西的笔者曾为乡贤认真写过一篇《难忘吴宓》（《东方》，2000.5），如今却忍不住很想为邻省才子写几句《难忘郭沫若》了。

难忘，不是因为与郭沫若先生沾亲带故，而是因为鄙人学业或专业本是中国现当代文学，由此便了解了他的经历、他的情感、他的文学和成就，以及他的无奈和屈从。这样的了解原来并不客观——那时不仅是非要由鲁迅来判断，经常也要由郭沫若来判断。如今，这样的简单判断方法已经大部分失效，因为可以参照的标准已经多元多样了。何况，即使那些诅咒、嘲笑郭沫若的刺耳话语，恰恰也是别一种"难以忘记"郭沫若其人其事的生动表现！事实上，在历史上的"文化巨人"身上往往都带有"巨大的问题"，从各个方面言说郭沫若，只能说明他确实很难被忘却，很难被绕过。

然则，如今或未来我们究竟如何面对郭沫若呢？

窃以为，我们还是要在探索与建构"大现代"文化的背景上，从常识亦即从知人论世的角度来看郭沫若，由此自然应该把他当成"人"，而非把他当成"神"来看待。过去有人曾经把他高抬入云，而今有人竭力贬之入地，甚至认为最好能把他打入十八层地狱。但作为笃信学理和实证的"学院派"的人们，对此显然都不能予以认同。尤其是那些长期从事学术探索的人，沉静、理智、宽容，注重学术规范，且总是喜欢探究真实的历史和历史中真实的人，方可能意识到：往往是那些在历史上复杂万端而又颇多争议的人，蕴涵着更为丰富、更为沉重的历史内容及现实启示。这些冷静的学者们很希望能够从各个方面接近"全人"（不是

"完人"）意义上的郭沫若，亦即并非完美却又是活生生的整体的郭沫若。因此，他们就要主动进入全息化的"郭沫若世界"，努力关注他的方方面面，他的全部人生和文化实践，以及"郭沫若周边"的人和事，事无巨细，文无雅俗，品无高下，皆应观照。由此也很想通过自由而又认真的探寻，找到"见微知著"的路径，从而获得多方面的有益启示。

不久前，鄙人曾出差至宁夏固原，顺道看过丝绸之路上的须弥山及其雄立山巅的摩崖大佛（即第五窟中高达 20.6 米的大佛），觉得他就像四川郭沫若故乡著名的乐山大佛，只要见上一面就会令人思绪万千。但无论从空间还是时间，无论从内在构造还是外在形貌，即使是平凡的世人也能够发现他的种种局限，尤其是他那已被千年风雨损毁却难以自我修复的外观。大佛如此，何况并未成佛成仙的郭沫若呢。所以，业已"作古"三十余载的郭沫若于"此在"多元世界遭遇"毁誉参半"和"两极阅读"，也就并不奇怪了。

确实，如今在网络等新媒体中诋毁或倾向于否定郭沫若的看法及言论已相当流行。因此，研究郭沫若，在当今之世也确是一件相当困难且较为寂寞并时常会令人颇感困惑的工作。但鄙人以为，愈是艰难也就愈加需要有识者的坚持和掘进，更需要不断地总结既有的学术经验、成果，发现存在的诸多问题，积极求索前沿性的相关课题。国内及境外郭沫若研究的专题会议及期刊，大抵都体现了这样的学术取向，为有志于深入研究郭沫若的不拘地域限制、不畏学术难题或权威的学者特别是年轻学人，提供了一个又一个重要的交流平台。遗憾的是，如今愿意用心用力撰写关于郭沫若其人其文的学者学子却越来越少了。

因为有人业已遗忘而鄙人依然"难忘"郭沫若的缘故，在此，我不妨简要谈谈个人对郭沫若的一些观感或理解吧。

在 20 世纪 80 年代末，亦即那个令人难忘的特殊的春夏之交，鄙人曾参加在青岛召开的全国性的郭沫若研究学术讨论会，为此撰写了万字论文《女神再生：郭沫若的生命之歌》（此文获中国社科院和共青团中央颁发的全国首届青年学者优秀论文奖），表达了对郭沫若心理世界的某种理解。拙文指出：《女神》中有爱国精神，有个性解放，有泛神与爱情，有反抗与破坏，有赞美与诅咒等，然而这一切都是因为拥有了"女神"！她的"仁慈之爱"具有无限的魅力。这"女神"已如新造的太阳升起在诗人的心中。古老的"女神"被诗人讴歌进了新的生命，具有了无限的活力及魅性。而这又根基于人类生命文化（包括女性崇拜、生命之爱及神话原型等）的积淀，从而使《女神》诗集中的优秀之作具有了超时代、超性别乃至超民族的人类意义。至今我也依然认为，郭沫若是一位名副其实的文化巨人，尽管他也有他的不足或"短板"，但倾其心力，他的文化创造尤其诗歌创作所取得的实际业绩，综合观之确实蔚为大观，非同寻常。即使仅仅从中国新诗的诗学探索、新诗创新创变的视角看，郭沫若也确实是"五四"以来一位激情洋溢的真正的浪漫诗人，尽管他也有嗓音嘶哑或变声的时候，但其用情甚多、敢于闯荡的新诗实验或求索，毕竟给中国新诗带来了一种独特的诗风，真正开启了一个汉语新诗的新纪元。

我以为，郭沫若最基本的"身份"不是政治家，而是"文化人"，就其多方面的文化业绩而言也可以说是名副其实的现代中国的"文化名人"。这是最基本的历史文史事实，无人可以否定。如众所知，郭沫若的人生涉猎面甚广，社会角色之多及入世之深也常常令今人感叹不已，争议不断。尤其是作为现代文化名人，郭沫若毕生致力于在世界文化交融中进行民族优秀文化的传承创新，其成就诚非寻常人可比。那些贬低或诋毁他的人们，往往只是从政治角度抓住一点尤其是关涉"道德"或"人品"的某个"事件"，大加挞伐而不及其余。反驳者也常常被牵着走，费尽心力举出反例来试图予以开脱。这几乎形成了一个"死结"或"怪圈"。其实，那些谩骂郭沫若的人并非仅仅缺乏"历史的同情理解"，而是常常自知个人并不及郭沫若，却深知如此进行"解构"的策略技巧——骂名人者可以尽快出名，骂名人不是"好东西"即可迅速找到"不过彼此彼此"的感觉，大骂名人或大骂"流氓"也至少可以得到宣泄的快感并获得某种心理安慰。自然，也有某些辱骂名人者不是为了消除嫉羡心理而是指桑骂槐并试图达到居心叵测的斗争目的。这比通常说的"羡慕嫉妒恨"可要严重多了。

我以为，总体看，郭沫若还是一位勇敢挺立而又能热烈爱国的真正男人。尽管他的勇敢并非每次都表现上佳，尽管他的爱国并非每一次行为都很机警、很智慧，但从现代文人的"新三立"（立人、立家、立象）追求来看，却着实可圈可点。传统文人恪守的"立德、立功、立言"，特别强调"以德为先"，而一切皈依封建道德的结果，便使其功业和言论也受到了极大的限制。与此不同，郭沫若在现代"立人"方面，确实有其张扬个性、努力创造的风范及先驱作用，体现了明显异于古人的致力于建树现代人格的自觉追求。在"立家"的追求方面，也对不同层面的"家"都有尝试性的探求和建构，从个人小家、社团之家、民族国家乃至人类之家，都有深入思考和非常勇敢的尝试。尽管这些尝试中也时有失败甚至惨败，但他对传统婚姻的反抗、对跨国婚恋及现代性际关系的探索和建构，还有他对前期创造社、抗战文化团体的杰出贡献，以及他毁家纾难而对国家民族的勇敢捍卫，都可以引起人们足够的注意和持久研究的兴趣。而对"立象"的追求，无论是其诗歌中"抒情主人公"的形象，还是其历史剧中的正面人物形象，或其檄文"请看近日之某某"所显示的气概气象，以及作为诗人、作家及学者进行不懈写作的书写者形象，都基本是能够站立起来或"立得住"的。特别是他那挥毫不止的"书写行为"以及留下的大量手稿及书法作品，为世人展示的是一位直观的面目清晰、卓立于世的大家形象。仅就书法文化创造而言，与其丰富的人生体验、多样的文化实践相对接，也可谓用其毕生的心血、不懈的追求，倾心建构了"人生如沧海，翰墨蕴乾坤"的浩大境域，从而演绎出 20 世纪中国文化长河中一脉不息且极具个性特色及美感特征的"书法生涯"。其实，人立于世的言行举止，大都与自己的"形象塑造"息息相关；他人或旁观者的印象和评说，往往也带有为人"立象"的意味。也就是说，关于郭沫若的"立象"大抵有"自立"和"他立"两种，这自然可以从更多的方面去加以深入讨论，由此也表明，郭沫若研究确实还有着颇为广阔的探索空间。

国人即使入梦，也许仍然难以忘却那噩梦般的战争岁月。而难忘当年的抗战岁月，就很难忘记当年那位娶了日本妻子、养了多个日籍儿女却依旧深爱祖国的郭沫若。他那毅然回国的"捐躯赴国难，视死忽如归"的壮举，以及归国后的忘我工作，使很多人都将他目为当之无愧的文坛领袖和民族英雄。而这样的民族英雄所体现出的坚强意志和爱国精神，在日本军国主义阴魂游荡、萦绕乃至嚣张之际，则尤其令人难忘，且迫切需要大力弘扬才是。

当然也需要特别说明：我们固然需要作为民族英雄的郭沫若，但这并不意味着我们需要战争。我曾于 2010 年 7 月 24 日在日本长崎大学召开的第一届东亚汉学研究会闭幕式上致辞，其中便说过这样的一席话："各位学者同道，在此共话'东亚汉学'，后顾前瞻，各抒高见妙论，或宏观或微观，或古代或今世，或个案或比较，虽角度有异，见解不同，未必皆能达成共识，却能够切磋互补，拓宽视域，分享思想自由、学术有道之快乐，更能以文会友，增益人生及学缘之友谊！……在当今语境中，身处长崎的我们或可形成这样的基本共识：其一，在当今东亚，我们宁愿低吟学术之声，也不愿听那原子弹（或导弹）的巨响；宁愿沐浴山中汩汩温泉，也不愿重温连绵战争（或纷乱）的噩梦！其二，就'会议文化'而言，话不在多，而在可心；会不在大，有神则灵！由此赞曰：扶桑风光好，吾侪兴致高；热浪扑面来，汉学涌新潮。"众所周知，近期东亚政治、经济和文化的整体形势都相当严峻，文人们游乐的兴致大减，忧患的意识猛增，我们为了和平而祈祷，为了寻求沟通而进行更多的学术探讨，但愿我们能够为增益文化和沟通心灵、减少人为灾难尤其是避免战祸贡献微薄之力。

笔者从事郭沫若研究的时间已经超过三十年了，断续写过多篇论文且出过小书，但其间却严重"用情不专"，我的兴趣时或转移到某些新的课题并经常忙于世间俗务，总在往前赶路。但当许多人似乎已经遗忘或正在努力遗忘和疏远郭沫若的时候，我却时或反观郭沫若，如今又再次想起了郭沫若，衷心地想"逆流而动"，给他一个纪念和敬礼，并期盼着能借助媒体在更为广阔的范围传扬郭沫若其人其事以及相关的研究成果，让更多的人能够了解更为真实的郭沫若及与其相关的社会人生，尤其是，能够从"大现代"的文化视域观照郭沫若，看到他作为"古今中外，化成现代"的典型人物或文化名人，以及这种"大现代"文化所具有的优势和难以避免的遗憾之处。

上篇
文化创造者

论郭沫若与中国书法文化

郭沫若是20世纪中国一位有着多方面建树的文化名人，对他的书法名家身份，也有很多人予以确认，并给予很高评价，其中最典型的有"郭体"之誉；但也有人大加鄙薄，其中最典型的是"滥俗"之说。前者多见于中国内地正式出版的书刊，"主流"特征明显；后者多闻于海内外学人的议论，"民间"色彩突出。随着近些年来"反思郭沫若"步伐的加快，后者的声浪似有增强并进入多种媒体的趋势。尽管有关的看法颇为纷纭，但基本局限于"书法艺术"本体的考察和判断。窃以为应扩大视野，从文化研究视角来综合考察郭沫若与中国书法文化的多方面关联，并力争给出客观的分析和评价。

一

书法与郭老都是中国文化的骄子，其中的"书法"外延可以扩大为"书法文化"，而"郭老"的内涵却不可缩小为"书法家郭沫若"。所谓"书法文化"是超越了"书法"或"书法艺术"的文化范畴，其相应的研究对象除了书法作品，还有书法理论与评论，装裱与传播以及书法与其他文化（汉字文化、文学艺术、政治经济、性别文化、建筑文化、旅游文化、宗教文化以及历史学、教育学、心理学、外交学或交际学等）交叉生成的边缘文化。总之书法文化尤其是中国书法文化绝不局限于书法艺术本体①。所谓"书法家郭沫若"，仅仅是作为文化名人郭沫

---

① 参见金开诚、王岳川主编：《中国书法文化大观》，北京大学出版社1995年版；胡传海：《笔墨氤氲——书法的文化视野》，复旦大学出版社1998年版；欧阳中石主编：《书法与中国文化》，人民出版社2000年版。

若的一个侧面，而且是比较次要的侧面，既映现出了郭沫若的光彩，也表现出了他的局限。田仲济先生多年前为税海模《郭沫若与中国传统文化》作的序言中就指出：研究郭沫若，"不能只从文学上着眼，文学不能代表郭老的整个成就"①。从书法文化角度看郭沫若，就正是这种超文学的文化研究的一个尝试，并具有文学研究科际整合的意味和价值。

作为中国文化骄子的书法是完全彻底的"国粹"，中国人围绕书法艺术而展开的有关活动创造出了丰富多彩而又源远流长的中国书法文化。作为中国现代文化巨人和书法名家的郭沫若与中国书法文化也有着至为密切的关系。郭沫若是中国现当代史上一位成就卓著的文化名人，在文学、历史学、古文字学、社会学等领域留下了丰厚的遗产。他著有《甲骨文字研究》《卜辞通纂》《西周金文辞大系考释》等，对中国的考古、文学、史实、年代的考订贡献很大，影响深远。其各类手稿文本也多具有一定的书法价值。正是因为郭沫若有着丰富的学养，多才多艺，即使淡化了"旗手"的色彩，也仍拥有大文人的气象，所以在一些人看来仿佛"东坡"再生。正如同乡东坡先生一样，郭沫若在书法艺术方面也有很高造诣，他熟悉各体书法，其中"最为出色的是其将北碑笔法与行、草体势杂糅为一体的成功尝试"②，在现代书法史上占有相当重要的地位。郭沫若对书法艺术的痴迷当源于他对中国传统文化的倾心。同时，也可能正是对中国书法艺术的热爱为他提供了一个新鲜的视角来审视中国传统文化，并得出一些与众不同的结论。这也就是说，经常性地进入书法境界必然会更多地接触传统文化，辅助性地培育着对传统文化精华的喜爱，塑造着独特的民族审美情趣。我们经常强调的是郭沫若对古文字、古诗词和考古等的研究对其书法的帮助，却容易忽视他对书法的深切爱好和沉浸，也促使他更多地接触甚至是利用他所掌握的传统知识从事文化创造。譬如他对儒家文化及孔子的亲近，就伴随着许多书写（包括书法性的书写），而这些书写也促进着他对儒家文化和孔

---

① 税海模：《郭沫若与中国传统文化·序》，四川大学出版社1992年版。
② 刘正成主编：《中国书法鉴赏大辞典》，大地出版社1989年版，第1461页。

子的理解和化用①。因此，我们在探讨郭沫若与中国传统文化及其学术文化关系时，可以在儒道释法等文化论域中充分展开，但也应关注他与中国艺术文化尤其是书法文化的密切关系；在探讨其与书法文化关系时，也应注意其传统文化背景。

作为中国文化骄子的郭沫若，也是在世界文化背景中奋力继承传统文化的志士。孔子《论语·泰伯》云："士不可以弘毅，任重而道远。仁以为己任，不亦重乎？死而后已，不亦远乎？"孔子在这里明确指出：士应当以弘扬"道"为己任，要把有限的生命用来修身齐家治国平天下。但为士要"志于道，据于德，依于仁，游于艺"（《论语·述而》）。这种人生设计中尽管将"游于艺"视为次要之事，但在将"艺"与"道"的结合实践中，却可以书写流光溢彩的人生。郭沫若在书法艺术上的探索与实践历时七十余年，就是相当有力的例证。如果说他的文学作品是"献给现实的蟠桃"，那么他的书法作品则是"献给人生的橄榄枝"：青年郭沫若的书法于辛亥年间便得到社会认可；十年以后，他的著名诗集《女神》等作品集问世，多有自己的题字而使其书法在更广泛的读者面前显露风采；20世纪20年代末，郭沫若旅居日本，由金文甲骨文入手，以字辨史，借史鉴今，谙熟了祖国文字、书体的演进轨迹，创立了古文字研究的科学模式，对现代中国书学理论的发展也起到了积极的创建性作用；1937年归国抗战，在民族危难之中，其诗词创作常与书法相结合，翰墨间饱含了深厚的文化底蕴和自强不息的民族精神；新中国成立以后，郭沫若在繁重的国事之余从事更为丰富的书法创作，同时以他为代表的一批书法家也通过富有时代特色的书法创作，为中国书法获得国际地位做出了贡献②。此外，在20世纪60年代的"兰亭大论辩"中，郭沫若的参与和影响至今仍使人记忆犹新。作为中国书法文化包括书学传统的杰出继承者和创新者，郭沫若的成功实践，可以确证他是一位名副其实的中国文化骄子。近些年来某些蓄意诋毁郭沫若文化业绩包括学术成就者，在面对郭沫若的书法文化造诣时大约也会"失语"的，因为他们往往是不谙书法、不解毛颖之舞妙味的"西患"③。他们通常只知中国有很糟糕的东西，却不知中国也有很精妙的东西。观书法只能看到表面的横平竖直，对书法变形奥妙和线条背后的"心画"无从领

---

① 参见郭沫若：《中国文化之传统精神》，《创造周报》，1923年第2期。
② 参见赵笑洁等：《中国书法家全集·郭沫若》第二章，河北教育出版社2002年版。
③ 参见李继凯：《墨舞之中见精神》，国际文化出版公司1988年版。

略，自然就很难真正进入郭沫若的书法世界，了解其并非单一的文化价值。恰如深谙中国书法奥妙的蒋彝先生所说："书法家的目标不纯粹是清晰可辨和写一页看上去舒服的字……而是将思想、个性与构思等诸方面表达出来。对我们来说，它并不是一门纯装饰艺术。只有具备鲜明个性的学者，特别是具备诗词、文学和音乐修养的学者，才能完成一幅令人满意的作品。……不幸得很，技艺高超但粗俗低鄙的字比比皆是。"① 从郭沫若书法世界中可以领略到的绝对不仅仅是书法线条的趣味，还有着时代光影、诗人性情、学者睿思和才子个性等。

二

郭沫若是一位现代文化信息传播增速时代的文化英雄，他对文化信息融会贯通和趋向创造的意识是很自觉的，其成就也相当辉煌。他作为中国现当代一位百科全书式的文化名人，在书法艺术上的造诣，也是令人瞩目的。若以书法家视之，从某种意义上而言郭沫若可归入学者型或"文化人"等类型的书家。"文人书法"为其骨，"名人书法"为其肉，相得益彰而流通于世。在他的书法作品中，处处透射出一种"文"的气息，集万端于胸中，幻化出千种思绪，从笔端涓涓流出，化为与其学问修养相融合的境界，以书法艺术形式展现给读者。在"五四"前后，郭沫若的手书墨迹就显现出了自己的个性。在历史学与文字学交织的创造性研究的接口上，他的书法艺术更获得了坚实的学术根基和文人书法的深厚素养。他的书法艺术实践贯穿了他的一生，他终成 20 世纪中国书坛名家。其学者风范、书家功力与政治家气魄的相对完美结合，构成了郭沫若书法艺术的鲜明特色，在这种意义上，有人称之为"郭体"，自有一定道理。从历史上看，有"郭体"之誉；从艺术上看，书法风格或个性的存在也证明有"郭体"之实。但"郭体"能否成为像"颜体""柳体""欧体"或"二王"那样的艺术范式，却大可存疑。已有的书法接受史表明，如郭沫若一类的现代名人书法、文人书法多为人们欣赏的对象，至于自觉地借鉴甚至当作模板临摹则非常少见。因此在笔者看来，在学术意义上还是称之为"郭书"为宜。自然，书法文化仅仅是郭沫若所吐纳的文化大餐中的一个"菜系"而已，然而在这方面他却经常能够给人带来惊喜，带

---

① ［美］蒋彝：《中国书法》，上海书画出版社 1986 年版，第 113 页。

来超乎现实政治功利的审美愉悦。他的书法作品（如草书《百粤千山联》《致子易诗书轴》《咏武则天》《录庄子逍遥游句》《国民七言联》，行草《沁园春·雪》以及楷书录文天祥《正气歌》扇面，用李白《蜀道难》韵反其意而作的行书手卷《蜀道奇》等①），包括他的某些题字（如题碑名"黄帝陵"，题匾名"故宫博物院"，题斋名"荣宝斋"，题书名"奴隶制时代"，题画"题徐悲鸿画奔马"，题银行名"中国银行"等），都如沧海生波，神完气足，潇洒飘逸，顿挫有力，从线条伸缩中烘托出一种充盈的艺术张力，缠绕飞扬，尤有美感。其特色独具，面目清晰，确能够给人留下难忘而又深刻的印象，在接受美学的意义上也易于被辨识和传播。正所谓："着绝艺于纵素，垂百代之殊观。"毋庸怀疑，即使在价值多元的时代里，郭沫若的书法精品也是足可以传世的，并多为世人欣赏和收藏。

关于书法的学习，郭沫若早年曾学过颜字，并且用功颇深。从他的作品中，尤其是少数作品，仍依稀可见颜鲁公浑厚雄健的风貌，比如线条的朴茂、敦厚，结体的宽博，总体来看其书风雄强，具阳刚之气，很有时代特色和男性书法特征。② 于立群介绍郭沫若的书学经历和书学主张时曾说，郭沫若早年学习颜字，能悬腕作大书，同时喜读孙过庭《书谱》及包世臣《艺舟双揖》，领悟运笔之法。郭沫若也在《怎样学习书法》一文中涉论了学书的许多方面，同时看重技巧。他说："笔法的要领，我看不外是'回锋转向，逆入平出'八个字。"③ 因此可以说这八个字也体现了郭沫若运笔的基本功和基本特点。此外，郭沫若于秦汉而后的历代书法，几乎无所不观，广为借鉴，故其用笔能够不拘一格，随情化用。既然能够不拘泥于某家某派而博采百家，也便能够融会创造，自成一家。他的书法虽也有楷书扇面《文天祥〈正气歌〉》那样的精致"小品"，但大多则是尚意随性、信笔挥洒的"大作"，既有传统根基，更注意自我发挥，无论用笔、结体和布局，都不拘泥成规，显示了自然浑成的个性特色。这也就是说，从主导方面看，郭沫若习书作书，似乎并不乐意循规蹈矩，而是善于从个性张扬入手，努力体现自我

① 参见郭庶英等编：《郭沫若遗墨》，河北人民出版社1980年版；赵笑洁、东野长河：《中国书法家全集·郭沫若》，河北教育出版社2002年版；郭沫若著，郭平英主编：《二十世纪书法经典·郭沫若卷》，河北教育出版社、广东教育出版社1996年版；《郭沫若书法集》编委会：《郭沫若书法集》，四川辞书出版社1999年版等专著。

② 参见李继凯：《略说性差与中国书法》，《书法研究》1996年第3期；或李继凯：《两性文化与中国书法》，载《20世纪中国书法研究丛书·文化精神篇》，上海书画出版社2000年版。

③ 郭沫若：《郭沫若论创作》，上海文艺出版社1983年版，第628页。

个性色彩。尽管他也时或临摹（如 20 世纪 60 年代还临王羲之《兰亭序》等），但那更是为了化他人为己用罢了。

故宫博物院

郭沫若诚然不是专业书法家，但他的书法艺术成就却相当显赫。有学者认为，郭沫若七十余年书法艺术风格的形成和发展，前后大致可以分为三个阶段①。第一个阶段是 20 世纪 20 年代至 50 年代。这是郭沫若书法艺术从稚嫩向成熟的过渡时期。这一阶段，他的书法风格总的说来比较沉着、生涩和厚重。少年时代的他心仪"苏（东坡）体"，又受民国书法主流——碑帖结合的影响，加之他东渡日本时期探奥甲骨文，研究早期造型符号，而且用毛笔撰写，因此字里行间油然而生出金石气。对于晋（王羲之、王献之）、唐（孙过庭《书谱》）以及明中后期一些书法的追溯，明显看出他消化与吸收传统法帖的种种痕迹。三四十年代为抗战而书，使郭沫若的书法作品走向大众化，其字形结体、笔法起运、章法行气等，都有了新的面目。格调刚柔并举，或含蓄温和，或疾厉昂扬，这成为郭沫若书法走向成熟的前奏。这一时期的书法作品在落款上也有一个较为明显的特征，即"郭"字"阝"部的最后一竖多是顺势长长拖下，取代了"沫"字的"氵"旁，"若"字多作草书，特别是在末笔处提按形成一个圆点后旋即挑出，大有经过一番曲折而将积郁在胸中的火气一吐为快之感。从此落款形式中，我们也可以感受到作者的书写风格正由工整、平和逐步向疾速、洒脱而转化。第二个阶段是 20 世纪 50 年代至 70 年代。这一时期是郭沫若书法创作的旺盛时期，也是他个人风格日趋成熟的时期。尤其是 20 世纪 60 年代，是郭沫若书法成熟、风格更趋强烈、创作更为旺盛的时期。他这时的书法风貌精气饱满，形式与内容又有新的开拓，由早期的碑学功底，到融会碑帖的广泛吸收，从最初的稚嫩，最终走向成熟，显出激情洋溢的浪漫风采。这时期的书风可以说是笔法娴熟、气势流畅，字字似有力透纸背之感。第三个阶段是 20 世纪 70 年代后。这是沫若晚年的

---

① 参见张伟生：《试论郭沫若的书法艺术》，《书法研究》1989 年第 3 期。

创作时期。这个阶段的创作表现出返古和衰疲的现象，往常遒劲、奔放的书风此时已不复存在，取而代之的是拙朴、深沉和苍老的风格。同时，这个时期的书作数量明显少于第二个时期，而且在有些作品中（尤其是晚年书迹）还流露出笔力不逮、气势不贯的弊病。

郭沫若的书法作品从量上看是很多的，从质上看也参差不齐，由于时代和心境等方面的原因，郭沫若的书作与其写作一样，也"呈现出了十分纷繁的状态：有遵命之作，有应酬之作，也有游戏之作；有用力之作，有得意之作，也有不满之作。这些作品，有颂扬，有歌唱，有想象，有抒情，有暗示，有影射，有讽刺……"①。同时，郭沫若的博学多才和他那强烈追求个性的意识，使得他在汲取传统书法艺术养料上还显得不够充分，一些作品气势强而韵味寡，格调不高，境界不幽。譬如从线条上看，郭沫若虽曾学习颜书却缺少颜体线条"骨力"上的凝力与相应的"坚质"感。另外，郭沫若入纸笔致较轻，易于写好小些的字而难以把握大字或榜书。不过，尽管有人对郭沫若"全人"或某些作品很不屑，但总体看郭沫若的书法艺术成就是杰出的，传世之作也较多，甚至从量上来说，抑或要超过他的诗歌，而他与书法文化的更多方面的关联，还可以给我们更多的启示。

郭沫若不仅是中国现当代史上一位相当卓越的书法家，也是一位比较勤勉的书法研究者。个性化即意味着自我的选择，在研究对象和学术方法上也要有自己的特征。在中国书法史上，文字体式与书法体式的演变是非常值得注意的文化现象，郭沫若对此给予了关注和深入的研究。他写的《甲骨文字研究》《殷周青铜器铭文研究》《卜辞通纂》《殷契萃编》和主编的《甲骨文合集》等，使他在古文字研究领域占有重要的地位。唐兰先生所说"夫甲骨之学，前有罗王，后有郭董"，今人视郭沫若为古文字研究的一代宗师，自然都有一定的事实根据。而郭沫若对文字学的精通，显然也为他的书法艺术和书法鉴赏奠定了非常坚实的基础。甲骨文的文化学和历史学意义是郭沫若所关注的，但其书学或书体意义也为他所注意。而且，自然形态的甲骨文也在他的审美和摹写（亲笔用毛笔书写的相关著作很多）中，获得了现代生命。他对王羲之的《兰亭序》给予的关注和考证，至今看来亦属于一家之言。他在1965年发表的《〈兰亭序〉与老庄思想》《〈兰亭序〉并非铁案》《西安碑林·序》等文，除了表明他对史实的兴趣，也相

---

① 王锦厚：《郭沫若学术论辩》，四川文艺出版社1996年版，第7页。

当充分地表达着他对书法的重视。其对原始刻画符号和甲骨文艺术特点的论述及《兰亭序》之真伪问题的论辩，震动了书坛，推动了书学理论的研究，带来了书法事业在"文化大革命"时期的艰难潜行。这些成就，尤其是后期有关"兰亭论辩"的数篇论文，较为充分地反映了他深厚的学养，且已有了比较自觉的文化研究眼光，如特别强调从道家文化思想角度研究《兰亭序》即为显著的例证。郭沫若生前一直在骨子里关切汉字文化的命运，对汉字书写有一种执着的信念；还在书法技巧方面，进行了一些积极的思考和探索；又曾在书法作品中论述书法①。而郭沫若曾论及鲁迅的书法能够"融治篆隶，心腕交应，朴质而不拘谨，洒脱而不法度，远遂宋唐，直攀魏晋"②，也可见出其书法评论的要言不烦。伴随着书法活动不断进行考察与思考，在郭沫若几乎成了一种"职业"习惯，从一定意义上说他是学者型的艺术家和艺术家型的学者，的确是有相当道理的。

三

书法家与书法的结缘其实也是对自我人生的充实，而通过书法为中介的人际交往，又在更大程度上丰富了人生。郭沫若书写一生，书写，尤其是艺术创造性质的书写成为其生命焕发的生动体现。有心人完全可以以其书法活动为谱事，编出厚重的《郭沫若书谱》。我们看到，他从启蒙起就与中国书法文化结下了不解之缘，临池的时光构成了他生命中一道靓丽的风景线；而他给许多人尤其是亲朋好友题字相赠，也成为精神交流和增进友谊的重要手段。他慷慨地为全国各地名胜古迹、工矿学校以及社会各界、海内外友人和亲人留下了难以计数的辞章墨宝（自然并非都是精品）。其书法作品数量之多、质量之高、影响之广，现代名人书家中还很少有人可以和他比肩。但在他的生前，几乎没有搞过个人书法展。在1941年文化界为他祝贺五十寿辰时，曾在他获得如椽大笔的同时举行了"郭沫若创作生活二十五周年展览会"，方才展示了部分书法作品③。即使在生活非常困难的时候，他也没有走上卖字为生的道路。由于他没有现代书法的"市场"意识，甚至也没有传统的"润笔"要求，更没有专门为他开拓"市场"的经纪人，

---

① 如《论书轴》："中国字之艺术化其源甚远……"
② 曾禹：《毛泽东诗词书法鉴赏》，中国华侨出版社2012年版，第324页。
③ 龚继民等：《郭沫若年谱》，天津人民出版社1992年版，第484页。

所以他不可能像如今的某些人那样"一字千金"，因书法而暴富，但他却有意识地将书法作为媒介，在书法交往中不断开拓人生，既有助于工作的展开，更丰富了自己和他人的人生，仅从这个角度看，郭沫若也达到了相当高的人生境界。

郭沫若书法与旅游文化、科学教育、文学艺术等的紧密结合，在很大程度上讲是丰富充实了书法文化宝库，而不是损害和削弱了书法文化。书法文化是包含技术性的书艺却并非局限于此的文化体系。郭沫若的书法作品很多，有的内容大于形式，有的形式大于内容，真正结合好的佳作从量上看也许并不很多，但这些佳作多被人们视为珍品，享有人间的特殊礼遇。即使那些存在问题的书作，也并非"文化垃圾"，较如今许多"当红之星"的稍纵即逝似乎还有着更为久远的生命。比如，郭沫若曾于1943年为母校乐山一中题词："圣人生于急学，学问之道良不可一日惑已。唯学贵因时，方今之世，国家民族之所企待者，实以科学为首要。愿同学辈知所奋勉。"① 他在这里便成功地将书法与科学教育事业紧密结合了起来，相得益彰地化育着母校的学子，也传扬着自己的书法艺术。而他对科学教育事业的关切是终生的，不仅担任过大学校长，还曾为各类学校题词或题写校名，多被勒石刻碑树牌，但在很大程度上不是炫耀自我，而是意欲借书法符号彰显科学教育文化。因此，从很大程度上讲，郭沫若的书法活动本身也是一种工作——为公务为社会而尽义务，即使未臻完美，也不应过于苛求。这也就是说，郭沫若书法既具有生活性或审美性等文化功能，也具有更加突出的宣传性或广告性等作用。但从艺术与人文的视野来看郭沫若书法，则更应注重他与友人间的翰墨情缘，其作品意味常为后人怀念不已。

在许多回忆文章和有关年谱中，记载着郭沫若从事书法活动的事迹。1942年在狱中的叶挺曾托人为郭沫若送来寿联和《囚歌》，后来郭沫若为叶挺儿女书写了《囚歌》作为纪念。② 1943年初春时节，适逢剧作家于伶三十七岁生日，夏衍等人用于伶剧作之名《长夜行》《花溅泪》《杏花春雨江南》《大明英烈传》联句成诗，郭沫若书为斗方："长夜行人三十七，如花溅泪几吞声。杏花春雨江南日，英烈传奇说大明。"书毕，感到情调低了一些，便挥笔改写成了另一斗方："大明英烈见传奇，长夜行人路不迷！春雨江南卅七度，如花溅泪发新枝。"其情

① 薛子贵：《郭沫若为母校一中题词》，载《郭沫若研究学会会刊》第一集（内刊），1982年第1期，第204页。

② 郭庶英：《我的父亲郭沫若》，辽宁人民出版社2004年版，第43—44页。

其景曾使在场的于伶深受感动和鼓舞。著名学者商承祚在《郭沫若同志遗诗书后》中曾回忆说，1941年他曾在重庆得到郭沫若赠的诗歌条幅，每行长七十五公分，宽四公分，秀润的小行书满纸。商君非常高兴，无比爱护，即使在郭沫若逝世后仍悬挂于家中，还动情地写道："我每一仰望镜框内这一小条，如晤故人，及追忆往事，又怅然若有所失，人生固如是夫。"① 又如，1936年郭沫若闻鲁迅逝世噩耗时，十分悲痛，当夜伏案写了哀悼鲁迅逝世的文章《民族的杰作》，同时又手书挽联一副，曰："鲁迅先生千古。方悬四月，迭坠双星，东亚西欧同陨泪；钦诵二心，憾无一面，南天北地遍招魂。郭沫若哀挽。"全联书迹凝重，语言真挚，情真意切。原本龃龉颇多却终因大战斗"都为着同一的目标"而萌生了战友之情，这从郭沫若悼念鲁迅的文章《坠落了一个巨星》中也可以看出。郭沫若还经常与书画界的朋友直接往来，并建立了深厚的友谊。如1933年傅抱石留日期间，郭沫若也在日本流亡，傅抱石经常去拜访他，彼此建立了亦师亦友的友情，相互多有交流。郭沫若每见傅抱石有得意之作，常乐于为之题咏，并为其在日本的首次画展题写了展名。从此这种深厚友情一直延续下去，两人在交往中继续互相题字赠画，增进交流。郭沫若曾为傅抱石的《屈子行吟》画卷题字，傅抱石也将其所绘著名的人物画《丽人行》赠予郭沫若作为家藏（郭沫若与收藏文化也关系密切）。1958年，《傅抱石画集》出版，郭沫若还曾为之作序，并在序中指出："我国绘画，南北有二石。北石即齐白石，南石即傅抱石。"郭沫若还手书"南石斋"赠予傅抱石。这本画集的出版和郭沫若的弘扬，对傅抱石在中国画坛上历史地位的奠定起到了不可忽视的重要作用。

在中国文化环境中，书法名家乃至各类名流都容易与书法文化结缘，且善书者很容易背上沉重的书法任务。很长时间里，欲求郭沫若墨宝者众多，所积"字债"常不堪重负，但他经常"突击性"地书写以还"字债"。然而即使是这种并非自由的书写，有时也能为他带来创造的快乐。如他题写"荣宝斋""黄帝陵"等得意之作时，笔迹中也仿佛洋溢着他的得意。像这样的例子还有很多，特别是新中国成立后的几十年间，他参观过许多名胜古迹，题诗、题字是家常便饭，即使在他的耄耋之年，来自个人和单位的求字者仍很多，郭沫若仍坚持用颤抖之手

① 商承祚：《郭沫若同志遗诗书后》，载《郭沫若研究学会会刊》第一集（内刊），1982年第1期，第188页。

握管，努力满足着请求者的心愿。从颤抖的笔迹中固然可以看出其生命的挣扎和顽强，更可以看出他对他人和书法的尊重与喜爱。他对书法的讲究也值得注意。如他为他人和自己的书籍题字，经常并非一挥而就，而是写了再写，他在给日本友人的一封信中写道："……原有封面题字俗得不能忍耐，另书一纸奉上，务请更换为祷。"① 郭沫若的书法艺术同样享有国际性的盛誉，他的墨宝在日本尤其受到欢迎，日本多处立有他的诗碑。他赠送外国友人或使者的许多书作，对传播、弘扬中国文化，增进国际文化交流也起到了积极

作用，同时从自我精神需求来看，书法文化的滋润也使郭氏人生添加了许多光彩。

在中国现当代的书坛上，夫妻书法家并不多见。而郭沫若与夫人于立群当为一对难得的夫妻书法家。受家庭的熏陶，于立群早年即喜爱书法，能悬肘写一手大颜书。她性格文雅娴静，在与郭沫若结识后，书法成了他们共同的爱好和相通的心桥。他们闲暇时常在一起观览碑帖，研摩书法，于是笔能达意，墨能通情，他们跨过了年龄和经历的差距，携手走过了并不短暂的人生道路。显然，两人的情感生成和维系无疑也有着书法艺术的滋润。作为夫妇书法家的和谐与互动（这从为纪念郭沫若诞生110周年而举行的"郭沫若于立群书法展"中便可看出），也可以说是一种令人称羡的人生境界。坐落在北京什刹海前海西岸的郭沫若故居，后排房正中一间是于立群的写字间，其中便挂着郭老和于立群的书法作品，这不仅成为夫妻书家美好情感的有力见证，而且能够令人想见夫妻如切如磋的书房之乐。郭沫若尽管在多数情况下是妻子"亦师亦友"的伴侣，为妻子书赠多幅佳作，但有时他也甘当配角。如1963年在为成都杜甫草堂重书前人长联时，于立群书联，而他仅为之作跋，遂成就一段翰墨缘，也为游人增加了一道书法景观。②

① 郭沫若著，黄淳浩编：《郭沫若书信集·上》，中国社会科学出版社1992年版，第372页。
② 参见龚继民：《郭沫若年谱》，天津人民出版社1992年版，第1250页。

四

文学与书法都是艺术，都是作家思想境界、人格品性以及时代精神的真实写照，因此两者在很大程度上有互操作性。著名作家冯骥才在《文学大师们的另一支笔》①中介绍说，陀思妥耶夫斯基对绘画、书法都有一种迷恋，喜欢用尖而硬的笔写作，用质量精良的厚纸写作，在写作过程中享受书写时笔尖运行的美感和快感。郭沫若的手稿，绝大部分都可以视为书法作品，尽管其艺术价值有高下之分。郭沫若的书作多有强烈的抒情性，透露着诗人的浪漫气质和激情。

作为故乡前贤，古代苏东坡诗文、书画俱佳，郭沫若的大哥即是尊苏的多才多艺式的人物，非常爱好苏字，心摹手追，俨然是苏子的继承人。这在年幼而崇拜大哥的沫若心中，产生了巨大而又微妙的影响，"不自觉地便产生了模仿的冲动"。②郭沫若对东坡的心仪和师承也便成为一种自觉的选择。他在《咏东坡楼》中云："苏子楼临大佛寺，壁间犹列东坡字。洗砚池中草离离，墨鱼仍自传珍异……"对苏子的崇敬和对苏字的关注溢于言表。如前所说，在某种意义上郭沫若俨然就是苏子在现代的复活。郭沫若作为苏轼以后四川又一大文人，其书法成就也许可以追攀东坡。东坡书法为宋代尚意书风的代表，这对郭沫若书法颇有启发，其用笔、结体皆有宋代书法意味，但又更为注重自由发挥和情意表达，个性突出，风神洒落，透出阳刚之气。在神韵上，郭沫若书法继承和发展了东坡书法，所以沈尹默曾有诗评曰："郭公余事书千纸，虎卧龙腾自有神。意造妙掺无法法，东坡元是解书人。"总之，郭沫若作为中国文化精神孕育下的文化骄子，其书法创作始终以发显个性气质和浪漫精神为范式，其点画的飞动与结体的奇变，也与他的人格和文艺思想相吻合。透过书法形迹的表象，我们不难发现这一颗文采洋溢的诗心是多么敏感、骚动和富于变化。在他的诗歌内容和风格上，也表现了其鲜明的浪漫主义艺术特色。在诗歌形式上，他曾追求"绝端的自由"，从而创作出想象力丰富多样而又奇丽壮观的诗篇。从郭沫若的新诗集《女神》到历史剧《屈原》，再到他大量的旧体诗词，都贯穿着一种遮蔽不住的浪漫，但这

---

① 杜渐坤，陈寿英选编：《2002 中国年度最佳随笔》，漓江出版社 2003 年版，第 161 页。
② 李继凯：《才子的书缘——郭沫若的读书生活》，中原农民出版社 1999 年版，第 5 页。

种浪漫里，既有西方文化的感召性影响，也有中国传统文化中浪漫余脉的制约性影响，这促使郭沫若不但性情冲动，乐于内心激情的喷发，而且在艺术观上也很追慕天才式的灵感，极力表达一种自由与浪漫的时代精神。

郭沫若在文学上的成就使他拥有了人格的浪漫与自由，转换成书法作品时，即有了"意"的挥洒与"狂飙"的天成。郭沫若的早期墨迹不易见到了，但从他后来的大量墨迹与题匾题签中我们不难发现其书法风格的"浪漫"特性。典型的"郭书"风格可以概括为"奔放夭矫、雄奇变化"。书写中经常信笔张歙，随意发挥，点画或拙或巧，或藏或露，墨迹亦浓亦淡，亦润亦枯，笔随意转，态由心生，常能一气呵成，笔墨间洋溢着浪漫主义的气息。这也就是说，郭沫若书法具有表现上的自由感与即兴性，展现了大胆的创造精神和鲜活的时代特色，正与其文学风格上的浪漫主义精神相一致。总之，书法终归是书家的个人心性和文化习性这"两性"的综合表达。郭沫若书法在书法本体价值与包孕的文化含义方面可以说是诗人与学者气息的融合与张扬。

通常作家写字留下的手稿不如书史上的碑帖那样规整，但因了它独在的个性、深藏的情味，也别有一番意趣，是一种更特殊的书法，其趣味的盎然深郁，不在书法家之下。郭沫若是作家，也是书家，既有严整之作，更有意趣之作。一生屡经风浪的郭沫若，在其书法里，充分表现出其学者和文豪的风范风姿，其作品无论长篇巨制，抑或短笺小札，用笔大都十分肯定、果断，很少犹豫与迟疑。书写内容多为自作诗词，无论旧体新体，都富有时代气息。对古典书法有过广泛深入的学习与探究，深得苏东坡、颜真卿神韵。其行草笔力爽劲洒脱，运转变通，韵味无穷。其楷书作品虽然留存不多，却尤见功力，气贯笔端，形神兼备。郭沫若学习书法，不亦步亦趋地跟在前人后面而难有自家面目，而是从一开始便有着强烈的自我表现的个性色彩，非以自身作为先人奴隶，而是化他人为己用，独具风骨。早年的自我表现有惊世的《女神》等，而晚年的郭沫若，其有限的自我表现却是在写作之余的赋诗填词，并伴之以泼墨书写，看上去只是作为消遣消闲，但却更富于文人雅趣。笔墨常老辣浑实，奇诡峻峭，古意盎然，格调儒雅。如某日郭沫若以剧名书成一副对联，上联为"虎符孔雀胆"，下联为"龙种凤凰城"。文辞工整，上联皆其所作，下联中的《龙种》为赛珍珠所作小说，而《凤凰城》是抗战初期不可多得的佳作，吴祖光以此剧而一举成名。这样的文学（联语等）与书法紧密结合的创造和生存方式，是中国文人的一个宝贵传统，弃之可惜，即使在计算机写作普及的时代，也应在维系和发展文学艺术传统的层面上，努力将其发扬光大。

值得注意的是，在中国现代文学史上，作家手稿具有书法艺术价值的较多，但有些名家也未必能臻于书法艺术之境地，如陈思和在谈到巴金手稿时就曾说过，巴金不是书法家，他的手稿不像鲁迅、郭沫若的手稿，让人在阅读手稿的同时还享受书法艺术的熏陶，巴金的《随想录》等手稿不可能像《子夜》《四世同堂》的手稿那样，一手干干净净的毛笔字，让人赏心悦目。① 固然巴金手稿也有自身的价值，但毕竟在兼具书法艺术特性方面难以与鲁迅、郭沫若、茅盾甚至沈从文等作家相比。在 20 世纪中国作家中，本身也是书法家的是一类，本身不是书法家的也是一类，而处于这二者之间的还可视为一类。每一类中却也会有不同的情况，如同为书法家型的作家，其书法艺术成就的大小不等就是很明显的事实。郭沫若的书法艺术成就较之沈从文、钱钟书等著名作家的书法艺术成就恐怕还要大些，较之少见的女作家的书法艺术显然也有着作为男性作家的某些优势。而他的"有笔在手，有话在口。以手写口，龙蛇乱走。心无汉唐，目无钟王。老当益壮，兴到如狂"也可以视为其文学与书法交合生涯及自由精神的生动写照。

五

人生如海，潮涨潮落。即使在人生极为困难的日子里，郭沫若也在竭力避免文人生命的陷落，而努力寻求超越之路。书法与书写趋于一体的快慰，使他的精神得以升华，至少可以化解一些环境的压力和生活的沉重，在黑暗中通过审美化的书写而造出维系生命的氧气。比如在重庆时期，风云多变，困难重重，郭沫若除了自己勤于书写之外，还团结了一大批文学、美术、书法界人士，在艰难时世中仍为繁荣文艺事业做出了贡献。即使在"文化大革命"中，郭沫若也没有终止他将书法与书写整合为一体的活动，甚至可以说，在这个荒谬的年代，郭沫若能够做的最有意义的事情，便是以书法文化为中心展开的书写与研究活动。有人说，新中国成立的最初年代，有三位政治上、文化上、书法上的杰出人物，成了书法艺术这门"旧文化"的倡导者和传薪者，这就是毛泽东、郭沫若、沈尹默。

---

① 参见陈思和：《牛后文录》，大象出版社 2000 年版，第 91 页。

他们的书法不仅各领风骚，对传统做了综合性的继承，而且在传统文化低落的年代，对书法家和人民群众也是一种重要的文化引导。但我们以为，从书法学养和造诣看，也许应该这样重构"建国书坛四杰"：即沈、郭、毛之外，还当有舒同。但只要尊重历史，就不能忽视郭沫若在书法文化建设上的多方面贡献。即使在其一生最"无所作为"的十年"文化大革命"中，郭沫若也没有放下他的毛笔，并创作了一些有价值的书法作品，为灾难岁月中寂寞的自己和人们带来些微的欢悦。

文人的二重性自古皆然，在书法文化的视域中来看也是如此。文人心态的复杂与书法面貌的多样往往有着非常内在的对应关系。中国有句古话叫作"字如其人"。刘熙载在《艺概》中说道："书，如也，如其学，如其才，如其志，总之如其人也。"① 文化人格复杂的文人，其书作也有其隐在的密码；人格或多或少有损的文人，无论是得意者还是失意者，往往可以在书法世界中找到"墨舞"的快乐和精神补偿。② 就郭沫若而言，他既向雅却也趋俗，如"文化大革命"期间，郭沫若写下了许多古体诗，许多内容确实不能恭维，有的甚至俗不可耐，但其书法艺术却可以相对独立地存在。郭沫若就曾多次以 1966 年自己写的诗《颂大寨》为内容书为条幅以应友人的求字。内容显然是当时流行的标语口号，但其作为书法作品却可以成为博物馆或艺术馆争相收藏的对象。另外，郭沫若是饱学之士，但他在评论毛泽东诗词和书法时对毛泽东笔下出现的错别字、笔误不仅不指出，还要在评论中编出一套说辞，硬把毛泽东这些失误说成是优点，牵强而又媚俗。沈从文曾批评郭沫若的创作，说："他不会节制，他的笔奔放到不能节制。""他的笔是一直写下来的，画直线的笔，不缺少线条刚劲的美，不缺少力，但他不能把那笔用到恰当一件事上。"③ 这样的分析对郭沫若的某些书法作品来说，是相当适用的。但在书法史上亦有以拙、丑为美的传统，讲求艺术变形，反对精致、巧滑与妖媚。傅山曾提出著名的"丑书宣言"，云："宁拙毋巧，宁丑毋媚，宁支离毋轻滑，宁真率毋安排。"这种极端意味很浓的话语表现了一种反潮流、反俗

① 刘熙载：《艺概》，《刘熙载集》，刘立人等点校，华东师范大学出版社 1993 年版，第 184 页。
② 参见李继凯：《书法与文人》，载《中国书法文化大观》，北京大学出版社 1995 年版，第 407—417 页。
③ 沈从文：《论郭沫若》，载王训诏等编《郭沫若研究资料（中）》，中国社会科学出版社版 1986 年版，第 78 页。

众精神，其要旨在于提倡自然自由的书风，从而抒发真情实感，体现自由意志，以真率真诚的"心画"超越字表之媚，追求艺术本质的美。郭沫若某些看上去较为粗糙的书法，实却拥有磅礴的气势和酣畅淋漓的效果，尤其是他的那些遒劲飞动的行草，确能给人以爽与酷的感觉。但到了郭沫若的生命晚期，虽然仍以发抖的手题字（如为徐州师范学院题写的校名），却失去了韵致和形体，那种力不从心的感觉和病态老人的形象，真是"跃然纸上"，令人感慨不已。从大处着眼，也可以从郭沫若的书法活动中，看出汉民族文化心理结构的悲剧在他身上有相当刺目的体现——他的相当一部分书法作品都潜蕴着传统士子的功利意识和忠君意识。其书法活动的播名效果是非常显著的，过分的热衷便有卖弄之嫌，而格外倾心书写毛泽东诗词等行为，也不免落下迎合的话柄。文人书法家的文化心理，可以从儒家、道家等角度分析。郭沫若的书法如果集结起来，按年代编出，可以看出 20 世纪中国的面影，体现着儒家文化塑造的积极入世、书以载道的精神特征。但同时显现出某种被儒家文化覆盖遮蔽的"无我"状态，许多歌颂或应景的书法作品实乃应世媚俗的结果，其中也显现着某种人格的扭曲、个性的泯灭，而这又与儒家文化忽视个人权利、不尊重个性的心理积淀大有关系。因此可以说，从郭沫若书法活动体现出来的某种悲剧性，并不仅仅是其个人悲剧，也体现着民族文化传统的悲剧。正如有的学者所说："儒家文化虽然有许多值得发扬光大的精华，但也确有其阻碍现代社会发展的消极面，需要对其进行创造性的转化。"[①]

综观郭沫若的书法世界，可以说功底深厚，书风浪漫；应用广多，佳作时见；书文互彰，超群卓然；世人赞誉，亦有遗憾。诚然，郭沫若在身后为我们留下了巨大的精神财富，也留下了巨大的反思空间。在缅怀和颂扬一位世纪老人的时刻，我们也得以从别样的视角审视一代学人。他的内心世界其实极为痛苦，其性格中软弱的一面，又加剧着这种痛苦。也许，他留给后人的是一座巨大的冰山，而我们能够看到的只是从不同角度露出海面的一个尖顶，其余部分也许永远无法浮出海面。事实上，郭沫若的书法与其"文学创造""文化创造"浑融相通，体现了一种"永远的文化创造精神"，这也是值得我们珍视的精神文化遗产。笔者曾指出：如果说民族文化定有其文化基因或文化原型的话，那么中国人创造的汉字或象形文字，就自然蕴含着炎黄子孙的心灵和艺术的奥秘，并结晶为名冠全

---

① 税海模：《郭沫若与中国传统文化》，四川大学出版社 1992 年版，第 44—45 页。

球的"中国书法"。因此，在我们今日的国民性里，也依然深深地渗透了因汉字书写而生成的文化心理基因。不管时代如何变迁，"中国书法热"似乎总能成为汉语言或华文文化圈独特的人文景观，并携其鲜明特色走向世界，吸引更多眼球来欣赏这神奇的毛颖之舞。尽管随着计算机时代的轻捷步伐，书法的实用功能日见萎缩，但书法艺术创造的无限空间仍存留于人们心中，[①] 笔者坚信，无论消费性大众艺术怎样大行其道，艺术工具怎样更新，"换笔"运动怎样快捷，中国书法文化都不会被消灭。"哲人其萎，墨宝长存"，物以稀为贵，艺以精为显。能大雅亦复大俗的复杂的郭沫若，其人与书的丰富性也许更具恒久的魅力，其传世的真迹也将为世人所珍视。

---

① 参见李继凯等：《西部书坛的"学院派"》，《中国书法》，2004 年第 5 期。

人生如沧海　翰墨蕴乾坤

——再论郭沫若与书法文化

　　作为现代文化名人，郭老与中国传统文化的关系也至为密切，其中，郭老与书法文化的关联度之高更是引人注目，笔者曾撰文对此进行专论，从"文化创造"角度强调了他对书法文化的传承创新以及对中国现代书法文化的突出贡献。① 这里则主要从人生体验、人生美化的角度，再论郭老与书法文化，以求教于大方之家。

　　如众所知，郭沫若的人生涉猎面甚广，社会角色之多及入世之深也常常令今人感叹不已，争议不断。尤其是作为现代文化名人，郭老毕生致力于民族优秀文化的传承创新，其成就诚非寻常之人可比。仅就书法文化创造而言，与其丰富的人生体验、多样的文化实践相对接，也可谓用其毕生的心血、不懈的追求，倾心建构了"人生如沧海，翰墨蕴乾坤"的浩大境域，从而演绎出 20 世纪中国文化长河中一脉不息的且极具个性特色及美感特征的"书法生涯"，从他的年谱几乎可以窥见线索分明的"郭氏书谱"。② 时值郭老诞辰 120 周年和书画文化复兴之际，我们回眸凝望，郭老于漫长岁月中坚持不懈挥毫书写的书家身姿依然清晰可见！

　　在 20 世纪中国作家中，兼为书法家的是一类，非为书法家的也是一类，处于这二者之间的还可视为一类。每一类中亦有不同的情况。如同为书法家型的作家，其书法艺术成就的大小不等就是很明显的事实。郭老的书法艺术成就，其实

---

① 李继凯：《郭沫若：现代中国书法文化的创造者》，《陕西师范大学学报》，2007 年第 3 期。

② 参见龚继民等：《郭沫若年谱》，天津人民出版社 1992 年版。

较许多现代著名作家甚至专业书法家的书法业绩及影响都还要大些。而他的自题诗句："有笔在手，有话在口。以手写口，龙蛇乱走。心无汉唐，目无钟王。老当益壮，兴到如狂。"也可以视为其一生从事的文学与书法交合生涯及自由精神的生动写照，其作家个性和书家特征在此显示出了耐人寻味的契合现象，而其运用书法艺术来美化社会生活包括自我人生的努力，也以显著个案形式显示了现代文人书法的魅力和价值。

郭老曾说："篆书、隶书随着时代的进展，相继而走下舞台，不为一般所通用，但如果作为艺术品或装饰品，它们依然具有生命力。今天的书家照旧可以写篆书、隶书，或者临摹甲骨文、金文、石鼓文、章草、狂草、历代碑帖，只要具有丰富的艺术性，便可以受到欣赏，发挥使人从疲劳中恢复的作用。这是中国文字所具有的特殊性。"[1] 恰恰出于对汉字及汉字书法艺术性的这种认识，郭老对文字学和书法都有着强烈的兴趣，都下了很多的功夫，并取得了杰出的成就。郭氏甲骨学和"郭体"书法并辉互彰，郭老在不断拓展人生的同时，也用心用力书写了自己的"墨分五彩""复调复杂"的书法人生。

中国人向来喜谈人生，郭沫若在创建创造社这一著名文学社团时也未脱这一思维逻辑，总以创化人生、张扬个性为要义。笔者也曾撰文指出：前期创造社是洋溢着青春生命的极有作为的一个社团流派，它的诞生与发展经历了一个创造的过程。正是促成"创造社现象"发生的"渴望和需求"，凝成了前期创造社至关重要的"创生""创化"意识。也正是因了这种内在生命意识的支配性作用，我们才会看到，作为"异军突起"的创造社与略先它成立的文学研究会并驾齐驱的激动人心的情景，看到创造社致力于"创生"的火一样的热情、梦一般的追求，从大胆直率地肯定自我理想的文学表述中，流露出了空前强烈的生命意识——从自我、民族、人类和自然新生的意义上，凸现出创造新生命的人生理想与相应的艺术追求。可以说，这种人生追求与传统中国人恪守的"以佛修心，以道养身，以儒治世"已经明显有所不同。郭沫若及其同仁的创生意识无疑有了更多的现代意识。但在文化心理结构层面，也还与传统文化有着千丝万缕的关联。可以说，"五四"文人的意趣、意向业已趋于多元多样，且多有变化，其中，郭老尤其能够注重适应社会变革和发展需求，在古今中外文化交汇、磨合中寻求"以诗修

---

① 郭沫若：《古代文字之辩证的发展》，《考古学报》，1972年第1期。

心、以书养身、以文济世"的道路，对中国现代知识分子来说，郭沫若的这种文化选择确实具有某种"旗帜性"的影响作用。

这里所说的"诗"主要指诗歌诗性诗情等，赖此郭沫若修成了自己的一颗崇尚自由的诗人之心；这里所说的"书"，既是指"读书"成为读书人安身立命的所在，更是指读书人的书写特别是"书法"书写对文人使命及身心健康的作用，事实上，郭老的书法书写在20世纪中国文化史、文艺史上业已构成一种显赫的现象；这里所说的"文"则主要是指文人文化活动、文艺创作及评论等，郭老一生在这方面非常活跃，济世的文章书写和文化活动都影响巨大，而这种"文"的书写留下了许多珍贵的手稿，也可视为书法文化的重要遗产。值得注意的还有，郭老的书法美学思想与时代的先进文化精神也保持了某种动态的关联，而尚古出新的民国书法文化氛围无疑也对郭沫若产生了一定的影响。难能可贵的是，无论其人生的角色如何转换，情感如何调节，命运多么坎坷，困惑多么难解，保持和贯彻郭老一生的主要文人习性即为"热爱书写"，他赖此博得了非常显赫的诗名、书名和文名。其间"书法书写"成为其人生中经常性的"行为文化"，且与其诗、其文都有着非常密切的关联。

从书法文化视角来看，作为中国现当代文化巨子和书法名家的郭沫若，其与传统书法文化确实有着至为密切的关系。他的大量遗墨包括书法作品、手稿书札、题词碑刻等不仅可以彰显其人生追求和价值，而且也是他在文化传承创新过程中留给后世的宝贵文化遗产。正是因为郭老有着丰富的学养，多才多艺，拥有着大文人的气象，所以在一些人看来俨然"东坡"再生、"歌德"入籍。仅在书法艺术方面也造诣很高，不仅熟悉各体书法，并能努力将北碑笔法与行、草体势杂糅为一体，其众多成功的尝试及书法佳作，使他在现当代书法史上占有着相当重要的地位。我们以往经常强调的是郭老对古文字、古诗词和考古等的研究对其书法的帮助，却容易忽视他对书法的深切爱好和沉浸，也促使他更多地接触甚至是利用他所掌握的传统知识从事文化创造。譬如他对儒家文化及孔子的亲近，就伴随着许多书写（包括书法性的书写），而这些书写也在促进他对儒家文化和孔子的理解和化用。因此，我们在探讨郭老与中国传统文化及其学术文化关系时，可以在儒道释法等文化论域中充分展开，但也应关注他与中国艺术文化尤其是书法文化的密切关系。事实上，中国现当代作家与传统书法文化依然有着相当密切的关联，①而奋笔终生的郭老即为一位非常典型的杰出代表。

作为传承创新中国文化杰出代表的郭沫若，可以说也是在世界文化背景或语境中奋力继承创新传统文化的志士。孔子对任重而道远的"士"曾提出"四项原则"或"四大要求"，即为"士"要"志于道，据于德，依于仁，游于艺。"（《论语·述而》）尽管这种人生设计将"游于艺"仅列为"第四项"，其实对"士"的文化人格建构而言是同等重要的人生要素，将"艺"与"道"、"德"、"仁"的结合实践，便可以使"士"书写流光溢彩、诗意盎然的人生。而郭老在书法艺术上探索与实践历时七十余年，就是相当有力的例证。郭沫若书法与文学艺术、科学教育及旅游文化等的紧密结合，在很大程度上讲是丰富充实了书法文化宝库，而不是损害和削弱了书法文化。郭沫若的多种才华使他能够努力兼融生发，从而尽可能拓展自己的人生境域。这也是他在书法世界中取材多样、信手挥洒以应人世所需的主要原因所在。从其丰富而又曲折的人生历程来看，他确实用整个生命的积极实践，致力于营造艺术审美、生活审美以及政治审美的复合境界。他的书法文化实践及其由此呈现的书法世界，就是由墨象万殊的与文学艺术、日常生活和时代政治密切关联的书法作品所实证的文化园林。假如能够将郭老一生的各类书法作品荟萃一炉或刻建为"沫若碑林"，那必将是人间蔚为壮观的文化胜景。其陶铸万象的书法世界，也从人生一个重要侧面，显示了其才情高隽、才艺卓越的文人形象。

如果说他的文学作品是"献给现实的蟠桃果"，那么他的书法作品则是"献给人生的橄榄枝"。青少年时期的郭沫若练习书法，受惠于传统文化环境的熏陶，也得益于师友家人的传授，为其后的书法创作和文字研究打下了很好的基础；五四时期以降的"创造十年"，从宗白华对其"字迹劲秀"的诗歌手稿的欣赏，到读者对其作品集题字的领略，沫若书法开始逐渐为世人所了解；20年代末，郭沫若开始了旅居日本的十年生涯，由金文甲骨文入手，以字辩史，借史鉴今，谙熟了祖国文字、书体的演进轨迹，初步建构了自己关于古文字学的学术体系，对

---

① 李继凯：《书法文化与中国现代作家》，《中国社会科学》2010年第4期。

现代中国书学理论的发展也起到了积极的促进作用；归国抗战的郭沫若在民族危难中，其诗文创作常与书法相结合，翰墨间饱含了深厚的文化底蕴和自强不息的民族精神；新中国成立以后，郭老的人生进入新的阶段，兼任职务更多，但同时却更拓展了书法实用领域，从事了更为丰富的书法创作和相关研究，作为著名书法家的形象也愈加清晰，并在 20 世纪 50 年代至 70 年代进入了书法创作的旺盛时期，书法风格更趋鲜明。他这时的书法风貌精气饱满，形式与内容又有新的开拓，由早期的碑学功底，到融汇碑帖的广泛吸收，书风日渐趋于成熟，显出激情洋溢的浪漫风采，走笔时多能体现出气势充沛、澎湃激昂的爆发力。其浓淡润枯的笔迹写得飘逸动荡，任性不羁；具体运笔多为中锋开路，兼用侧锋，气推腕行，力贯其中，意转笔随，点划从容；而文化气质和修养的灌入，使其书作大多气韵荡漾，充满诗性智性，饱含笔意情意，皓月悬肝胆，澄波铸性情。郭老这一时期的书风可以说是笔法娴熟、气势流畅，奔腾张扬，情绪昂奋，奇崛险峻，格局大气，笔随意转，态由心生，喜怒哀乐，诉诸墨像，大多都能一气呵成，且情趣盎然。由此也奠定了他在中国现当代书法文化史上的重要地位。进入晚年的郭老仍努力坚持甚至更热衷于书法创作，也仍能延宕着自己成熟的书风，但也逐渐显现"人书俱老"的现象，更多了一些拙扑、深沉和苍老的意味。那些成功的书作多能臻至老辣浑实，润燥适度之境，即使有时会出现气虚笔颤情形，也仍能体现自家面目和奉献精神。

郭老作为中国现当代一位百科全书式的文化名人，在书法艺术上的造诣确是引人瞩目的。若以书法家视之，从某种意义上而言郭老可归入学者型或"文化

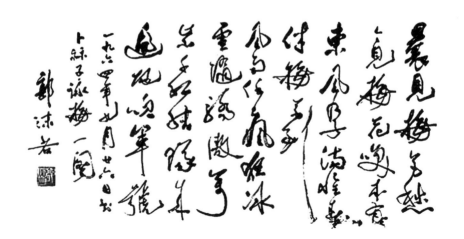

人"等类型的书家。"文人书法"为其骨,"名人书法"为其肉,相得益彰而流通于世。在他的书法作品中,处处透射出一种"文"的气息,集万端于胸中,蕴乾坤于翰墨,其学者风范、书家功力与政治家气魄的相对完美结合,构成了郭沫若书法艺术的鲜明特色,有人称之为"郭体",自有一定道理。从历史上看是有"郭体"之誉;从书法风格或个性的存在来看也有"郭体"之实。他的书法作品(如草书《百粤千山联》《致子易诗书轴》《咏武则天》《录庄子逍遥游句》《国民七言联》,行草《沁园春·雪》《游武夷泛舟九曲》,为三门峡题写的《诗八章》,以及楷书录文天祥《正气歌》扇面,用李白《蜀道难》韵反其意而作的行书手卷《蜀道奇》等),包括他的某些题字(如题碑名"黄帝陵",题匾名"故宫博物院",题斋名"荣宝斋",题饭店名"西安饭庄",题书名"奴隶制时代",题画"题徐悲鸿画奔马",题银行名"中国银行",题刊名"书法"等),都如沧海生波,神完气足,潇洒飘逸,顿挫有力,从墨象和线条伸缩中烘托出一种充盈的艺术张力,其特色独具,面目清晰,都能够给人留下难忘而又深刻的印象,在接受美学的意义上也易于被辨识和再造。① 毋庸怀疑,即使在价值多元的时代里,郭老那些雄健奇崛的书法精品也是足可以传世的,并多为世人欣赏、宝爱和收藏,时光易逝,其"升值空间"也难以估量。

世人对"文人书法"质疑最多的就是技法问题,即书而无法或功底欠缺,但在这方面,郭老却有其独到的优势。郭老早年曾学过颜字,并且用功颇深。从他的作品中,仍依稀可见颜鲁公的精神,比如线条的朴茂、敦厚、结体的宽博,总体来看书风雄强,具阳刚之气,很有时代特色和男性书法特征。于立群介绍郭沫若的书学经历和书学主张时曾说,郭沫若早年学习颜字,能悬腕作大书。郭老还喜读孙过庭《书谱》及包世臣《艺舟双楫》等书学著述,并结合书法实践悉心领悟运笔之法,他认为:"笔法的要领,我看不外是'回锋转向,逆入平出'八个字。"② 因此,这八个字也是郭沫若运笔之法的基本特点,且能博采百家,自成一家。他的书法尚意随性,信笔挥洒,情感灌注,笔法虽有传统根基,但更注意自

---

① 参见郭庶英等编:《郭沫若遗墨》,河北人民出版社 1980 年版;赵笑洁、东野长河:《中国书法家全集·郭沫若》,河北教育出版社 2002 年版;郭沫若著,郭平英主编:《二十世纪书法经典·郭沫若卷》,河北教育出版社、广东教育出版社 1996 年版;《郭沫若书法集》编委会:《郭沫若书法集》,四川辞书出版社 1999 年版等专著。

② 郭沫若:《郭沫若论创作》,上海文艺出版社 1983 年版,第 628 页。

我发挥，无论用笔、结体和布局，都并不拘泥，显示了自己自然浑成的个性特色。郭老作书，似乎并不愿意循规蹈矩，而是从个性张扬入手，努力体现自我的个性色彩。这尤其体现在他所擅长的行草书体之中，纵横驰骋的笔墨，自由奔放的韵味，潇洒爽快，却也自有法度。尽管他也临摹，对历代书法无所不观，但那更是为了化他人为己用罢了。尤其是他的那些遒劲飞动的行草，确能给人以爽与酷的感觉。当代书家有人感言："各自风流各自身，何许粉面饰天真。从来捉笔吾为主，只取古神化己神。"这与郭老追求的个性化书法路向显然是一致的。而刘海粟以"食古而化，超迈入神"来概括郭老书法，也确实是对郭老书法艺术精髓的精到之见。

郭老也是一位勤勉而又卓越的书法文化研究者。在中国书法史上，文字体式与书法体式的演变是非常值得注意的文化现象，郭老对此给予了集中的关注和深入的研究，他的《甲骨文字研究》《殷周青铜器铭文研究》《卜辞通纂》《殷契萃编》和主编的《甲骨文合集》等，使他在古文字研究领域占有着重要的地位。唐兰所说"夫甲骨之学，前有罗王，后有郭董"，今人视他为古文字研究的一代宗师，无疑都有一定的事实根据。而郭老对文字学的精通，显然也为他的书法艺术和书法鉴赏奠定了坚实的基础。古老的甲骨文在他的审美和摹写（亲笔用毛笔书写的相关著作很多）中，获得了现代生命气息。他对王羲之的《兰亭序》给予的关注和考证，也当属于一家之言。他的《〈兰亭序〉与老庄思想》《〈兰亭序〉并非铁案》《西安碑林·序》等文，除了表明他对史实的兴趣，也相当充分地表达着他对书法的重视。郭老还曾谈及中国汉字改革和学生书法（写字）教育，又曾在书法作品中论述书法①。而他对鲁迅书法的评论，更是传播广远，要言不烦。因此可以说，伴随着书法活动不断进行考察与思考，在郭老几乎成了一种"职业"习惯。

书法文化的创造是出于社会发展和丰富人生的需要。郭沫若书写一生，尤其是艺术创造性质的书写成为其生命的生动体现。从"为谁书写"角度相对而言，除了为书法本身的书写，大致可以把郭老的翰墨生涯概括为"四为书写"——

一为社会书写。郭老将有用于世的书法书写，视为一种义不容辞的工作。因此他为全国各地名胜古迹、工矿学校、文化部门以及社会各界书写了大量的书法作品。仅仅从书法文化与旅游文化、教育事业结合的角度来看郭沫若的书法实

---

① 如《论书轴》："中国字之艺术化其源甚远……"

践，也会引生许多颇有意趣的话题。比如郭老在 1943 年曾为母校乐山一中题词："圣人生于急学，学问之道良不可一日惑己。唯学贵因时，方今之世，国家民族之所企待者，实以科学为首要。愿同学辈知所奋勉。"在这里便成功地将书法与科学教育事业紧密结合了起来，相得益彰，并成为校园文化的一个亮点，激励着、熏陶着代代学子。郭老对科学教育事业的关切是终生的，为各类学校题词或题写校名等挥毫之举，不是为了炫耀自我，而是意欲彰显科学教育文化。因此，从很大程度上讲，郭老的书法活动本身就是一种工作行为，为公务为社会而尽义务。又如在外交工作方面，郭老的书法也发挥了作用，他的墨宝在日本尤其受到欢迎，多处立有他的诗碑。可以说郭老也是我国书法文化领域中较早的"送去主义"者。新中国成立后，郭老作为外交使者以及重要文化运动的参与组织者，其文化交流、文化活动非常频繁，期间经常穿插着书法文化的交流，理应值得我们关注。郭老赠送外国友人或使者的诸多书作，对传播、弘扬中国文化，增进国际文化交流也起到了积极作用。

二为文学书写。文学与书法都是艺术，都是作家思想境界、人格品性以及时代精神的真实写照，因此两者在很大程度上有互操作性。可以说，郭老的书法生涯与文学生涯是相伴同行的，其海量的文学创作与评论的手稿就是明证。郭老的文学类手稿大部分都可以视为书法作品，尽管其艺术价值有高下之分。其诗文类书作特别是文学作品手稿，多有强烈的抒情性，透露着诗人的浪漫气质和激情。郭老对故乡前贤东坡的心仪和师承可以说是一种自觉的选择。他在《咏东坡楼》中云："苏子楼临大佛寺，壁间犹列东坡字。洗砚池中草离离，墨鱼仍自传珍异……"对苏子的崇敬和对苏字的关注溢于言表。在某种意义上也许可以说，郭氏俨然就是苏子在现代的复活。东坡书法为宋代尚意书风的代表，这对郭老书法颇有启发，其用笔、结体皆有宋代书法意味，但又更为注重自由发挥和情意表达，个性突出，风神洒落，透出阳刚之气。在神韵上，郭老书法继承和发展了东坡书法，所以沈尹默曾有诗评曰："郭公余事书千纸，虎卧龙腾自有神。意造妙掺无法法，东坡元是解书人。"从主要方面看，郭老书法创作与其文学创作一样，以彰显个性气质和浪漫精神为范式，其点画的飞动与结体的奇变，无不与他的人格和文艺思想相吻合。透过书法形迹的表象，我们不难发现他的那颗文采洋溢的诗心是多么敏感、骚动和富于变化。典型的"郭体"风格也许可以概括为"奔放夭矫、雄奇变化"，具有表现上的自由感与随机性，展现了大胆的创造精神和鲜活的时代特色，正与郭老文学风格上的浪漫主义、狂飙突进相一致。鉴于书法终归是书家的个人心性和文化习性这"两性"的综合表达，可以说郭老书法在书法本体价值与包孕的文化含义方面恰是诗人与学者气息的融合与张扬。梁启超曾在《饮冰室文集》中说："如果能表现个性，这就是最高的美术。"以此观照郭老书法，作为其人生的升华和个性的外化，其书法文化的创造确乎成为其人生光辉的一个重要体现。

三为朋友书写。通过书法为中介的人际交往，可以丰富自己的人生和友人（包括外国朋友）的感受。仅从这个角度看，郭老也达到了相当高的人生境界。如果从艺术与人文的视野中来看郭老书法，则更应注重他与友人间的翰墨情缘，其作品意味常为后人怀念，书迹之中包含的文史信息或掌故也时令人动容。比如著名学者商承祚在《郭沫若同志遗诗书后》中回忆说，1941 年他曾在重庆得到郭老赠的诗歌条幅，非常高兴，遂悬挂于家中，如晤故人，心存思念。又如1943 年初春时节，剧作家于伶度三十七岁生日，郭老曾书斗方相赠，使于伶感动之余，还受到了很大的鼓舞。而郭老书赠成仿吾、侯宝林等众多文化名人的书迹，几乎都珍藏着令人难以忘怀的历史记忆。郭老也喜欢与书画界的朋友来往，并建立了深厚的墨缘。如他与著名画家傅抱石便建立了亦师亦友的友情，并在这种交往中不断地发现傅抱石的艺术天分和才华，见傅抱石的得意之作时常为之题

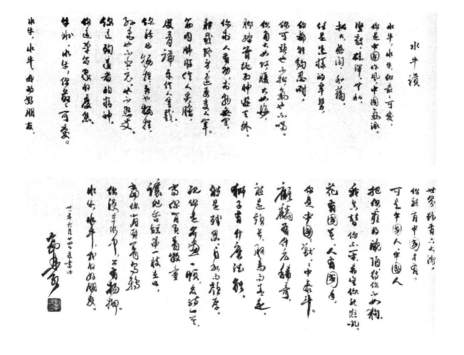

咏，还为傅抱石在日本的首次画展题写了展名，给予了极大的鼓励。两人在长期交往中互相题字赠画，书画成为他们情感交流的一种重要方式。还有郭老与毛泽东、周恩来等领袖们的书法因缘，也渗透了深厚的革命情谊；郭老与外国朋友特别是日本朋友的翰墨情缘，留下了许多意味深长和远播人口的佳话。

四为亲人书写。郭老给亲人家人的书法书札，以及为屈死的儿子抄录日记等留下的墨迹，也是值得珍视的文化遗产。众所周知，在中国现当代的书坛上，夫妻书法家并不多见。而郭沫若与夫人于立群即为一对难得的夫妻书法家。受家庭的熏陶，于立群早年即喜爱书法，能悬肘写一手大颜书。她性格文雅娴静，在与郭老结识后，书法便成了他们共同的爱好和相通的心桥。的确，笔能达意，墨能通情，郭老与于立群的情感生成无疑也有着书法艺术的滋润。这在他们的生命历程中，作为夫妇书法家的和谐与互动，也可以说是一种令人称羡的人生境界。坐落在北京什刹海前海西岸的郭沫若故居，后排房正中一间是于立群的写字间，挂满郭老和于立群洒脱、刚劲的书法佳作。这里是他们闲暇时常常在一起观览碑帖、研磨书法、意趣投洽的宝地。擅长书法的郭老尽管在多数情况下是妻子"亦师亦友"的伴侣，曾为妻子书赠多幅佳作，但有时他也甘当配角。如1963年在为成都杜甫草堂重书前人长联时，于立群书联，而他仅为之作跋，遂成就一段翰墨情缘，也为游人增加了一道璀璨的书法景观。

而郭老的这些书写也可以说都是为了美化生活和人生，包括美化自我人生。

综观郭老的书法世界，尽管也有"败笔"，但可以说是瑕不掩瑜，书法灿烂；功底深厚，书风浪漫；飘逸动荡，笔随意转；点划从容，气势当先；应用广多，佳作时见；书文互彰，超群卓然；翰墨瑰宝，永存人间。有鉴于此，笔者曾咏郭老书法，云：

书迹琳琅遍中华，翰墨腾挪是大家。
飘逸飞动笔纵横，挥斥方遒意潇洒！

晚年郭沫若的诗墨情怀和行旅书写

——以郭沫若与古都西安为中心的考察

从文化地理学（文学地理学）① 及旅游文化视野来考察郭沫若，值得关注的东西也相当丰富且耐人寻味。特别是晚年郭沫若，虽身兼多个要职，却在许多方面如新诗、历史剧、学术、政治建设等无能为力、无可奈何甚至有时不免随波逐流，但在文化考察方面却还可以相机而动、乐此不疲甚至颇有作为并拥有较大的自由空间，且其书法、联语和旧体诗词的创作得到了长足发展。于是便有了文化考察的风光风物、心手交畅的题诗题字，佳旅或仙旅般的遨游神游，同时这也构成了晚年郭沫若人生的重要内容和图景。由此留下的诗文翰墨便广布全国各地，"使书法走向人间社会、走向名胜古迹"②。而拥有周乐秦声、汉风唐韵等厚重历史文化积淀的西安，便是其中一个重要去处。鉴于西安作为古都的特殊性，本文即拟以郭沫若与古都西安之间的诗文、书法等文化关联进行一些考察并力图进行一些较为深入的分析和评论。

---

① 杨义在《重绘中国文学地图与中国文学的民族学、地理学问题》（《文学评论》2005 年第 3 期）中讲了文学的地理学的四个问题，笔者在考察郭沫若与古都西安的文化关联时深受启发，并参考了其中地域文化、作家宦游地、文化中心的转移这三个方面的内容。

② 李继凯：《郭沫若：现代书法文化的创造者》，《陕西师范大学学报（哲学社会科学版）》，2007 年 5 期。

一、结缘

据目前资料来看，郭沫若曾先后七次到西安。其游踪或考察内容亦颇为丰富，足迹所至几乎遍及当时西安的诸多好去处。诗文交游之余，听秦腔，品黄稠，吃泡馍，看电影，赏歌剧，遍观风土人情。尤其三至华清池，与董必武多次唱和实为佳话，所作华美诗章更赏心悦目。据笔者初步统计，郭沫若在西安共留下十五篇旧体诗，一篇散文，一篇序文，一副楹联。多处应邀题匾题字，数不胜数。其中有的摹勒上石，凭人瞻赏；有的制成匾额，送客迎宾；有的收藏入库，成为文物。此外还有半坡考古，参观凭吊帝王将相之陵墓，视察工厂，关心文教。西安之行，虽一路匆匆，然作为颇丰。同时，西安久远的历史，丰厚的文化，也必然在不同层次上潜移默化地作用于郭沫若的艺术和学术创作。古都西安曾是唐诗的圣地，郭沫若从小受传统文化的教化很深，特别是唐诗，作为精神营养，奠定了他古典文学的基础，孕育了他从事文艺活动的爱好。古代西安的舞台上上演了一出出精彩而真实的历史，留下许多广为人知的人物和故事，这些已经逐步融为全民族的文化资源。这也为郭沫若的文学创作提供了素材。他的历史剧当中不少就是借鉴古西安的人文风物，如《蔡文姬》《武则天》《王昭君》等；历史学术论著中关于秦始皇、李白、杜甫等历史人物的文章数量颇丰；考古方面，在西安出土的种种文物也为之研究提供了蓝本。如此关照郭沫若与西安的关系，可以看到人物与地域的关系是互相映照的。郭沫若在西安的种种活动为西安留下了极其珍贵的文化遗产，在一定程度上有助于这个城市的发展；而西安作为古都也为郭沫若提供了可开掘的文化资源，来之前就受到无意识的影响，亲身莅临这块人文沃土更能体会到古都文化的魅力，于无形之中汲取了古都的文化精髓。两者可谓是相得益彰。

西安，古称长安，还曾一度名为丰京、镐京，是名副其实的千年古都、文武盛地。作为中国历史上建都朝代最多影响最大也最为辉煌的古都，再没有其他城市可以与之媲美。它拥有3000多年的历史文化，总共十三朝皇帝在此建都或建立政权，历时长达1100余年。周乐秦声、汉风唐韵所昭示的尊贵与繁华，开放与风流，使帝王京师历经千年，仍雄踞华夏。作为古代中国的政治、经济与文化中心，也曾是世界中心的西安，历代王朝的漫长定都积淀了丰厚的历史人文遗产，西安与雅典、罗马、开罗并称为世界四大古都。人皆言：不到西安，就不算到中国。西安就像一颗磁石，自古以来，就是人们的向往之地。同时它以海纳百川之势，喜迎八方来客。更有无数的文人墨客，到此驻足，流连忘返，留下了不朽的华章，繁荣和发展了灿烂的中华文化。据笔者初步统计郭沫若来西安先后居然有七次之多，当然不排除尚有疏漏或失误的地方还待进一步考证。郭沫若虽然到过许多地方，特别是新中国成立后经常出游祖国各地，出国访问的次数也是当时文坛领导人中最多的一位。可是除了他所居住的北京，如此频繁地到同一个城市，不能不说他对西安怀有别样的感情。甚至郭沫若的家乡四川乐山，据其女儿郭庶英在《我的父亲郭沫若》第一章中回忆，郭沫若自 1913 年走出夔门直到1939 年 3 月为其母亲扫墓和同年 7 月为父亲奔丧这两次之外，新中国成立后他再也没有回去过。还有他 1949 年以前曾长期生活战斗过的重要城市重庆和上海，在他晚年都没有这样频繁地光顾，那么这其中一定有着某种原因了。

　　首先那必定是西安独特的魅力使然。但是历史是曲折前进的，西安并非一直强盛，安史之乱导致唐王朝的逐渐衰落，政权中心的东移或北迁，近一千年来不再作为国都，但它一直是历朝历代的西北重镇，是西部经济和文化的中心城市。经过一次又一次战火的洗劫，西安的一度繁华早已烟消云散，被蒙上了厚厚的历史尘埃。连鲁迅 1924 年夏来西安讲学时，为写剧本《杨贵妃》而搜集感性材料，但是看到文明古迹大都残破不堪，没了灵感和激情，连原来费心构思描绘出来的唐都长安图画也一扫而光，因而不得不放弃写作，这本未完成之作实为可惜①。这也足以看出这个饱经风霜的古都的残败情况。经过连年的战火，新中国成立初期西安并不比鲁迅来时壮观多少，但是郭沫若对西安的印象还是不错的："西安，城市宏阔，街路广宽。四处都在大兴土木。新中国成立以来的新建筑不少，大率壮丽。'秦州自古帝王都'，和昆明、成都相比较，气象自有不同。但这个'帝王都'是新的产业基地，人民是这都城的'帝王'。"②

　　作为历史文化名城，20 世纪五六十年代旅游业还没受到足够的重视，被誉为世界八大奇迹的兵马俑当时还没被发现，国内正热火朝天地忙着进行土地改革、阶级斗争、大跃进，作为西北内陆城市的西安还比较衰败落后。连鲁迅都对

---

　　①　见郭琦主编：《陕西五千年》，陕西师范大学出版社 1989 年版，第 720 页。
　　②　这是郭沫若对西安的第一印象，写入散文《游西安》中，发表于《旅行家》1957 年第 1 期，后被收入《中国风景散文三百篇》，华夏出版社 1992 年版。

之很失望的地方，郭沫若为什么还格外厚爱呢？这跟他深厚的历史学养分不开。作为中华民族发源地也是文明源头的西安在历史上承接了太多的文化因子，周秦汉唐无与伦比的昔日辉煌，愈经沧桑愈显其雄奇和凝重，非有透视历史迷层的慧眼不能识。郭沫若在日本的第二个十年所取得的成就奠定了他在历史和考古研究领域的独特地位。他当时的许多研究就和古都西安分不开，如对西安的历史人物的评价考证，古代社会的研究等，特别是随着地下文物的大量出土，西安对于他有了更大的价值。可以说，郭沫若对西安早就充满了向往之情，这就形成了精神上的一种渴求。而新中国成立后郭沫若作为文坛领导人，在物质条件上无疑就有了更多的便利。当时普通的百姓是不可能有这样的便捷的，未充分开发的西安旅游对他们想必还不具备那样的吸引力。

　　另外一个原因恐怕也是促成他来西安，尤其三至华清池的重要因素。那就是现代中国历史在西安上演了一场扭转国内战争局面，促成国共第二次合作，逼迫蒋介石同意抗日而震惊中外的"双十二事变"。虽然郭沫若当时远在日本并未参与，但是他跟蒋介石的宿怨以及历史证明了他在重大转折中做出的正确选择中表现出的凛然大节，几十年后在这里也可以寻求到某种寄托和安慰。郭沫若于1927年3月底写了《请看今日之蒋介石》，及时揭露了蒋介石不可告人的阴谋嘴脸。这是第一篇讨蒋檄文，也是现代文学檄文史上的扛鼎之作。1945年2月起草了《文化界时局进言》，其矛头直刺蒋介石独裁政权。"西安事变"的遗址就在华清池风景区，内有五间厅、兵谏厅、捉蒋亭、蒋介石藏身处等景点。1955年5月3日，郭沫若第一次到华清池时，当天日记里就对此做了详细的叙述。① 郭沫若目睹这些之后快意恩仇之感溢于言表。

　　当然，随着时代的发展，今日的西安突飞猛进，日新月异，市容及各项建设早已今非昔比。特别是旅游和教育的高度发达，塑造了一个融传统和现代于一体，既葆有古都风貌又具现代文明和时代精神的国际大都市。郭沫若如果能活得更长寿一些，看看今日西安之景象，遥想鲁迅来时的衰败景象，想必他写的

① 郭沫若：《游西安》，《中国风景散文三百篇》，华夏出版社1992年版，第242页。

《鲁迅笑了》会有更深刻的内容。

二、诗缘

郭沫若在西安所留诗文有旧体诗十五篇：《华清池》《重游华清宫读董老和诗因再用旧韵奉酬》《雨中游华清池》《访霍去病墓》《游干陵（三首）》《吊章怀太子墓》《咏顺陵》《访半坡遗址（四首）》《题西安人民大厦》和《在西安参观工厂》。这些诗的内容和具体阐释笔者在《郭沫若与西安》① 中已经详细介绍了，这里不一一摘录，而是就其与西安这一文化厚土的关联作进一步论述。

客观地说，新中国成立以来郭沫若的诗歌整体成就并不高。他发表的一些即兴诗歌往往是分行散文甚至演讲词，作者自己也不认为这些作品是诗，私下给陈明远写信也说不要把这些政治表态之类的东西收入文集。但是他的旧体诗要比这些新诗写得更富有诗的风韵和意味，也更耐人咀嚼。在西安写的诗均为旧体，艺术上也比同时期的诗歌较为优秀，这跟西安深厚的传统文化积淀有关。

唐诗是西安的重要文化遗产。李白、杜甫、王维等诗人当年就活跃于这块热土上，留下了大量不朽的诗篇，而郭沫若从小就喜欢唐诗，唐诗对他的一生的影响是巨大的。在《沸羹集·如何研究诗歌和文艺》中写到由于母亲杜邀贞偏爱唐诗，在他摇篮时代就给予了熏陶，"在我自己有记忆的二三岁时她已经把唐人绝句教我暗诵，能诵得琅琅上口"②。在家人的熏陶、私塾的教化之下，郭沫若六岁就开始联对，七岁作诗。《郭沫若少年诗稿》中可以看到被誉为神童的郭沫若已出色地掌握了诗歌的写作技巧，如该书中所收他最早的写于十三岁时的《邨居即景》《早起》《正月四日茶天岗扫墓中途遇雨口占一律》等诗已经写得很出色。唐诗给了他深厚的古典文学素养，培养了观察自然体悟万物的能力，开掘了未来诗人丰富的想象力、激越的情感、豪放自由的个性。这也为日后他坚定地走上弃医从文的道路并成为一代文豪做了前期的铺垫。

众唐代诗人中，郭沫若喜欢李白、王维、孟浩然、柳宗元，对于杜甫和韩愈则甚至有些反感，这也体现了郭沫若爱憎分明的性格。其中对李白和杜甫的好恶

---

① 见钱克兴等：《郭沫若与西安》，《郭沫若学刊》，2008 年第 4 期。
② 郭沫若：《如何研究诗歌和文艺》，《沸羹集》，群言出版社 1950 年版，第 160 页。

在他写于晚年的《李白和杜甫》中有所体现。虽然书中所诉不无偏颇之处，还因受唯领袖马首是瞻的猜测为世人所诟病，但是终其一生，深受李白的影响这是毋庸置疑的。

郭沫若早期诗歌中的追求个性和自由，勇于反抗、破坏和创造的内涵与李白诗歌的积极浪漫主义精神一脉相承，并且李白的诗多不受字数、句数、音韵、格律的拘束，不饰雕琢放任自然的风格也在潜移默化中影响了郭沫若的创作。开五四新诗风之先的《女神》等新诗正是这样的产物。诗人已完全摆脱了旧诗体的层层格制，无拘无束，一任自我情怀和爱国激情畅快淋漓地挥洒，以无法胜有法，以情为律，因情势导，唱出了时代的心声。而他的旧体诗也多是限制较少的纯粹古体，并少写格律严格近乎苛刻的近体。和李白风格最贴切的莫过于仿《蜀道难》而作的《蜀道奇》，极尽想象和夸张，其豪放之风俨然新时代的李白，但是又能做到推陈出新，"旧瓶装新酒"，反其意而用之，不写险和难而写新和奇，来歌颂新时代自然的美景，人民的伟力。

和郭沫若相比，李白在西安留下的诗文也不少，艺术水平也更高，不愧"谪仙人"的美誉，如《古风（大车扬飞尘）》《子夜吴歌·秋歌》《清平调》《阳春歌》《灞陵行送别》《长相思》等。但是他也不是专门作诗来这里，有着传统仕子胸怀的李白当年来京都长安也是怀着很大的政治抱负的，可是他的两次政治活动都以失败告终。第一次是"赐金还山"，再者流放夜郎。同是大诗人，他的仕途命运是很难和郭沫若相比的。可以说郭沫若是现代文人中能够终其一生得享文坛仕途九五之尊唯一的一位，在这方面唐代也只有高适可与之相提并论。正所谓"国家不兴诗家兴"，如果李白也和郭沫若一样逢国泰民安时出仕并始终保持官运亨通，御用文人的台阁体诗文一定不会少写的，而不会动不动就让杨贵妃为之研磨，让高力士为他脱靴，而后吟出"安能摧眉折腰事权贵，使我不得开心颜"的豪迈诗句而"仰头大笑出门去"，最后却抑郁地病死在当涂。政治斗争需要一定的策略与权变，李白虽然诗歌高古潇洒，但是在这方面要远远落后于政治嗅觉敏锐、斗争经验丰富的郭沫若。两个人具有相近的气质禀赋，均有强烈的建功立业的功名心，并且都在诗歌上取得了令世人瞩目的成就，后来却走上了不同的道路，形成不同的命运轨迹，孰优孰劣，留待后人评说。

三、文缘

所谓"文缘"，这里要说的是郭沫若旅行西安所写的散文《游西安》和他后来所写的序文《序西安碑林》。

《游西安》是 1955 年 5 月郭沫若第一次来西安时所写，属日记体游记散文。因其文笔优美生动，内容丰富详尽，洋溢着诗情画意，先后被收入《早看西北》（甘肃人民出版社，1957 年）、《画山绣水游记选》（人民文学出版社，1980 年）、《中国风景散文三百篇》（华夏出版社，1992 年 10 月）。

该文开头先交代了到西安前后的起止行程，之后是写作缘由：

> 这一次的旅行，游览了不少的名胜。可惜日记记得太简略，时间一经久了，印象已逐渐模糊，许多优美的情景已经不能记忆了。我现在把游西安的日记加以整理，摘录在下边。

然后按日记形式记述了三天（5 月 2 日到 4 日）的行踪活动及见闻感受。

5 月 2 日里记到，飞抵西安后，下榻人民大厦，午后出游，依次是历史博物馆、碑林、小雁塔、大雁塔，晚上省委招待，喝了浆米酒和西凤酒，饭后看电影《沙家店粮站》。多有妙笔生花的描写，如机上观秦岭：

> 四川与陕西接壤处，从机中俯瞰，只见群山磅礴，笼罩在稀薄的乳白的晴霭里面。古时的天险，仿佛是电影里面的童话世界。韩愈诗"云横秦岭家何在？"可以回答他："家在平原一望中。"
>
> 过秦岭后即为一望平陆。是小麦快要成熟的时候，有时可以看到大地如象铺着厚厚的地毯，青黄交错，织就了立体派的奇妙图案。在这里点缀着一些童话中的仙家。

除了这些悠闲雅致的神来之笔，大多是对文物古迹如古鼎、古碑、古塔、历代陵墓等的保存情况的关注，并且一一详细记述，可见郭沫若对考古、文字、书法的热衷。

5月3日上午，游茂陵、霍去病墓、卫青墓、霍光墓、周陵、顺陵，下午游华清池，晚上看了《武松打店》和一出处理婚姻问题的秦腔新歌剧。

对霍去病墓的描写非常生动，"多就天然岩块，依石造形，气魄雄浑，大力磅礴，怪味逼人"。在华清池的游历记叙最为详细，安置于蒋介石当年住的房间，听朋友们讲述"西安事变"发生在这里的经过，检视蒋逃路线，参观"捉蒋亭"，爬上蒋藏匿的石洞。

5月4日的记录较少，主要是应人所求写字，有中堂、对联、横幅等，暂不赘述。

关于西安的第二篇文章是《序西安碑林》。西安是书法圣地，这里有一座堪称我国历史上最大的石质书库和经书档案库——"西安碑林"。郭沫若酷爱书法，他的西安之行自然不会放过这里。当日的日记中也记到，1955年5月2日到西安后，第一个游览的就是碑林，并且留下了深刻的印象，以至于后来有了《序西安碑林》一文（收入《考古论集》）。该文浩浩汤汤千余言，内容充实，优雅大方，弃庸俗而见风骨，于实录中见其文采飞扬，不愧出于名家之笔，也是他晚年时期少有的杰作之一。

文章内容翔实，囊括了碑林的历史、时代范围、史料价值、书法价值、雕刻艺术、文物破坏和保护，以及由此生发出的中日传统情谊等方面，显示了一个真正的书法家的独特眼光和卓越见解。其中有关雕刻的论述更有分量，"前人对于古代文物，多留心于文字书法，而忽视雕饰造型，这是一种偏向。盖以文字书法出于上层统治阶级之手，故被重视，而雕饰造型则出于工匠之手，故特遭轻视。在今天看来，价值要发生倒逆了。花纹的雕刻，形式的裁成，正表现着历代劳动人民的无穷智慧。即以书法而论，俗语云'七分是刻，三分是书'"，"名人书法实因匠人刀笔的增妍"[①]。写上纸来易，刻在石上难。这就冲破思维定式，从阶级的区别和对立出发，以书家的精到见解给世人以启迪。

从落款处可知此文于1966年5月18日在北京写就。文中末尾还交代了写作缘由，1965年"应日中文化交流协会的请求，陕西省博物馆从碑林中选出石刻八十种，施以精拓全拓，送往日本各地展览"，"展出深受日本各界欢迎"，"有鉴于此，日本讲谈社将选印其中一部分以应各界需要，而颜之曰《西安碑林》，诚

---

① 郭沫若：《郭沫若全集·考古编·卷10》，科学出版社2002年版，第265页。

属善举。讲谈社求余为之序，余故乐而应之"①。西安与日本文化于唐代起就有密切关系，"日本遣唐使与留学僧多集中此地"②，而郭沫若也曾在日本求学生活二十余年，对日本及日籍友人有着深厚的情谊。郭沫若集文学家和书法家于一身，又对西安和日本都有着深厚感情，还经常出入日本进行友好访问，让他写这篇序文最合适不过了。于是，其情其感汇聚于兹，因而妙文泉涌，是为之序。

西安的文化厚蕴中，除了前面所述的唐诗，还有周秦汉的诗、辞、赋，郭沫若受传统文化影响极深，在这篇序文中隐约也可以看到汉大赋的影子，内容丰富铺张，文句秀美张扬，属序文中的佳品。

除了这些散文序文作品的关联，古都西安的历史舞台留下的许多广为人知的人文典故，以及久而形成的传统文化，为郭沫若的文学创作和学术研究提供了素材和资源。他的历史剧当中不少就是借鉴古西安的人文风物，如《王昭君》《蔡文姬》《武则天》等；历史学术论著中关于秦始皇、蔡文姬等历史人物的文章数量颇丰；考古方面，在西安出土的种种文物也为他的学术研究提供了蓝本。当然这些成果中有的是郭沫若来西安之前就已经取得的，这源于他早就无意识地间接接受到西安古典文化潜移默化的熏陶。有的是在西安期间或离开之后完成的，这与他亲临这块沃土所感受到其魅力从而汲取文化滋养是分不开的。

四、墨缘

作为著名的书法家，郭沫若还随身携带文房四宝，每到一地，挥毫作书，有求必应。那遒劲柔韧的墨迹已成为珍贵的文物和永恒的纪念了。其中有的摹勒上石，凭人瞻赏；有的制成匾额，送客迎宾；有的收藏入库，成为文物。

前面所叙的诗文辞章，大部分是诗兴大发，奋笔疾书，状物咏情，挥毫泼墨而就，从而文学与书法，诗情与墨意，融为一体，形神兼备，交相辉映。这正像他的自白所述："有笔在手，有话在口。以手写口，龙蛇乱走。心无汉唐，目无钟王。老当益壮，兴到如狂。"其中所谓"心无汉唐"，不过是创作中的激情癫狂状态。等真的到了汉唐的故都旧地西安，他的诗兴与书兴齐发，所以才有如此之

---

① 郭沫若：《郭沫若全集·考古编·卷10》，科学出版社2002年版，第266—267页。
② 郭沫若：《郭沫若全集·考古编·卷10》，科学出版社2002年版，第266—267页。

多的佳作。

除此之外，西安还保留了许多他的墨宝。如"华清池""干陵""半坡遗址""西安饭庄""西安市第一中学""西安科技学院""西安碑林博物馆""沉香亭""陕西省图书馆"、费尽周折移植所成的"陕西省博物馆"等十余处题字题匾，为人民大厦所写的一副对联："勉哉吾党二三子，猗欤广厦千万间"，还有为发现蓝田猿人的题词，以及为西安建筑科技大学首届学生毕业之勉励题词，"请以上火线的精神走上祖国建设的阵地，实事求是地作最大努力，坚持到底"等。

而西安各处尤其碑林的丰富书法及碑刻收藏也使郭沫若欣喜非常，一向虚怀若谷且勤奋好学的他又一次得到了绝好的学习机会，在观摩把玩中又一次得享古贤遗留的艺术圣餐。一个优秀的书法家，尤其像郭沫若这样的不断改进和变化的现代学者型书法名家，他会取百家之长来丰富自己。郭沫若对传统书法有着广泛的借鉴和继承，曾学过"二王"、颜真卿、苏东坡、米芾、黄庭坚、怀素等历代书家的字体，又从甲骨金文等古文字的梳理中获得了丰富的艺术营养，同时保持自己独特的风格，最后融会贯通，自成一家，别具一格，世人誉之为"郭体"。

纵观郭沫若在西安的题字题匾，多为榜书，敦厚宽博，于苍劲中蕴神秀之气，意蕴天成，清雅刚正，兼采众家之精华而自成一体。古体诗题书则行草杂糅，虎跃龙腾，阳刚雄强与阴柔唯美之气并重，"有的如沧海生波，神完气足，潇洒飘逸，顿挫有力；有的线条伸缩中充溢着艺术张力，缠绕飞扬，俯仰有姿；有的奇绝多变，险峻诡谲，神秘庄严，尤有美感"①。

而留给西安的这些宝贵题书手迹如今多被妥善存留，这使得郭沫若的书法能够长久地与文学艺术、旅游文化、科学教育等紧密结合。人们欣赏书法，享受美感的同时，也会从中获得一种充实和启迪，从而在这个逐步远离毛笔的信息化、数字化时代，很大程度上为传播祖国的传统书法文化做出贡献。

---

① 李继凯：《郭沫若：现代书法文化的创造者》，《陕西师范大学学报（哲学社会科学版）》，2007年第5期。

上面四个部分，分别从结缘、诗缘、文缘、墨缘等四个方面阐述了郭沫若与西安的种种历史文化情结。这种考察无疑对弘扬西安的古都文化，推动旅游经济的发展是有积极意义的。郭沫若通过诗歌摹山状水，表现了神奇而丰富的自然美；追古问今，为游客开拓了历史性哲思；歌唱人民大众，颂扬新时代的社会生活。郭沫若的记游诗，重在发掘景点新的美学内涵，使经济、政治内容中所包含的艺术观赏价值得以昭显。他所到之处，不惜笔墨，留下的题字匾额，美观大方，使书法给人以美的享受的同时，传扬了祖国的书法文化。文学和书法的融合，更具创造和独特性。繁荣发展的西安旅游事业，正可借助名人效应，着意开发人文价值，来大做文章。正如本文第一部分所述，西安作为传统文化之根基厚土，给郭沫若的文学创作、文化创造以灵感和源泉。正因为他深受传统文化的浸染，孜孜不倦地从中汲取滋养，从而保持着持久而旺盛的创造活力和才情。

　　但是，人无完人，一味地赞扬或纯粹的抨击一个做过巨大贡献的历史人物是别有用心的。尤其是郭沫若这样的在多个领域都有颇多建树和成就的"球形"人才，人们对其有多种评价，褒贬不一，这是正常的。要用辩证的眼光，还原其历史背景和环境，通过全人境的关照来辨别和判断一个人的贡献或功与过。值得反思的是郭沫若晚年在现代文学如诗歌、剧作的创作上未免粗糙，多有劣品。这跟他长期从政，任务多、时间紧，作为文化名人又时时有约稿，有时候不得不匆忙写就有很大关系，同时还有年龄的原因、耳疾等身体上的不适。但是时代特征无疑是影响他作为的最大因素。在那个荒唐的年代，他合理地自我定位，找到了适合自己的独领风骚的角色，从而为社会做出相应的贡献。这种与时俱进的品格在一定意义上也体现出大家的风采，他来西安期间对当地的文物考古、科学教育、工厂生产等方面的关心也可体现出来。同时，郭沫若的诗文与书法相融合的成功创造也是众所周知毋庸置疑的，在西安的存墨就可以见证其翰墨流光，华章溢彩。当然，郭沫若作为一个伟大而又复杂的存在，则需要更多深入的研究。

（本文与钱克兴合作）

书法文化视野中的郭沫若与日本

  郭沫若与日本的关联是很紧密的，甚至是很复杂的。在抗日战争胜利七十周年之际来探讨郭沫若与日本的关系，也许会别有一番滋味。在笔者看来，从某种意义上讲，郭沫若算是一个"亲日"的人：他上半辈子在日本生活了二十年，爱上了日本姑娘，拥有多个孩儿；他在日本有较多的知心朋友，往来相当密切；他对日语的熟练一如他对日本文化的熟悉，从日文书写到借鉴日本文化都可信手拈来；他将日本视为第二故乡……然而，郭沫若又是一个"抗日"的名人，是一个最典型的现代爱国主义者和坚定的抗日民族英雄：抗日战争爆发后，他毅然抛妻别雏回国参加抗战，从文艺创作到文坛领袖，从文艺评论到文化活动，都做了大量相关工作，为中华民族救亡做出了重要贡献。在"亲日"和"抗日"之间，郭沫若经历了怎样的人生考验和文化体验？令人颇感困惑且极易引起争议的正是：他的一生也经常出人意料地扮演着这种似乎相背反却皆有"传奇"意味的角色。

  郭沫若与日本的关联如此密切，业已引起中日学术界较多的关注①，但从书法文化视野来看郭沫若与日本的关联还很少见。即使笔者十年前集中考察郭沫若与书法文化时，也基本没有关注这一命题。② 本文即就这一方面进行初步探讨。如众所知，书法在中国、日本、韩国等地域的传扬，长期的交流互动，使其衍化为东方文化一个重要的符号世界。以郭沫若为代表的现代中国文人，也通过对书法文化的关注、创造和交流，为东方文化的赓续和发展做出了重要的贡献。对此

---

① 参见蔡震：《郭沫若在日本二十年》，文化艺术出版社 2005 年版。
② 参见李继凯：《论郭沫若与中国书法文化》，《现代中国文化与文学》，2005 年第 2 期。

理应给予深究。著名学者孙郁曾在《日本记忆里的鲁迅》中说："鲁迅和日本的关系，至今还是未完的话题。"[1] 同样，郭沫若与日本也更是说不完的话题，而其中，从书法文化视域的相关考察，也是一个有滋味、有意义且颇有难度的话题。

一、致力于书法文化研究

"书法文化研究"与通常所说的"书法艺术研究"其实是有区别的，前者研究范围更广且包含着书法艺术文化研究。从书法文化视野观照郭沫若与日本的关联，最突出的当是他的书法文化研究。而郭沫若在日本从事的书法文化研究及学术性书写，主要是从文字学、金石学等角度切入的，而文字学、金石学是书法文化研究的重要基础。在中国书法史上，文字体式与书法体式的演变是非常值得注意的文化现象，当年身在日本的郭沫若能够对此给予高度关注和深入研究，理应引起学术界的重视和深究。

关于郭沫若在日本期间从事甲骨文、金石学的研究，事实上早已引起广泛注意，并获得了很高的评价。笔者这里着重介绍的则是郭沫若从事学术文化创造的激情和精神。据有关史料记载，郭沫若在日本流亡期间，生活条件和科研条件都相当艰苦，但他却克服了许多常人难以克服的困难，以惊人的"苦斗"精神，到处查找资料，试图搜集和破译甲骨文、整理和研究金文。买不起相关资料，便拜求东京文求堂店主田中庆太郎及田中震二、石田干之助、中村不折、中岛壕山等帮忙，并经他们介绍和其他朋友协助，得以阅读、考察东洋文库、东京大学考古学教室、上野博物馆等珍藏的相关藏书及实物资料。在废寝忘食的潜心阅读、考察探求过程中，郭沫若以惊人的勤奋和进度，陆续取得了重要的研究成果：1932年1月，《两周金文辞大系》[2] 即由日本东京文求堂书店根据著者手迹影印出版；8月，《金文丛考》由日本东京文求堂书店据著者手迹影印出版；11月，新著《金文余释之余》仍由日本东京文求堂书店据著者手迹影印出版。次年，为了更

---

① 郑欣淼等主编：《鲁迅研究年鉴·2006年卷》，河南文艺出版社2007年版，第38页。

② 此书系初版，手写影印，只有考释而没有图版。1934年，郭沫若汇集铭文及器形照片，编为《两周金文辞大系图录》共5册；次年又撰成《两周金文辞大系考释》共3册，均在日本出版。新中国建立后，郭沫若对全书做了修改补充，抽换并增补了一部分材料，于1957年由科学出版社出版，统名《两周金文辞大系图录考释》，共8册。

好地研究文字学及历史文化，郭沫若更是进一步多方求助。比如1933年1月12日，郭沫若接到在九州帝国大学求学时的老师小野寺直助来信，当即回信表示谢谢他的关心，并真诚希望能够得到对方的帮助。信中告诉小野寺先生"近正从事《卜辞通纂》之述作"，希望老师能够介绍九州帝国大学文学部和民间收藏家所藏之龟甲、兽骨，还希望能够"赐以写真，拓墨之类"；同年2月6日又写信向原田淑人致谢："东大及帝室博物馆的甲骨，承蒙厚意，允以纵览和摄影，谨表衷心谢意。"由于所摄东大甲骨照片"有的字迹不清，难以辨认"，唯恐"印不成书"，故恳请允许"委托文求堂的田中先生直接派摄影师前去再拍摄一次"。① 如此辛苦勤勉，通过多方努力，自然是成绩斐然：郭沫若于同年5月，《卜辞通纂》即告完成并由日本东京文求堂书店据著者手迹影印出版；12月，《古代铭刻汇考四种》（收考释论著四种，即《殷契余论》《金文续考》《石鼓文研究》《汉代刻石二种》）仍由日本东京文求堂书店据著者手迹影印出版。值得珍视也值得特别强调的是，当年的日本东京文求堂书店不仅图书数据丰富，且拥有先进的印刷条件，屡屡根据郭沫若的手迹影印出版他的学术成果，不仅弘扬了学术，也保留了大量的郭沫若早期书法手迹。

能够见证当年郭沫若辛勤从事书学基础研究的论著业已很多，即如著名的"甲骨四堂"之说（罗振玉即雪堂、王国维即观堂、董作宾即彦堂、郭沫若即鼎堂）在学术界已经相当流行，在此不必赘述。而他在日本出版的相关研究著作也赫然陈列于史，难以磨灭。笔者曾颇为感动的则是郭沫若的那些厚厚的著述居然都是用毛笔书写而成的，那要花费多少时间和精力啊！从如此勤勉的劳绩和工稳的手迹中，我们恰可以领略到郭沫若全身心投入的文化创造激情和无比旺盛的创造活

力。人在避难中，心在创造中，这种"学术性书写"行为铸造了郭沫若高大的学者形象。而能够印证这一形象的，还有他留给后人的《郭沫若致文求堂书简》，其中收录他于1931年6月至1937年6月这一学术黄金期间的220余封珍贵书信，

---

① 原信为日文，中文译文见1980年6月2日《人民日报》所载刘德福《珍贵的墨迹》。

生动地再现并佐证了当年郭沫若如何艰苦治学的各种情形。有时候他的求助和搜集大有收获，书简中便流露出欢欣和感激；有时候却未能如愿或辗转多处却收效甚微，艰辛求索而严重失落的感受简直就是一种酷刑般的考验；有时候则不仅收获了宝贵的研究资料，也受到了日本同道学者的具体帮助和诸多启发并收获了真诚的友谊。这些感受从《郭沫若致文求堂书简》的字里行间中流露得非常充分，他对东京文求堂店主田中庆太郎及其儿子田中震二、田中干郎的信赖和感激经常是溢于言表的。"一个好汉三个帮"，郭沫若在异国他乡能够在书法文化的基础研究领域取得堪称辉煌的业绩，显然是离不开诸多日本友人鼎力相助的。这些记录着学术探索经历的书简，作为"学术书写"的副产品，用纸用笔用墨都颇有讲究，信手挥洒，妙趣横生，也具有重要的书法艺术价值。而大量接触、研究甲骨、金文及书法文献的学术经历，对郭沫若的一生包括对书法文化创造的热情都产生了深刻的影响，使其一生的书法墨迹也渗入了甲骨、金石之气。其书法的"骨感美"与"金石味"是相当突出的。

二、诗书创作与人文交谊

日本仿佛是郭沫若的灵感生发之地，他在日本期间总与文学、学术有着似乎更加密切的关系。郭沫若在日本留学、治学、生活及流亡期间，成就了自己的诸多人生角色，无论是诗人还是学者，无论是恋人还是父亲，他都经常以一个"书写者"的身份进入这些人生角色，创作了一系列诗歌和小说，书写了很多文学性的或学术性的手稿。可惜的是，这些带有复合特征的"第三文本"被保存下来的不多。倒是在新中国成立后，他常常用自己最为擅长的旧体诗词与书法紧密结合的方式，配合自己的文化"外交"工作，为增进与日本朋友的人文交谊做出了持续的贡献，留下了诗书并辉且数量可观的"墨宝"。如他于 1963 为祝中日恢复邦交所作的《沁园春·祝中日恢复邦交》一词："赤县扶桑，一衣带水，一苇可航。昔鉴真盲目，浮桴东海，晁衡负笈，埋骨盛唐。情比肺肝，形同唇齿，文化交流有耿光。堪回想，两千年友谊，不同寻常。岂容战犯猖狂，八十载风雷激大洋。喜雾霁云开，渠成水到，秋高气爽，菊茂花香；公报飞传，邦交恢复，一片欢声起四方。从今后，望言行信果，和睦万邦。"当中日邦交正常化十周年的时候，他又写下了《西江月》："岁月两千玉帛、春秋八十干戈，一朝齐唱睦邻歌，篱畔菊花万朵。世代和平共处，横空划出天河，要教四海不扬波，子子孙孙毋惰。"如今朗读郭沫若这样的诗词和欣赏他纵横自如的书法，依然会感受到他那欢欣鼓舞的情怀和对中日世代和平共处的强烈希冀。

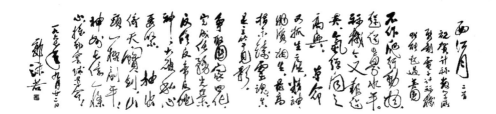

据有关史料，郭沫若与日本友人的人文交谊相当深厚，尤其在治学上得到了田中庆太郎一家的大力支持。感动之余，郭沫若便以"诗书"结合的方式表达了对田中一家的友谊和感谢。如1931年春，郭沫若"观兰口占二绝之一"："不用九畹滋，无须百亩树。有此一盆香，诗心自清素。"即书赠田中庆太郎先生。又如，郭沫若曾于1932年岁末写了一首七律寄田中庆太郎："江亭寂立水天秋，万顷苍茫一望收。地似潇湘惊肃爽，人疑帝子剧风流。寻仙应仿谢公屐，载酒偏宜苏子舟。如此山川供啸傲，镰工尽足貌王侯。"诗中抒写了流亡异国他乡的漂泊感、孤寂感，这更是向知心朋友的尽情倾诉，并从中获得了莫大的慰藉。事实上，田中庆太郎确是郭沫若最为信赖的一个日本朋友，是一个他能借以获得情感慰藉和精神交流的对象，无论在情感上还是事业上二人都有很好的沟通与合作，其人文交谊所达到的高度确实令人羡慕。其间，能够如此精诚合作的一个重要原因就在于他们对中日文化亲缘关系有充分的认识，且在诗书之美的欣赏方面有着深切的共识。比如田中庆太郎夫妇都喜欢书画，郭沫若便乐与他们"合作"：田中太太即晴霭夫人曾专门为郭沫若作画，他便欣然为她的画题诗、题字；他还曾步晴霭夫人所写的和歌《岚之歌》韵，用日文作歌和之。诸如此类的雅事趣闻，确曾为增进郭沫若与日本朋友的友谊起到了重要作用。

类似的情形也发生在与其他朋友的交往中。如郭沫若曾于1935年自画花卉二帧题赠弃花堂主人（即小原荣次郎）；1936年曾为与日本朋友林谦三合摄的照片题词题诗，还应增田涉之请赋诗一首："银河倒泻自天来，入木秋声叶半摧。独对寒山转苍翠，渊深默默走惊雷。"增田涉先生曾回忆说："那天夜里，郭沫若醉得很。字迹自然是歪歪扭扭。尽管这样，我回想这首诗是对日本侵略中国的讽刺，不过在如飞的笔迹中仍使人感到轻松欢乐的感情。"① 1937 年 11 月 18 日曾在内山完造所赠的画幅《南天竹》上题诗……显然，郭沫若喜爱题写诗词的习惯在日本期间就已经养成了，并非是他成为新中国高官之后才有的行为。有学者指出：郭沫若在 20 世纪 30 年代流亡日本期间还曾写过一组五言诗《题扇五首》，堪称诗书俱佳，具有很高的艺术价值。② 其实何限于此，可以说，郭沫若与日本相关联的诗书创作以及书法交谊，迄今也都可以视为是中日文化交流的生动见证。1961 年 10 月 7 日，郭沫若应毛泽东主席之嘱，为其用日文翻译自己亲笔书赠日中友好代表团的鲁迅《无题》诗，译成还和韵一首，即《题赠日中友好代表团》："迢迢一水望蓬莱，聋者无闻剧可哀。修竹满园春笋动，扫除迷雾唤风雷。"1970 年 5 月 10 日，郭沫若闻日本松山芭蕾舞剧团为纪念毛泽东《在延安文艺座谈会上的讲话》发表二十八周年，在东京成功演出芭蕾舞剧《白毛女》，特挥毫题赠七绝："银丝白发话艰难，壮志终移三座山。二十八年如昨日，万方翘首望延安。"面对日本朋友慕名来访，郭沫若也常以诗书相赠，如日本朋友有山兼孝来访，即题赠七绝一首以为纪念："樱花时节海棠开，好友随春一道来。园内牡丹犹有待，含情留客无忙回。"③ 日本友人求字若渴而能如愿者，自然欢欣鼓舞。如今，依然有一些日本友人及其后人将家藏郭沫若诗书原作视为弥足珍贵的"传家宝"。

三、活跃的书法文化交流

在跨国文化交流方面，大抵也会体现"弱国无外交"的劣势。在中华人民共和国建立之前，郭沫若与日本朋友的交往整体看是比较平等的，也是相当友好的。但从更大的格局着眼，却不是对等的。小范围的朋友圈的认可不等于日本文化界以及日本书法文化圈对郭沫若的认可，但这种情形在共和国建立后便逐步有了改变。

最明显的改变，是郭沫若不仅受到了日本文化界、学术界的重视，而且他与

---

① 详见吕元明：《日本译介郭沫若著作之一瞥》，《郭沫若研究：学术座谈会专辑》1984 年版，第 109 页。

② 详见丁茂远：《关于郭沫若〈题扇五首〉的说明》，《郭沫若学刊》，2001 年第 1 期。

③ 手迹载 1979 年《书法》第 3 期。

日本书法文化界也有了活跃的、对等的交流。中国现代作家文人能够进入这个异国"书法圈"且能享受这种待遇的几乎只有郭沫若一人。从求学、求助的道路上走来的郭沫若，能够在邦交正常化之后受到这种对等的甚至是足够的尊重，尤其是从书法角度看能够得到日本书法界的认可和尊重，这种变化固然有政治地位方面的原因，其实也有书法文化本身的原因。郭沫若从小与书法文化结缘，其书法艺术水平不仅在中国具有很高的地位，在日本书法界朋友眼里，郭沫若书法也是值得尊重和推许的。这一点即使是鲁迅先生也有所不及。

在中日文化交流包括书法交流方面，郭沫若是一位积极推动者，发挥了非常重要的作用，这主要体现在访问、接见、题诗、树碑等方面。其间无论多么忙碌，也总会伴随着比较多的书法文化交流活动，尤其是因郭沫若特别擅长诗书而屡屡受邀挥毫便成了重要的"保留节目"。如1955年12月，郭沫若率中国访日科学代表团到达东京，就受到日本学术界、文化界以及社会团体代表的热烈欢迎。在应邀访问东京大学并参观该校图书馆时，郭沫若受邀挥毫题诗曰："十八年后我重来，福地琅环浩如海，文化交流责有在。"① 还应禅定法师之请挥毫赋诗："生前未遂识荆愿，逝后空余挂剑情。为祝和平三脱帽，望将冥福裕后昆。"② 在访问冈山大学时，也曾作七绝一首赠该校校长清水多荣："久别重游似故乡，操山云树郁苍苍。卅年往事浑如昨，信见火中出凤凰。"③ 在游冈山后乐园时，兴致使然，也曾作五绝一首以记其事："后乐园仍在，乌城不可寻。愿将丹顶鹤，作对立默林。"并以此诗书赠第六高等学校同窗会会长田中文男。④ 1975年夏，郭沫若为纪念日本冈山第六高等学校建校七十五周年题赠七绝："陟彼操山松径斜，思乡曾自望天涯。如今四海为家日，转忆操山胜似家。"手迹载日本冈山第六高等学校编印的《六棱回想》纪念画册。⑤ 诸如此类的诗书交流确实难以尽数。

又如，郭沫若在担任国家要职期间，曾多次接见日本书法代表团，《人民日报》《光明日报》在1962年、1966年和1973年都有相关报道。据报道，1962年，郭沫若不仅接见了日本书法代表团，其部分书法作品也在东京日中文化交流

---

① 诗载1979年6月13日《文汇报·沫若佚诗廿首》。
② 诗载1979年6月13日《文汇报》，题为《吊岩波茂雄墓》。
③ 诗载1979年6月13日《文汇报》，题为《赠清水多荣》。
④ 诗载1979年6月13日《文汇报》，题为《赠田中文男》。
⑤ 戈宝权：《谈日本建立的四个郭沫若的诗碑》，《战地》增刊，1980年第6期。

协会、日本书法文化联合会等团体举办的中国现代书法展览会上展出。同时展出的还有何香凝、齐燕铭、老舍等人的书法作品，共 74 件。在接见以山田正平为首的日本书法代表团的过程中，郭沫若与日本的书法家们畅谈中日两国的书法艺术和悠久的文化关系，彼此都表示要进一步加强两国书法艺术和其他方面的文化交流，促进两国人民的友谊。1976 年春，郭沫若抱病在人民大会堂设宴，招待以吉川幸次郎为首的日本学术文化使节团，并题赠"遣唐使节又来唐"的诗。同时题七律一首赠吉川团长，表示对其工作的关怀。特别值得一提的是，曾为中日邦交正常化和文化交流做出重大贡献的日本前首相中曾根康弘，在《贺郭沫若夫妇书法展》中回忆说："日中邦交正常化以前，我曾于 1954 年 8 月作为日本国会议员代表团的一员访问过北京，有幸拜会了当时担任中国人民保卫和平大会主席的郭沫若先生，就恢复邦交问题进行了交谈。我认为，先生是中国书道界的最高指导者。1954 年以后我多次有机会欣赏先生的墨迹。先生的书法格调高雅，每每使我深受教益。"① 显然，这也表达了很多日本人对郭沫若本人及其书法成就的基本看法，绝非一般的外交辞令。

再如，题诗树碑也能见出郭沫若在日本的影响力。1967 年在日本千叶县市川市人民的支持和捐助下，郭沫若诗碑建成。诗碑的雕刻者为田中明次郎和田中新太郎父子。② 1971 年 8 月，郭沫若曾与廖承志一起致电日本松川谦三先生的家属，吊唁松川谦兰逝世，并作悼诗一首："渤澥汪洋，一苇可航。敦睦邦交，劝攻农桑。后继有人，壮志必偿。先生之风，山高水长。"诗被刻在松川谦三墓旁的纪念碑上。1974 年冬，郭沫若应日中友好协会副会长吉田法晴要求，重录1955 年 12 月访日时所作七律《归途在东海道中作》，以供日本九州岛地区各界友好人士筹建郭沫若诗碑之用。该诗碑后于 1975 年 9 月 29 日建成，地点在福冈北部志贺半岛的"金印公园"，诗碑的右方镌刻着诗的原文，左边是日文译文。③ 有学者曾广泛搜集数据，将日本国内为郭沫若建立"五大诗碑"的现象进行了集中考论，介绍颇详，于此不赘。其结语是："在日本这块并非特别广袤的土地上，竟然共有五处地方耸立起了郭沫若诗镌刻的碑石，生动地记录了郭沫若在中日友

① ［日］中曾根康弘：《贺郭沫若夫妇书法展》，《郭沫若与百年中国学术文化回望》（会议论文集，2002 年），第 18 页。
② 田家农：《天津市代表访郭老旧居》，《天津日报》，1979 年 6 月 6 日。
③ 戈宝权：《谈日本建立的四个郭沫若的诗碑》，《战地》增刊，1980 年 6 期。

好事业中做出的巨大贡献。这不仅是个奇迹，更是中日两国人民友谊的美好象征，这些诗碑对妄想复活日本军国主义的战争狂人永远是无比巨大的震慑力量。"① 笔者不想如此夸大郭沫若诗碑的政治和军事威力，但想强调的是镌刻于碑石的郭沫若诗歌和书法，毕竟蕴含并体现了一种绵延不断的文化力量和审美魅力。

四、若干有益的启示

将日本视为"第二故乡"的郭沫若，可谓是中日关系特别是文化联通的一个象征性人物。郭沫若与日本的翰墨情缘，则可以视为这一文化联通现象的缩影。从书法文化视域观照郭沫若和日本，也可以看到和想到许多文化问题及建设思路，也就是说，从书法文化视域接触和考察郭沫若与日本友人的跨国结缘，以及郭沫若和日本友人在书法方面的"外交"实践，确实可以获得一些有益的启示。以下仅列示四点：

其一，日本书道与中国书法的关系确实非常密切，且古今相连。日本书道是日本文化中的有机组成部分，尽管这一部分的"中国元素"（包括唐风书法、汉字笔画等）很为显著，但仍然具有日本文化的属性。虽然如此，也毕竟相对容易沟通，无论在诗书创作层面还是书法及文字研究层面，都有较多的共同语言。郭沫若正是依赖这种历史的和现实的文化基础，才能在日本畅意于金石学，也才能与日本友人诗书交流不断，留下了很多人文佳话。何况，每个国家或民族的文化都是不断建构的、兼容发展的，静止和僵化了，即意味着趋于死亡。书法文化亦然。交流无论官方还是民间，无论政治还是文化，都需要高水平的使者来进行。而郭沫若就是在广泛领域介入中日关系中的一位著名的文化使者，尽管他晚年曾以政治家的身份介入，实际也主要进行的是文化的沟通，包括书法文化的交流。润物细无声，文化交流特别是文学与书法等方面的交流，终究会发挥其润化文心、民心的重要作用。

其二，在当今东方文化复兴的语境中，在世界和谐文化的建构中，以"和谐、自然"为旨归的中国书法文化必将焕发出更加神奇的魅力。著名学者伊藤虎

---

① 陈福季：《有关郭沫若先生位于日本的五大诗碑考论》，《平顶山学院学报》，2012 年第 4 期。

丸在其名著《鲁迅与日本人》曾指出："鲁迅直到死都对日本及日本人始终抱有某种信赖和爱心，但同时，他又对眼前的日中关系几乎感到绝望。"① 鲁迅逝世于全面抗战前夕，郭沫若则经历了抗战和恢复邦交的全过程，他们都抱有"信赖和爱心"，都不希望中日交恶，也都希望能够充分开发和利用文化的化解功能，不断加深两国人民的友谊和文化认同。书法文化作为一种语言文化和艺术文化，在文化传播及影响世道人心方面，具有不可忽视的作用，在这方面，朝野各方应有积极的策划，努力开展一些相关交流与合作的活动，扩大东方文化的影响力。郭沫若的跨国书法情缘包括跨语言的书写手札等，既可以给我们带来历史文化的熏陶，也会带来现实性的有益启示。当年郭沫若通过书法与日本建立起一种文化纽带，他的那些与日本有关联的书法作品，如今如果汇集起来进行展出，将是一道非常耀目的风景线；而他的"书法外交"作为独特的文化传播形式，也将启发我们如何将书法文化与汉语国际教育更好地结合起来。

其三，郭沫若从日本留学到长期不断借鉴日本文化，他的收获可谓非常丰富。诚然，没有哪个国家能像日本这样对他的人生和精神产生如此巨大而细微的影响，但他在传统文化修养方面却有意无意地表现出了某种自信，特别是在书法文化方面。一个值得注意的现象是，郭沫若是一位非常热心的"送去主义"者。他当初在日本求学、求助时期是一位如饥似渴的"拿来主义"者，后来则逐步走向"送去主义"，由此达到了一个新的文化境界。这也启示我们应从"中国制造"尽快走向"中国创造"的道路，在文化创造的追求方面，永不满足，既谦虚"拿来"，又自信"送去"，为祖国和东方的文化复兴或崛起，奉献一份才智和心力，就像当年郭沫若所做的那样。他不仅给日本友人奉献了大量优秀的文学和书法作品以及学术论著，而且也曾慷慨地向日本研究机构捐献了不少宝贵资料。如新中国成立初期，他就曾将存留在日本千叶县故居的 1928 至 1937 年间的著译手稿及有关资料，包括甲骨文、金文等研究著述 1300 余份，殷墟出土的甲骨文 96 片，自身的青铜胸像，以及过去喜欢使用的唐代青瓷壶等，赠送给日中文化研究所。②

其四，郭沫若坚持认为中日关系非常深切，在书法文化方面也是如此，但要通过扎实的实践来积极继承和弘扬这种密切交流的传统。早在 20 世纪 50 年代中

---

① 伊藤虎丸：《鲁迅与日本人》，李冬木译，河北教育出版社 2000 年版，第 3 页。
② 吉林师大日本研究室：《日中的桥梁——沫若文库》（据日本《朝日新闻》报道稿翻译），《新文学史料》，1979 年 2 辑。

期，"北京中国书法研究社"在郭沫若、叶恭绰等支持下成立，在举办的第一次书法展览"北京时人书法展"中，除国人作品外，便同时将日本书家的13件作品展出，这次展览产生了很大的影响，[①] 也体现了郭沫若的沟通中日文化、加强书法交流的愿望。由此笔者建议：中日两国可以紧密合作，充分收集郭沫若、鲁迅、郁达夫等留日学生的相关书法作品，搞一个"现代文化名人与中日（或日中，依主办地而定）书法文化"专题展览，包括郭沫若等诸多文化名人的书法以及他人书写现代文化名人诗文的优秀作品等，都可择优参展；汉语国际教育教师（尤其是孔子学院、汉学院或国际文化交流学院专任教师）可以在教学中采用鲁迅或文化名人手迹作为示范，因其知名度高，容易吸引眼球和加深记忆，必然会取得较好的提示效果。总之，郭沫若的文化交流实践表明，积极加强中日文化包括书法文化对等的交流，对传播、弘扬中国文化，增进国际文化交流必然会起到积极作用，同时从自我精神需求来看，活跃的书法文化的滋润也会为书家文人、作家文人的人生添加许多光彩。

---

① 见王传峰：《中日近现代书法交流比较研究》，中国美术学院2012年度博士学位论文。

论郭沫若与前期创造社的"创生"意识

前期创造社是洋溢着青春生命的极有作为的一个社团流派，在它的诞生与发展的过程中，作为主要发起者与参与者郭沫若自是出力非凡。郭沫若曾说："文化的建设在个人不外是自我的觉醒，在团体不外是有总体的统一中心之自觉，而唤醒这种自觉的人，构成这种统一中心的人，编辑杂志者要占一大部分。"[①] 创办社团，联络社友，编辑社刊，郭沫若与创造社一样共同经历一个全新生命体被"创造"而出的过程，而"创造过程是一种途径，以满足某种渴望和需求"。[②] 在我们看来，正是这种促成"创造社现象"发生的"渴望和需求"，凝成了前期创造社至关重要的"创生"（或"创化"）意识。也正是因了这种"创生"意识的支配性作用，我们才会看到，作为"异军突起"的创造社与略先它成立的文学研究会并驾齐驱的激动人心的情景，看到创造社致力于"创生"的火一样的热情、梦一般的追求，从大胆直率地肯定自我理想的文学表述中，流辟出了空前强烈的"创生"意识——从自我、民族、人类和自然新生的意义上，凸现出创造新生命的人生理想与相应的艺术追求。

一、生命力量的创造

渴望创造新生命的创造社，在艰难之中构建了自己年轻的生命。当它一旦构

---

① 郭沫若：《郭沫若书信集·上》，中国社会科学出版社 1992 年版，第 277 页。
② ［美］阿瑞提：《创造的秘密》，钱岗南译，辽宁人民出版社 1987 年版，第 6 页。

成了自身生命，就发挥出了绝非个体生命所能具有的"集体"生命的力量，从而为了实现"创生"的理想，演出了一场声势宏大的时代壮剧。

对于前期创造社的生命构成，创造社中人亦有"自知之明"。作为前期创造社成员之一的陶晶孙，曾在《记创造社》一文中介绍说："我们学医者尝研究过创造社之解剖学说：沫若为创造社之骨，仿吾为韧带，资平为肉，达夫为皮。"①这种解剖观抑或有不确之处，但却是以活体生命的观点视创造社的鲜明的一例，在我们看来，前期创造社作为一个有机的生命活体，郭沫若是当然的主脑，这从他以丰厚作品展示出的自己在文学方面的独特才情中可见一斑。不管是以诗歌创造开一代诗风，还是以小说文本加速现代文学的进步步伐，抑或是以作家、作品批评实践勾勒现代文学批评理论框架，郭沫若以一种标新立异的文化态度促进了新文学内容与形式的巨大转变。同时，也为文学青年趋向新文艺，获得新知识提供了充足的理论支持与榜样示范效应。据笔者统计，在两卷共六期的《创造季刊》上共刊有43名作者的作品144篇。其中郭沫若各类作品22篇，总量居43位作者之首，约占全部篇目的18%；《创造周报》共52期刊载31名作者，作品共200篇，郭沫若73篇居首位，占全部篇目的37%；《创造日》共41名作者100篇作品，郭沫若计10篇又居首位，占全部篇目的10%。② 由此可见，在创造社诸多社员中，郭沫若无论是刊发作品数量还是参与刊物编辑时长上都首屈一指。但同时，成仿吾、张资平、郁达夫等主要成员也构成创造社的骨架与血肉，而田汉、郑伯奇、何畏、王独清、陶晶孙等人，以及"创造社小伙计"们也都曾化入这一生命活体之中，使其活力更见旺盛（尽管也有矛盾和分化）。从文学发生的意义上说，正是由于创造社这一生命活体的自身构成及其有机的运作，才形成了文学史上引人注目的"创造社现象"，才造就了一批蔚为大观的，以《女神》《沉沦》《上帝的儿女们》《辛夷集》等为代表的"生命文学"。

生命与文学（诗）之间确乎存在着相生相依的至密关系。从美学理论上看，这种生命与诗之间的美学联系，具有恒久而重要的意义。朱光潜曾指出："如果生命有末日，诗才会有末日。到了生命的末日，我们自无容顾虑到诗是否存在，但是有生命而无诗的人虽来到诗的末日，实在是早已到生命的末日了，那真是一

---

① 陶晶孙：《记创造社》，载杨之华编《文坛史料》，中国图书印刷公司1944年版，第410页。
② 以上数据均来自对三类期刊目录的统计，其中《创造周报》中出现的4幅素描画不在其列。

件最可悲哀的事。"① 这种注重生命与诗的必然联系的观念，也为前期创造社的同人所具有。郭沫若的《生命底文学》一文便透露了此中的消息，前期创造社的一系列创作、编辑、批评方面的文学活动，更有力地证明了这点。

我们或许可以这样发问：是什么引发了创造社主要发起者们心弦的强烈共鸣？是什么力量将他们从各自非文学的专业中吸引到文学的旗帜下？回答也许是多种多样的，不过其中最突出、最重要的原因当是他们共有的"创生"意识。即是说对创造新的生命以求生存的价值与不朽，他们怀有共同的渴望，持有相契的共识。相当典型的例证是，在创造社成立之前，郭沫若与张资平、成仿吾、郁达夫等友人已多次谈及文学和结社的话题，相互之间的书信也多是交流这方面的想法，并将一些作品订成小册子相互传阅，相互砥砺，相互写下的读后感往往就是新的创作。这样的小册子被命名为"Green"（《格林》），意指绿色，象征着对"生命"复苏、发荣的热烈期待。郭沫若在读到成仿吾的小说《一个流浪人的新年》时，则以诗的方式写下了自己被启动的灵思：

> 我们把这满腔底氤氲，
>
> 酝酿成弥天的晴雪。
>
> 把生命底潮流美化、净化、韵化！②

"生命底潮流"在这群渴望创生的人们心中鼓涌着、激荡着，并且情不可遏地流于腕底，在创造社正式成立和《创造季刊》正式创刊之前，就有了相当可观的"创生"文学的积累。因此，在高张"创造"大旗之际，他们才会成功地推出自己的刊物以及"创造社丛书"。我们还注意到，在创造社发生期，围绕着社团名称与刊物名称，作为主脑的郭沫若与同人们确乎费了不少心思。郭曾想用过"辛夷"的名称，以为其有"谦逊"的优点，但他的生命热

---

① 朱光潜：《朱光潜美学文学论文选集》，湖南人民出版社 1980 年版，第 30 页。
② 郭沫若：《〈一个流浪人的新年〉跋语》，《创造季刊》，1922 年第 1 卷第 1 期。

情的强度却促使他更倾向于采用"创造"这样的名称。尽管"辛夷"之称也与"创生"意识相通，但毕竟不如"创造"能更充分地体现其"创生"的恢宏的抱负和喷发的热情，所以当郭沫若在同人面前正式提出采用"创造"的名称时，赢得了大家的热烈赞同。从此，"创造"新生命的潜在欲求获得了集体的高度自觉，"创生"意识获得了自身的升华，并多方面地展现在创造社的一系列文学活动之中。

二、"创生"意识的精神体系

综观前期创造社的文学活动，我们认为"创生"意识是其重要的基点或支点，并以此为核心，构建了前期创造社颇具特色的"创生"意识的精神体系，从而确证了"异军突起"的存在价值与特色。当然这一精神体系是相当复杂的，这里只拟分析其中一些主要的方面。

其一，对新型生命样态的热烈期待与追求。在《创造季刊》创刊号的封面上，印有怀胎待生的夏娃，以深邃慈祥的目光望着一艘远航的船儿。显然，这类人类之母的形象透现着创造社同人共同的希冀，那就是通过创造（孕育）新的生命，拓展（远航）新的生命，从而获得一种崭新的人生。选择这幅夏娃（或女性）的画面（符号），可谓是意味深长。从前期创造社的主要作家队伍中，人们看不到像文学研究会那样的女性作家阵容，即使著有《卷葹》等作品的冯沅君（淦女士）被视为前期创造社的正式成员，也是凤毛麟角。然而谁都会看到，前期创造社与女性的精神联系却至为紧密，郭沫若的《女神》就可以视为典型的代表。郁达夫的《沉沦》，田汉的《咖啡店之一夜》，张资平的《冲积期化石》等莫不或显或隐地关注、表现着对理想女性的渴望。这种渴望的精神导向是对新型生命的热烈期待与追求，求之不得，则宁愿"沉沦"（捐弃旧我）也在所不惜。无论是通过对理想女性（再生的"女神"、忠贞的女性等）的正面肯定或揄扬，还是通过对自我孤寂清冷、爱无所寄乃至绝望情怀的否定性描绘，在实质上，都是渴望新生的衷曲的流露。渴望新生、赞美新生，亘古以来，人们（尤其是男性）最容易联想到的，便是女性，其深层的生命根因，或可归之于人类源远流长的两性之爱，因为"它是其他型式爱的创生典型（generative type）"①。因此也就不奇怪，创造社同人的创作多爱以女性来充当"创生"的象征形象，虽然在社团中少见女性作家的身影，但这批崇尚新罗曼主义的"才子"们，在崇拜生命、呼唤新生的同时，自然表现出了显豁的女性崇拜的心理倾向，换言之，即理想女性正是前期创造社浪漫生命的"隐形伴侣"。当然，对新型生命形态的热烈期待与追求，除了可以借助女性诗化形象表达外，还可以借助创世神话的重构以及直接对"创造者"的歌颂发抒个性、憧憬未来，郭沫若的《创造者》《女神之再生》《凤凰涅槃》《创世工程之第七日》等诗作，以及创造社同人的《创造日宣言》等，就是突出的例证。而郁达夫、郭沫若、成仿吾等在小说中对穷愁困顿、性爱苦闷的如泣如诉，也从对生存现状的巨大不满中导向了对新型生命样态的渴望与追求。成仿吾曾在一首诗中写道："生命的琴弦疲极了。我想要痛哭一场，哭到生命的琴弦复活"②，这与沫若在《〈辛夷集〉小引》中表现的生命在泪水中复苏的诗思是一致的。这种"以哭求活"的创作，有其生理心理的根据，也有着内在的审美规律上的逻辑，或者也可以视其为前期创造社的一个特色。

其二，对自我生命体验的深切关注与表现。基于自我生命的体验，初期创造社同人锐感"旧我"的不足，亟切地希冀"新我"的诞生：

上帝，我们是不甘于这样缺陷充满的人生，
我们是要重新创造我们的自我。
我们自我创造的工程，
便从你贪懒好闲的第七天上做起。③

这种自我意识的强化，是创造社"创生"意识中非常突出的一个方面。郭沫若在《生命底文学》一文中就明确地指出："生命的文学是个性的文学，因为生命是完全自主自律的。"④ 只要不把"生命"

---

① ［西班牙］乌纳穆诺：《生命的悲剧意识》，北方文艺出版社 1987 年版，第 85 页。
② 成仿吾：《长沙寄郭沫若》，《创造季刊》，1922 年第 2 期。
③ 郭沫若：《创造工程之第七日》，《创造周报》，1923 年 5 月 13 日第 1 号。
④ 郭沫若：《生命底文学》，上海《时事新报》副刊《学灯》，1920 年 2 月 23 日。

（人的生命）的哲学限定在"生物"或"生理"范畴之内，不把"生命"僵化为本能或理智的单一方面，那么说"生命"在自主自律中突现出个性或各有特色的自我人格，就是有充分道理的。无论从哪一方向看，创造社的主要成员各有其明显的个性，"自成一家"，但在信仰个性主义与浪漫主义的方向上，则有其一致性。这种信仰导致了他们对自我内心生命体验的倍加关注，并推己及人，衍化出了众多的"内转"而又"外烁"型的浪漫作品。在意识到"自我"即是神或上帝的时候，他们从传统中国人崇尚的那种"无我"的浑浑噩噩的生命存在中醒觉过来，决然地举起个性解放的旗帜，而在这旗帜上便大书着"创造"二字。因为只有通过"创造"，才真正能够体现个性，达至自我实现的生命盛境。然而在走向个性、确立个性的途程中，创造社同人无不感到黑暗现实的巨大制约，感到本应外向扩张的个性反被压回内心的痛苦。郁达夫既信奉着"自我就是一切，一切就是自我"①，又在一系列"沉沦型"的作品中倾吐着那悲悲切切的孤独、苦闷、压抑乃至绝望的生命感受，将满腹的以愁怨、变态为表征的"忧郁情结"诉诸笔端。② 这种感受在郭沫若、张资平、成仿吾、郑伯奇等人的作品中都有程度不同的体现。他们浪漫抒情，但他们也悲怨痛苦，他们笔下的注重自我表现的所谓"身边小说"多具一种自伤自恋自譬自解的凄迷情调。也正是由于有了个性的觉醒和相伴而生的孤独，创造社的同人们才格外地渴望在爱情与艺术中寻求精神的补偿与慰藉，同时又借了爱情与艺术的张力，鼓起新生命的风帆，去努力创造一个新的世界。

其三，对生命存在的外向感应与创化。前期创造社的精神指向，并没有因为压力而一味地"回归内心"，尽管专注内心体验同样能够产生婉曲动人的生命文学，但他们总是更热于从"小我"中映现出时代的面影，透现出历史的要求。在迟出的《创造社社章》中所称述的"本社领有文化的使命"，同样能够确证前期创造社是"有所为"的文化（文学）团体。"本着我们内心的要求，从事于文艺的活动"③ 的创造社，其"要求"必然有外向拓展的一面。这种拓展指向民族、

---

① 郁达夫：《自我狂者须的儿纳》，《郁达夫全集·卷 10 文论·上》，浙江大学出版社 2007 年版，第 48 页。
② 参见李继凯：《憨怨与变态》，《中国文学研究》，1990 年第 2 期。
③ 郭沫若：《编辑余谈》，《创造季刊》，1922 年 8 月第 1 卷第 2 期。

人类和自然。由此这些"创造者"既是"最初的婴儿",又是"开辟鸿荒的大我"①,并因此也拥有着"创造者"的自信和欢乐:

创造!
我们的花园,
伟大的园丁又催送着阳春归来。
地上的百木抽芽,
群鸟高唱着生命的凯旋之歌。②

但"创生"的欢乐确实常常是短暂的。这些"创造者"们每每要承担着各种悲苦现实的压迫,其中也包括对自我现状与文坛现状的强烈不满,从而激发出强烈的反帝反封建,反一切污秽与虚伪的批判意向。而这种批判与否定,也必然导向对理想社会与人生的创化。在成仿吾看来,作家"要是真与善的勇士,犹如我们是美的传道者",在这真善美皆具的"全"而"美"的文学中,方可深味到"生的欢喜"与"生的跳跃"③。我们知道,仿吾因了这种强烈的"创生"欲求,每每手执板斧,依了自己主观的判断,多方出击,被人称为"黑旋风"。尽管时有失误、过激之处,但其爱憎皆烈,渴望新生的"破坏"动机,毕竟有其可爱可赞之处。从"破坏"入手以求"新生",实是创造社同人共同信奉的"创生"路线,"我们要定下我们的要求,我们的要求是一切丑恶的破坏,没有调和,永不妥协的破坏!我们要凭着良心的指挥,永远为正义与真理而战!待把秽浊的尘寰依旧变成纯洁的白地,再来创造出美善伟大的世界"④。较此更为激烈奔放的表述,则是郭沫若的《女神》所吹响的战斗号角,在《我们的文学新运动》一文中,他的这种"创生"意欲更与"革命"直接沟通了起来,预示了前期创造社后期转换的端倪:"我们喘求着生命之泉","要打破从来的因袭的样式而求新的生命之新的表现","新的酒不能盛容于破旧的革囊。凤凰要再生,要先把尸骸火葬","我们反抗资本主义的毒龙。……我们的运动要在文学之中爆发出:无产阶

---

① 郭沫若:《创造者》,《创造季刊》,1922 年 3 月第 1 卷第 1 期。
② 郭沫若:《我们的花园》,《创造季刊》,1923 年 2 月第 2 卷第 1 期。
③ 成仿吾:《新文学之使命》,《创造周报》,1923 年第 2 期。
④ 全平:《撒但的工程》,《洪水》,1924 年第 1 期。

级的精神，精赤裸裸的人性。我们的目的要以生命的炸弹来打破这毒龙的魔宫"。① 读着上述这些"火爆"的语句，我们深深感到，创造社的理想乃至幻想，创造社的强大乃至幼稚，创造社的战斗乃至误击等，可以说都与它的"创生"意识的强烈及其变化有关，在前期浪漫主义"创生"意识的阈限中，由自我生命的更新推向民族生命、人类生命和自然生命（生态意识）的更新，但浪漫的想象与热情毕竟代替不了现实中"创生"的艰难，从现实可行性或策略性出发，创造社开始愈来愈自觉地接受阶级斗争的革命学说。而这"革命"与创造社的"创生"初衷，既有相通之处，又有矛盾之处："我们要做自己的艺术的殉教者，同时也正是人类社会的改造者。"② "相通"在于关注社会改造，"矛盾"在于以"自我"与"艺术"充当了殉教者。

其四，"创生"意识制约下的生命文学观。作为创造社主脑的郭沫若早在1920 年初就撰写了《生命底文学》一文，刊登在《学灯》上，认定"生命与文学不是判然两物。生命是文学底本质。文学是生命底反映。离了生命，没有文学"；"创造生命底文学，第一当创造人：当先储集多量的 Energy 以增长个体底精神作用"③。也许很容易看出，郭氏的这种表述是感悟、直觉的判断，缺乏更深刻的、完整的逻辑论证。而这恰恰是以郭沫若为代表的前期创造社在文学创作、文学运动与文学批评中表现出来的一个主要特征。郭沫若前期的文学批评也同样充溢着直觉感悟的生命气息，他评《西厢记》，称其是"有生命的人性战胜了无生命的礼教的凯旋歌，纪念塔"④。他评郁达夫，道是"他那大胆的自我暴露，对于深藏在千年万年的背甲里面的士大夫的虚伪，完全是一种暴风雨式的闪击……因为有这样露骨的真率，使他们感受著作假的困难"⑤。成仿吾的崇尚生命情感的文学观，使他前期的评论也常常带有浓厚的生命意味，使他在评论上成为前期创造社中最引人注目的人物。也正是在以"创生"意识为基点的生命文学观的共识中，像对人之生命本能格外关注的张资平，也完全可以成为创造社的主要成员之一，以至于他的那些带有自然主义倾向的小说创作，也每每受到同人的认定和读者的

---

① 郭沫若：《我们的文学新运动》，《创造周报》，1923 年第 3 期。
② 郭沫若：《艺术家与革命家》，《创造周报》，1926 年第 18 期。
③ 郭沫若：《生命底文学》，上海《时事新报》副刊《学灯》，1920 年 2 月 23 日。
④ 郭沫若：《〈西厢记〉艺术上的批判与其作者的性格》，《郭沫若全集·文学编·卷 15》，人民文学出版社 1990 年版，第 322 页。
⑤ 郭沫若：《论郁达夫》，《沫若文集·卷 12》，人民文学出版社 1959 年版，第 547 页。

欢迎。他曾借用罗素对"创造的本能"与"所有的本能"加以区分的观点，格外肯定了"创造的本能"（倾向于结婚、教育、文学、艺术等）对于文学的重要性，同时也肯定"所有的本能"（倾向于国家、战争即占有等）并非完全与文艺相悖。[①] 他的这种"本能观"，对理解文学的生命意蕴，还是有一定启发性的。只可惜他过于热衷自己的文学表达模式，并逐渐用"所有的本能"替代了"创造的本能"，从而最终走上了背离创造社"创生"宗旨的文学末路。

三、中西文化的多重影响

前期创造社的"创生"意识，有其宏阔的文化背景或文化渊源，从本土文化的影响来说，这种"创造"意识与中国文化尤其是老庄思想或道家文化有一定的关系。创造社同人们从幼年起即濡染着中国文化，许多文化意识都沉积在他们的心灵深处。中国人的"重生""重国"观念之突出，是举世公认的，但"个性""创造"意识却相当萎缩。儒家的"逝者如斯夫"的感喟、"自强不息"的勉励、"诗言志"的传统，特别是"文以载道"的教训，虽有入世的积极性，但过于黏着理性与功利，常常成为枷锁，损害着文艺的创造。道家的文化意识，着意强调

人与物的同一，人向道的归化，讲求"无我""无为""等齐生死"等，有鼓励超俗、解放的积极作用，但亦有明显的无聊、虚幻的消极作用。不过从思维特征上看，毕竟还是庄子的《逍遥游》与"泛神论"所体现出来的生命自由意志、浪漫不羁的精神，对郭沫若、郁达夫这样的创造社的"才子们"更有吸引力。

在中国"新文学"的范畴中，尤其是浪漫主义文学流派，受到外来文化的影响往往更显得突出和直接。正如梁实秋指出的那样："新文学即是受外国文学影响后的文学。我先要说明，凡是极端的承受外国影响，

---

① 参见张资平：《文艺上的冲动说》，《艺林学刊》，1925 年第 17 期。

即是浪漫主义的一个特征。"① 创造社的酝酿和成立是在日本，他们的首批作品大都写于日本，受到了日本文化氛围的影响。在文化改革方面，日本向西方文化学习的种种作为、科学求实的精神对创造社同人是有影响的，在日常生活中，日本女性所体现出来的典型东方女性的文化气质，对创造社同人也有相当深切的生命魅力。但对于有志于文学的他们来说，更明显的是对日本文学理论与创作的借鉴和吸收。在文艺理论上，厨川白村的《苦闷的象征》对创造社的"创生"意识制约下的文学观，有着重要的影响。郭沫若曾公开地宣告："我郭沫若所信奉的文学的定义是：'文学是苦闷的象征'"②，并在一系列论述中，出现了类似于《苦闷的象征》中的话语。不过，郭沫若在化用之中见出了自己的真切体验与独特思考。他认为"生命的文学是必真，必善，必美的文学"，并由此相信生命文学有超越苦闷、导向乐观的功能："创造生命文学的人只有乐观；一切逆己的境遇乃是储集 Energy 的好运会。Energy 愈充足，精神愈健全，文学愈有生命，愈真、愈善、愈美。"③ 而厨川则认为生命文学应"超绝了利害的念头，离开了善恶邪正的估价，脱却道德的批评和因袭的束缚而带着一意只要飞跃和突进的倾向"，"生命力受了压抑而生的苦闷懊恼乃是文艺的根柢。"④ 由此可以看出郭沫若是努力以人之生命的全部意蕴来建构生命文学的"全"，而厨川君则过于执着于生命苦闷这一点，并由此走上了绝对超绝功利的极端。

从文学创作上看，创造社同人也曾受到日本文学的影响。日本学者伊藤虎丸指出，创造社以"艺术派"而崛起于文坛，"其背后是有日本大正时期所形成的所谓'艺术家意识'的"，接着他便分析了郁达夫与佐藤春夫的关系，认为"在《沉沦》中确实可以看到与春夫的作品相同的结构、私小说的手法或是那种'世纪末的颓废'的影响"。但二者在具体的人生内容的表达上还是有不同之处的。⑤ 郁达夫创作与日本作家有联系的当然不限佐藤春夫一人，谷崎润一郎、葛西善藏等作家对他也有明显的影响。郭沫若、张资平等人的创作与日本文学也有着这样类似的关系，这从他们常常阅读日本的文学杂志如《早稻田文学》《文章世界》

① 梁实秋：《现代中国文学之浪漫的趋势》，《浪漫的与古典的文学的纪律》，人民文学出版社1988年版，第5页。
② 郭沫若：《暗无天日之世界》，《创造周报》，1923年6月第7号。
③ 郭沫若：《生命底文学》，上海《时事新报》副刊《学灯》，1920年2月23日。
④ 鲁迅：《鲁迅全集·卷13》，人民文学出版社1973年版，第18页。
⑤ ［日］伊藤虎丸：《创造社与日本文学》，《中国现代文学研究丛刊》，1986年第3期。

等便可看出。人们也还注意到，创造社后来的"转向"，也与日本国内的无产阶级文艺运动有着明显的联系。这都说明，作为生命活体的创造社与日本的文化生态环境，尤其是文学，确乎存在着顺应、学习、借鉴的密切关系，但这种关系并不总是"良性"的。

日本文化生态环境的开放特性，为创造社同人们打开了通向西方文化的大门，由此创造社的"创生"意识获得了更丰富的精神滋养。日本大正时期兴起的"文化主义"思潮，其本身就格外崇尚西方盛行的生命哲学。于是由柏格森的《创化论》为代表的西方生命哲学及其影响下的文学思潮，也恰似"生命的动流"，冲击着、撼动着创造社同人们的心扉。尤其是作为创造社主脑的郭沫若，对柏格森的"生命创化"思想心仪。正由于对"生命"的高度重视，郭沫若更细心地谛听生命运动的节奏，从人的心灵到大自然的生机，从情感流动到泛神机运，从康德之诗到庄子之文乃至孔子之魂等，他都有了更加充分而新鲜的感悟和领会。由此他更欣赏也更追求那种跳荡着生命节律的抒情诗："我想我们的诗只要是我们心中的诗意诗境之纯真的表现，生命源泉中流出来的 Strain（诗歌），心琴上弹出来的 Melody（曲调），生之颤动，灵的喊叫，那便是真诗，好诗；便是我们人类欢乐的源泉，陶醉的美酿，慰安的天国。"① 这是沫若吸收、化解了生命哲学、泛神论以及心理分析等西方文化学说之后才形成的浪漫主义诗歌观，以"创生"意识为基点，感应着、领受着西方浪漫主义思潮的选择，是前期创造社站在中西文化交汇点上做出的重要选择。大量地接触、翻译外国文学及论著，就是这种"选择"的一种具体的努力，并由此不可避免地承受了外来文化的影响。郑伯奇曾指出，创造社总的倾向于浪漫主义，并与外国作家、哲学家有着密切关系："歌德而外，海涅、拜伦、雪莱、基慈、恢铁曼、许国、斯宾挪莎、太戈尔、尼采、博格逊，这些浪漫派的诗人和主观的哲学家也是他们最崇拜的。其次，因为各人的倾向，有人喜欢淮尔特，也有人喜欢罗曼罗兰。这虽似乎偏向到两个极端，然而，在尊重主观，否定现实上，却有一脉相通之点。象征派，表现派，未来派，也都经创造社的同人介绍过，这些流派，实在和浪漫主义在思想上，有着血缘的关系。"② 譬如郁达夫的崇尚"内部的真情的流露"的浪漫倾向就与叔本

---

① 郭沫若：《论诗三札》，《沫若文集·卷10》，人民文学出版社1959年版，第211页。
② 郑伯奇：《〈中国新文学大系·小说三集〉导言》，良友出版公司1935年5月第1版。

华、华兹华斯、布朗宁、屠格涅夫、王尔德等人有内在的联系。即使是创造社同人共同认定的"创造"观念，也与西方文化的崇尚个性，创造、艺术的思潮有着密切的关系。郭沫若宣告"我效法造化的精神，我自由创造，自由地表现我自己。……"① 将作为诗人的"我"与造物主或上帝等量齐观。这种自我表现、自我崇拜的根底亦在于崇拜生命的"创生"意识。而郭沫若的这种思想与他所引述的雪莱的"诗人是世界的立法者"、歌德的"人生之力全由我们诗人启示"等观念，显然有其一致之处。

如果我们更细致地去追究前期创造社的"创生"意识的世界性联系，就会发现它与西方的人道主义、进化论、心理分析、神话哲学、女权主义等思潮都有着或显或隐、或多或少的关系。然而一切外来的影响都必然是以承受者的心理结构与能力为前提的，诸多的影响也只有在承受者的现实生命体验的基础上才能得以接纳与融汇。郑伯奇曾从"个人环境"与"社会原因"两方面分析创造社浪漫主义倾向的成因②，对创造社"创生"意识的生成也可以作如是观。用郭沫若的话说是"个人的郁积""民族的郁积"导致了生命的"喷火"，"女神"的降生；用郁达夫的话说则是"生的苦闷"与"性的苦闷"导致了生命体验的升华和幽怨、绝叫并生的创作。因此可以说，创造社的同人们，正是在深切的现实生命体验的过程中，由生命的饥渴进到对新文化、新文学的寻觅、消纳与创造，亦即由"内心的要求"导致了生命的创造性的升华，从而在"创生"的基点上，塑造了"创造社"自身的形象。

综上所述，我们认为，前期创造社的中心意识体现为"创生"意识的生成与发散，体现为对"新生"的渴望与创造，并由此形成了前期创造社最为重要的"创生"特色。前期创造社的"创生"意识有着丰富的内涵和多方面的表现，其中对新型生命样态的热烈期待与追求，对自我体验的深切关注与表现，对生命存在的外向感应与创化，以及"创生"意识制约下的生命文学观等方面是值得重视的内容。而这类"创生"意识的形成，则有其宏阔的文化背景与来源，以及现实生命体验的根据。尽管前期创造社"创生"意识后来发生了变异，但在今天看来，仍然具有丰厚的历史与美学的意义。

---

① 郭沫若：《湘累》，《郭沫若全集·文学编·卷1》，人民文学出版社1990年版，第22页。

② 参见郑伯奇：《〈中国新文学大系·小说三集〉导言》，良友出版公司1935年版。

从尊孔到批孔

——略论郭沫若、毛泽东与孔子

儒学之父孔子，是举世公认的文化巨人。作为文化史上的巨大存在，孔子的确有其耀目的光辉，但亦有其阴森的暗影，于是也就有了文化史上旷日持久的"尊孔"与"批孔"之争。事实上，尊之常有其道，批之亦有其理，并非都是信口雌黄。但尊之而易导向美化，批之则易趋于丑化。美化了的"孔子"被视为"圣人""完人"；丑化了的"孔老二"便成了"巧伪人""丧家狗"。自"五四"以降的尊孔与批孔之争，尤其典型地反映了这种趋向两极的文化现象。

郭沫若与毛泽东在面对孔子及儒学时，既力求科学地认识孔子及儒学，但又在较大的程度上，代表了"美化"与"丑化"这种分立而又交叉的文化倾向，显示着当代中国人"孔子观"的矛盾性与复杂性，为我们留下了一些思想成果，也留下了一些经验教训。故此，对郭沫若与毛泽东的孔子观及儒学观进行比较研究，很有必要。

一

中国文化传统中，有着巨大的尊孔优势，时至 19 世纪末 20 世纪初仍有相当大的影响力。青少年时代的郭沫若、毛泽东，都在家教师授、言传行范之中，承受了孔子及儒学的"教泽"。从主导情形看，青少年时代的郭、毛都是尊孔崇儒的。

郭沫若在少年时代承受的母教中，就烙印着儒学传统。因为其母杜氏夫人乃是知书识礼的"官家的女儿"。正是这第一位老师——母亲的引导，使幼小的沫若对读书发生了强烈的兴趣，其中自然少不了对四书五经的学习。他"小时四五岁起所受的教育是旧式的，四书五经每天必读"①，这为他此后的发展奠下了初基，也培养了他对中国文化传统（尤其是儒家）的血脉相通的情感。唯其如此，他才会用许多精力去钻研传统文化典籍，取得令人瞩目的学术成就。早在日本留学期间，他就写了《我国思想史上之澎湃城》（1921年），郑重指出孔子思想是中国先秦文化"澎湃城"中最优秀的宝藏，显示了他对孔学的高度重视，进而对五四新文化运动中猛烈批孔的倾向，发表了自己独立的见解："我在这里告白，我们崇拜孔子。……我们还是崇拜孔子——可是决不可与盲目地赏玩古董的那种心理状态同论。"②

　　由深受儒学濡染而导向尊孔崇儒，这也是毛泽东青少年时代曾经亲历的过程。通过父母的言传身教和蒙馆的教育引导，毛泽东同样承受着儒学的教泽。中国的农村文化历来与儒家文化是浑融相通的，当少年毛泽东进入当地蒙馆读书时，读到的也是孔子《论语》等儒家经典，即使是他于乡间读到的《三国》《水浒》之类的小说，其中也贮有儒家的汁水。毛后来曾说过："我幼年没有进过马克思列宁主义的学校，学的是'子曰学而时习之，不亦说乎'一套，这种学习的内容虽然陈旧了，但是对我也有好处，我识字便是从这里学来的。"③"那时候很相信孔夫子，还写过文章。"直到五四前后，他的文章中仍多有称引孔孟之处（如《体育之研究》一文就有八九处之多）。在长沙求学时，杨昌济对他的影响是最深的，而杨恰是个现代崇孔派，尤对宋明理学有研究。由于杨的影响，毛泽东对孔学精义有了深刻的理解，并对伦理学产生了强烈兴趣。他还在1917年8月23日致黎锦熙信中说："愚于近人独服曾文正"。曾文正者，清代大儒曾国藩也。显然，青少年时期的毛泽东，不仅曾从儒学先师处受过教益，而且从儒学后继者的身上，也受过不可忽视的影响。

　　为什么在世纪转换之际，像郭沫若、毛泽东这样的青少年仍会尊孔崇儒呢？

---

　　①　郭沫若：《十批判书·后记》，《郭沫若全集·历史编·卷2》，人民文学出版社1982年版，第464页。

　　②　郭沫若：《中国文化之传统精神》，《创造周报》，1923年第2期。

　　③　毛泽东：《整顿党的作风》，《毛泽东选集·卷3》，人民出版社1966年版，第776页。

除了上述的文化传统与人文环境方面的原因之外，还与他们作为个人"自发的"向上要求、探索真理的内因，以及孔子其人其说内蕴的思想魅力相关。我们不能忽视郭、毛当时内在的精神追求与孔子人格精神、学说精义的契合作用。正心诚意、修身入世，有志有德、仁者爱人，经世致用、忧国忧民，注重人格精神的崇高追求与入世务实的脚踏实地，这种来自孔子并被逐渐美化了的人文精神，不能不对青少年时期的郭、毛产生重大影响。

二

尊孔崇儒，作为文化信仰或学术倾向，本身似乎无可厚非。问题是不能走向极端——独尊、独崇，直把孔儒化成圣偶，只知一味膜拜。特别是再将这种尊崇与封建统治欲结合起来，就会使孔学堕落为教条，成为封建制度的思想工具，成为"吃人"社会的遮羞布。任何圣洁的理论或主义被利用、被篡改后，都会走向反面。不幸的是，孔子及其学说被歪曲利用的现象早就发生了。郭沫若、毛泽东对此都是注意到了的，并力求拨乱反正，发现值得崇尚的孔子的"正体"。

郭沫若认为："自汉武以后，名虽尊儒，然以帝王之利便为本位以解释儒书，以官家解释为楷模而禁人自由思索，后人所研读的儒家经典不是经典自身，只是经典的疏注，后人眼目中的儒教，眼目中的孔子，也只是不识太阳的盲人意识中的铜盘了。儒家的精神，孔子的精神，透过后代注意的凹凸镜后是已经过歪变了的。……于是崇信儒教，崇信孔子的人只是崇信的一个歪斜了的影像；反对儒家，反对孔子的人也只是反对的这个歪斜了的影像。"[①] 因此，郭力图拂去历史的烟埃，再现孔子的"正体""真相"。他在20世纪20年代初撰写的《我国思想史上之澎湃城》《中国文化之传统精神》《论中德文化书》等文，就满怀激情地称扬孔子及

　　① 郭沫若：《中国文化之传统精神》，《创造周报》，1923年第2期。

其"孔门哲学的意义"。作为政治家，孔子有"大同"学说；作为哲学家，他有泛神论思想；作为科学家，他精通数理、博物学；作为教育家，他有著名的"因材施教""有教无类"的主张；作为艺术家，他精通音乐；作为文学家，有他"简切精透的文学"，而且删诗书、成春秋，"使我国古代的文化有个系统的存在"。由此郭沫若盛赞道："我看他这种事业，非是有绝伦的精力，审美的情操，艺术批评底妙腕，那是不能企冀得到的。"① 这种不无诗意赞美的表述，可视为郭氏孔子观的基调。他说："我们所见的孔子，是兼有康德与歌德那样的伟大的天才，圆满的人格，永远有生命的巨人。他把自己的个性发展到了极度……"② 他又说："我国的儒家思想是以个性为中心，而发展自我之全圆于国于世界，这不待言是动的，是进取的精神。"③ 这样的赞美似乎还不够味，更以跨文化的视野把孔子的人格与革命导师并提，把孔子的学说与共产主义理论并观："……王阳明主张'去人欲而存天理'，这从社会上说来，便是废去私有制度而一秉大公了。在这儿西方文化与东方文化才可以握手，在这儿西方文化才能生出眼睛，东方文化也才能魂归正宅呢。所以在我自己是信仰孔教，信仰王阳明，而同时也是信仰社会主义的。我觉得便是马克思与列宁的人格之高洁也不输于孔子与王阳明，俄罗斯革命后的施政是孔子所说的'王道'。"④ 正是基于这种中西文化视野中的孔子观，郭沫若在 1925 年写出了《马克思进文庙》，以令人惊异的构思，将孔子与马克思的思想等同起来。作为具有浓厚诗人气质的郭沫若，以奇特的直觉抓住了马克思主义"中国化"及其命运的问题，显示着中国人之所以欢迎马克思主义从西方来到东方大陆安家落户，实在是与孔子影响下形成的经世致用、大同理想、道德主义等文化传统紧密相关的。

沿着尊孔之路前进了一个时期的毛泽东，在"五四"前后也并未加入批孔的前驱中去。但他不像郭沫若那样热情洋溢地赞美孔子。诗人式浪漫的玄想，青年毛泽东也是有的，但他明显较郭沫若更注重当时中国的实际，更注重于实践行动。郭沫若通过诗歌与静坐达到"内圣外王一体，上天下地同流"。毛泽东则通过锻炼（"野蛮其体魄"）与实干（发起"新民学会"）来达到济世的目的。很能

① 郭沫若：《三叶集》，上海亚东图书馆 1920 年版，第 13 页。
② 郭沫若：《中国文化之传统精神》，《创造周报》，1923 年第 2 期。
③ 郭沫若：《论中德文化书》，《文艺论集》，人民文学出版社 1979 年版，第 17 页。
④ 郭沫若：《伟大的精神生活者王阳明》，《文艺论集》，人民文学出版社 1979 年版，第 86 页。

表现毛泽东早期思想的《言志》《心之力》《救亡图存论》等文章现在看不到，仅就他的《体育之研究》《伦理学原理批语》《讲堂录》及若干书信等，仍可以看出他与郭的相似之处。在这些写于 1914 年至 1920 年的文字中，显示着青年毛泽东对孔子人格精神学说的崇敬，对来自孔孟的"仁""礼""良知""尽心"以及"浩然之气""大本大源"等观念，神往不已，每以"圣贤"之道自勉。[①] 他在《讲堂录》中写道："未有圣贤而不豪杰者也"，"帝王一代帝王，圣贤百代帝王"。这种来自孔儒的崇高人格理想，对毛泽东确实深有影响。自然，这种理想指向自我实现，其来源也有异邦著述（如《世界英豪传》《伦理学原理》），也有民族文学（如《三国》《水浒》），但主要还是通过对孔孟学说的接触及带有儒风的近代名士的影响，青年毛泽东"很相信孔夫子"的倾向显露了出来。在 1917 年 8 月致黎锦熙信中，毛说："大同者，吾人之鹄也"，为实现大同，则赖圣贤，而一旦实现大同，即"彼时天下皆为圣贤"。正由于"圣贤"是人生的理想模式，所以毛泽东对孔孟这样的"圣人"也情不自禁地给予了礼赞："圣人通达天地，明贯现在过去未来，洞悉三界现象。如孔子之百无不知，孟子之圣人复起，不易吾言。孔子对答弟子之问，后觉不能理，愚者或震之为神奇，不知并无谬巧，惟在得一大本而已。"显然，毛对圣人的礼赞中深含着一种自我期待，一种道德完成。唯其如此，在 1920 年春，他才会不避苦辛、穷窘，绕道前往曲阜和邹县，去访"圣"，去拜谒孔孟的故居和陵墓。当他在延安时期向斯诺讲述这段经历时，近二十年的血雨腥风也没有磨灭他那亲切、明晰的记忆。[②]

在尊孔中探寻着属于自己、也属于现代中国的路，这是郭、毛在根本意义上的共同点。在外显的尊孔中内隐着"尊己"的个性主义与自我实现的强烈愿望。郭沫若后来所写的《孔丘》诗，就透露了这种心灵的奥秘：

凤凰鸣矣朝日升，为人须争第一流！

这更容易使人想到毛泽东青年时期那些气势夺人的诗词名句及其蕴含的圣贤豪杰的范型：

---

① 详参陈晋：《毛泽东的文化性格》第 1 章，中国青年出版社 1991 年版。
② 参见斯诺：《斯诺文集·卷 2》，新华出版社 1984 年版，第 132—133 页。

恰同学少年，风华正茂；书生意气，挥斥方遒。指点江山，激扬文字，粪土当年万户侯。

（《沁园春·长沙》）

三

当人生迎来中年的辉煌，毛泽东与郭沫若也跨过了青少年时期主要是学孔、崇孔的阶段，迈向了"超孔"的阶梯。对孔子及儒学采取了彻底跳出内视角的观察方法，对孔子及儒学有了冷静客观的认识，摆脱了残存的"独尊"的暗影。在郭沫若，这种超越主要表现在学术探究与文学创作上；在毛泽东，这种超越则主要表现在革命实践与批判继承上。

流亡归国、投身抗战的郭沫若，跨进了他中年时期最为光辉的阶段，在政治追求、学术研究、艺术创作等领域都有很大的拓展。在一定意义上，与其说他是"屈原"再世，不如说他是"孔子"化身。但又绝非仅仅是"屈原""孔子"。在政治上，他是马克思主义武装起来的革命家；在学术上，硕果累累，史论丰收；在创作上，历史剧的高峰由他独居。所以在当时周恩来就盛赞他是"今日革命文化的班头"。在这个时期，郭沫若将过去对孔子及儒学的直觉性把握，置于辩证唯物史观的基础上，进行了一系列深入细致的研究，写下了《驳〈说儒〉》《古代研究的自我批判》《孔墨的批判》《儒家八派的检讨》《战时中国历史研究》《荀子的批判》《论儒家的发生》等论文。正如有的研究者指出的那样：郭沫若本时期的研究是他一生孔子研究的成熟期，其主要特点为："第一以事实考据为依据，认真探索了孔子思想的根源和立场；第二对孔子的评价不再是一味的赞扬，而是进行了严格的筛选、扬弃；第三在研究方法上表现冷静的分析和科学的态度；第四观点独特，自成一家，独树一帜。"① 能够体现这些特点的论著中，《孔墨的批判》最有代表性。其中对孔子的政治观、道德观、哲学观、教育观等均有代表性的论述。譬如，他通过各种史料（包括古文字）的考辨分析，认定孔子的立场是人民本位的，其核心学说"仁"，即是人道主义。所谓"仁者爱人"，就是爱人民

---

① 伍加仑：《郭沫若与孔学》，《聊城师院学报》，1990 年增刊。

大众，是"要人们除掉一切自私自利的心机，而养成为大众献身的牺牲精神。……不放纵自己去侵犯众人，更进而是牺牲自己以增进众人的幸福。要这样社会才能够保持安宁而且进展。要想自己站得稳吧，也要让大家站得稳；要想自己成功吧，也要让大家成功。这是相当高度的人道主义。"① 他又强调指出："孔子的基本立场既是顺应着当时的社会变革的潮流的……大体上他是站在代表人民群众的方面的，他很想积极地利用文化的力量来增进人民的幸福。"② 当有人指责他"袒护孔子"时，郭仍坚定地认为："假如说我有点袒护孔子，我倒可以承认。我所见到的孔子是由奴隶社会变为封建社会的那个上行阶段中的前驱者，我是在这样的意义上'袒护'他。"③ 深究实证后的自信，使郭沫若看到了真实的"孔子"，于是引发了他礼赞孔子的诗情，前引的《孔丘》一诗便是其中有代表性的。他在充满了诗意的历史剧《屈原》《棠棣之花》《虎符》《高渐离》等作品中，也对孔子崇尚、提倡的"士不可以不弘毅，任重而道远"（《论语·泰伯》）、"志士仁人，不求生以害仁，有杀身以成仁"（《论语·卫灵公》）等仁德思想与人格精神，通过活生生的历史人物给予了礼赞。但这种礼赞已与唯物史观及现实使命（反对强权专制等）结合了起来，故而虽与"五四"前后的颂孔相通，又有内在的不同。也正由于这个原因，郭沫若更不能容忍孔子被统治者利用，故对统治者所膜拜的"孔子"进行了讽刺。这也就是他在 20 世纪 30 年代就写出了历史小说《孔夫子吃饭》《孟夫子出妻》、杂文《历史和历史》《从典型说起》等作品的主要原因。从这些作品中可以看出郭沫若自己拥有的"孔子"与专制统治者们的"孔子"的对立与矛盾。在郭看来，孔子毕竟是"人"，反对蓄意将他"圣化"，也反对将他任意"洋化"，所以他对胡适将孔子比为耶稣的观点，也给予了批驳。

毛泽东光辉的中年主要是在延安度过的。作为伟大的革命领袖和中国杰出的马克思主义者，在他的盛年时期，对孔子采取了实事求是的科学态度。他虽无专门的论著，但在他的书信、文章、谈话中则常常涉论到孔子及儒学。概括地说，其特点主要表现在两个方面。一是实事求是地肯定与否定，超越孔子但不随意贬低孔子。他在 1939 年 2 月 20 日致张闻天的信，尤能代表这种科学的态度。在这封长信中，他谈了对陈伯达《孔子哲学》的几点意见，实际更多的文字是用来表

---

① 郭沫若：《孔墨的批判》，《沫若文集·卷 15》，人民文学出版社 1961 年版，第 92 页。
② 郭沫若：《孔墨的批判》，《沫若文集·卷 15》，人民文学出版社 1961 年版，第 89 页。
③ 郭沫若：《十批判书·后记》，人民文学出版社 1954 年版。

述自己的孔子观的。他认为："孔子的体系是观念论；但作为片面真理则是对的"；"观念论哲学有一个长处，就是强调主观能动性，孔子正是这样，所以能引起人的注意与拥护。机械唯物论不能克服观念论，重要原因之一就在于它忽视主观能动性。我们对孔子的这方面的长处应该说到"①。同时，他还对孔子的中庸论、道德论、认识论、社会论等方面进行了辩证分析，既有所批判，又有所肯定。这种审慎严谨的科学

态度正像他在《中国共产党在民族战争中的地位》中所概括的那样："今天的中国是历史的中国的一个发展；我们是马克思主义的历史主义者，我们不应当割断历史。从孔夫子到孙中山，我们应当给以总结，承继这一份珍贵的遗产。这对于指导当前的伟大运动，是有重要的帮助的。"② 对于作为民族优秀文化遗产的"孔子"当"尊"，对于作为历史遗存的糟粕的"孔子"则当"批"，从而达到批判地继承的目的，达到适用于现实与未来需要的目的。

二是创造性地借用与化用。孔子及儒学是中国文化中广为人知的一种文化存在，许多语词被赋予了丰富的含义，体现出了文化传播的再殖能力。利用孔子及儒学的一些语言符号来有效地、创造性地著文立论、说明观点，是毛泽东的一种"习惯"。如在文章中："孔夫子提倡'再思'……那是古代的事情。现在的事情，问题很复杂，有些事情甚至想三四回还不够"（《反对党八股》）。"只要我们全体英勇善战的八路军新四军……就会是孟夫子说过的'无敌于天下'"（《组织起来》）。如在讲话中：毛泽东在《为皖南事变发表的命令和谈话》中，借用《论语》中的"吾恐季孙之忧，不在颛臾，而在萧墙之内"，以此警告国民党右派。如在书信中：毛泽东在1936年9月8日致邵力子的信中曾化用《孟子·告子章句下》中的"越人关弓而射之……"等数语，劝邵为促成抗日联合战线努力。如在诗词中："……今日得宽余，子在川上曰：'逝者如斯夫。'"（《水调歌头·游泳》）如此等等，都说明："作为一个具有创造性的马克思主义者，他总是努力把学习马克思主义理论同批判地继承中国的文化遗产结合起来；而在中国的文化遗

① 毛泽东：《毛泽东书信选集》，人民出版社1983年版，第144页。
② 毛泽东：《中国共产党在民族战争中的地位》，《毛泽东选集·卷2》，人民出版社1966年版，第499页。

产中，他最熟悉的莫过于孔孟之书"①。不过，毛泽东也像郭沫若一样会犯这样那样的错误，包括对孔子的态度及理解上，就并不"总是"正确的。

四

还在新中国成立之初，郭沫若就以重要的文化领导人的地位，向世人宣告："我所采取的是历史唯物主义的立场，在这个立场上我仿佛抬举了先秦儒家，因而也就有人读了我的书而大为儒家扶轮的，那可不是我的本意。先秦儒家在历史发展中曾经起过进步的作用是事实，但他的作用老早变质，它的时代也老早过去了"，并讽刺新儒家的信念与追求是"恐龙的裔孙——蜥蜴之伦的残梦"。② 这是郭沫若对自我过去孔学研究的批判，也是告别，也是全面冷落孔子及其研究的宣言。从此，郭沫若就没有撰写过专论孔子及儒学的文章，尽管在少许文章写诗歌中，涉及孔子及儒学，也都无法跳出"孔子时代过去了"的总的否定模式。显然，郭老的这种转变是与时代的转换基本相适应的。但就批孔的"彻底"性而言，情势的发展则越来越严重，于是郭老理智地保持了回避或沉默的态度。尤其是在"文革"时期，在轰轰烈烈的批孔运动触及他本人时，也是如此。

批孔，自然也算是中国文化传统之一。在先秦时代，就有墨法诸家的所谓"非儒"。毛泽东在青少年时代，一方面接受了尊孔崇儒的文化传统的影响，同时也于次要方面，接受了批孔非儒的文化传统的影响。但这种次要方面在一定的条件（如阶级斗争意识的强化与极化等）下，开始向主要方面转化，崇法批儒遂成为毛泽东晚年思想中相当突出的一个方面。这种思想与带有某种极端特征的阶级斗争意识相一致，促使他在文化及政治领域发动了一次又一次的批判运动。譬如，在1953年批被世人认为是"当代最后一个儒家"梁漱溟时，毛泽东就说："关于孔夫子的缺点，我认为就是不民主，没有自我批评的精神，有点象梁先生。'吾自得子路而恶声不入于耳'，'三盈三虚'，'三月而诛少正卯'，很有些恶霸作

---

① 汪澎自、张慎恒：《毛泽东早期哲学思想探源》，中国社会科学出版社1983年版，第21页。
② 郭沫若：《蜥蜴的残梦——〈十批判书〉改版书后》，《奴隶制时代》，人民出版社1954年版，第60页。

风，法西斯气味。我愿朋友们，尤其是梁先生，不要学孔夫子这一套，则幸甚。"[1] 在"文革"后期批判林彪反党集团的运动中，批孔也在升级：孔夫子与林氏比肩而立，都被拉上了审判台。在此期间，由于"四人帮"的蒙蔽及其他许多原因，毛泽东晚年对郭沫若的孔子观及其他一些史论观点，曾提出了批评。世间相传他曾为此还写有七律《读〈封建论〉呈郭老》及口吟不满郭沫若"崇拜孔二先"的小诗。虽然这二首诗见诸一些书刊，但毕竟还带有某种民间色彩。从各种资料及迹象表明，在毛泽东晚年的思想背景上，他对郭沫若"过去时态"的尊孔思想提出明确的批评，是自然的，但却失之于允当。从一定意义上说，郭沫若毕竟是中国文人，他在文化心理结构的深层，并未完全摆脱绵亘几千年的美化孔子的文化模式，他自己也没有完全摆脱游弋了几千年的儒士之魂。在"圣化"或"神化"毛泽东的过程中，郭老也的确自觉或不自觉地投入了自己的力量。对于这种事实的存在，没有必要避讳。

正如所有伟大的艺术作品都是"遗憾的艺术"一样，所有伟大的杰出人物也总是有他们自身的局限或遗憾。不仅孔夫子是如此，毛泽东与郭沫若也是如此。

综上所述，郭沫若与毛泽东都走过从尊孔到批孔的道路（学孔、崇孔、超孔、批孔），但两人的情形有着具体的不同，留下的经验教训也各有不同。郭沫若主要是沿着尊孔—美化的思维方向，给我们留下了一些思想成果和经验教训，毛泽东则主要是沿着批孔—丑化的思维方向，给我们留下了一些思想成果和经验教训。很明显，郭沫若前期对孔子及儒学的礼赞，晚期对被置换后的"圣人"的颂赞，都流露出过多的"诗化"的浪漫；毛泽东从尊孔到批孔，则构成了极为鲜明的前后对照，尤其是衬出他晚年批判孔子的倾向。以发展的眼光来看，郭、毛二人中年阶段的孔子观及儒学观，无疑包容着更多一些的科学因素（郭多些实证分析，毛多些抽象辩证），值得高度重视和深入研究。对郭、毛在现代文化史上留下的尊孔与批孔，或美化与丑化的消极因素（多存在于他们的早、晚期），则须加以消解，以利对孔子及儒学研究的进一步深入开展；同时，也有利于加深对郭沫若、毛泽东本身的认识。

---

① 毛泽东：《批判梁漱溟的反动思想》，《毛泽东选集·卷5》，人民出版社 1977 年版，第 113页。

中篇
阅读郭沫若

女神再生：郭沫若的生命之歌

——重读《女神》

　　从"时代性"着眼，人们给《女神》这部诗集以极高的赞誉，并且也由此对其"局限"加以开脱，这是我们很熟悉的一种评论模式。也许这样"历史"地研究能够还《女神》以本来面目。但笔者觉得，这种以"时代"为本位的研究视野还不够深邃与细密，譬如对郭沫若艺术世界中的"女神"情意综或意象丛的忽视就是非常突出的一例，而忽视了始于《女神》、续存于其后一系列创作中的这种"女神"意象，对我们的"郭沫若观"来说，不能不说是个缺欠。这里拟借鉴原型批评与心理分析的方法，对《女神》等作品加以解读，尽可能恰切地说明郭沫若作为创作主体的"心理真实"及其超时代的价值与意义。

一、"女神"意象

　　如果把"女神"看作专司爱与美的女神，那么郭沫若很小就与她有了缘分。而这样的女神又最钟情于艺术，如西方神话中的缪斯或维纳斯就是艺术的守护神，东方的神话中虽然缺乏这样直接把爱与美以及艺术综合于一身的女神，但如天照大神（日本神话中的太阳女神）、羲和与女娲（中国神话中的太阳与人的母神）也以神圣母亲的身份，放射着善与美的生命光辉，折映着艺术的心魂。如果联系到诗人郭沫若从生命的诞生之日起就有一位伟大的母亲，并且这位母亲以温馨的爱与美招引着他接近诗神这样的史实①，我们便会感到，是"女神"的媒介作用，才使沫若在生命成长的初期，便与他后来所称的"文学姑娘"有了青梅竹马的经历，并为以后的百年之好奠定了坚实的基础。

在人的心目中，"神"往往是理想的象征，而"女神"，往往就是合乎人们审美理想的现实女性。如果说神话传说为文学艺术创设了最初的"原型"，那么在此后的文艺世界中，"女神"便被置换变形为理想的女性。而这样的女性既来自实际的生活，有时也来自诗人（艺术家）神奇的想象。当诗人把"女神"及其变体"理想女性"成功地展示在人们面前的时候，如荣格所说，他便深入到所有人都置身其中的"生命模式"里，表露了人类的原始意象或集体无意识，从而深深地打动了我们每一个人。"女神"作为一个艺术原型"影响激动着我们（无论它采取直接经验的形式，还是通过所说的那个词得到表现），因为它唤起一种比我们自己的声音更强的声音"。荣格接着强调说："一个用原始意象说话的人，是在同时用千万个人的声音说话。他吸引、压倒并且与此同时提升了他正在寻找表现的观念，使这些观念超出了偶然的暂时的意义，进入永恒的王国。他把我们个人的命运转变为人类的命运，他在我们身上唤醒所有那些仁慈的力量，正是这些力量，保证了人类能够随时摆脱危难，度过漫漫的长夜。"②

这些话仿佛是针对郭沫若的诗集《女神》而写下的！

《女神》中有爱国精神，有个性解放，有泛神与爱情，有反抗与破坏，有赞美与诅咒等，然而这一切的一切，都是因为有了"女神"！她的"仁慈"之爱具有无限的魅力。

这"女神"已如新造的太阳升起在诗人的心中。古老的"女神"被诗人吹嘘进了新的生命，具有了无限的活力。而这又根基于人类生命文化的积淀，从而使《女神》诗集中的优秀之作具有了超时代乃至超民族的人类意义。请看《女神之再生》中传播的"女神"之声：

---

① 郭沫若在《我的童年》中说，在他的一生中，母亲的"影响最深"。又在《如何研究诗歌和文艺》中说："我之所以倾向于诗歌和文艺，首先给予了我以决定的影响的就是我的母亲。"

② ［瑞士］荣格：《心理学与文学》，冯川、苏克译，生活·读书·新知三联书店1987年版，第122页。

女神之一
　　我要去创造些新的光明，
　　不能再在这壁龛之中做神。

女神之二
　　我要去创造些新的温热，
　　好同你新造的光明相结。

女神之三
　　姊妹们，新造的葡萄酒浆，
　　不能盛在那旧了的皮囊。
　　为容受你们的新热、新光
　　我要去创造不新鲜的太阳！

其它全体
　　我们要去创造个新鲜的太阳，
　　不能再在这壁龛之中做甚神像！

在女神们眼看着"共工"与"颛顼"所代表的男权纷争导致了又一次的天破地陷，"到处都是男性的残骸时"，她们不愿再像以往那样为男性而"补天"了："……我们尽他破坏不用再补他了！待我们新造的太阳出来，要照彻天内的世界，天外的世界！"显然，在这首被置为《女神》集第一首诗的作品中，郭沫若借古代共工与颛顼混战的神话，控诉了男权中心社会中最大的罪恶（争权夺利的战争），同时对能够补天修地育人，能够创造新的太阳的女神们给予了最高的赞美。而这一切作为艺

术，绝非仅仅象征着中国国内南北军阀的战争和创造一个新中国，就像引诗中歌德的诗句"永恒之女性，引导我们走"那样，具有文化人类与"世界文学"的意义。

"女神"的意象还出现在《女神》集中的《棠棣之花》《湘累》《地球，我的母亲》《炉中煤》《司春的女神》《司健康的女神》《Venus》等一系列作品中，这"女神"作为原型，出现在不同的作品中时发生了置换变形，有时她成了酷爱自由继承"母愿"的姐姐（《棠棣之花》中的聂嫈），有时她成了执着于爱情、能与诗人共鸣的"女神"（《湘累》中的女英、娥皇），有时她成了生育万物的大地（《地球，我的母亲》），有时她对象化为像自己爱人一样的祖国（《炉中煤》中心爱的"女郎"），有时她成为春天的使者、生命的象征（《司春的女神》《司健康的女神》），有时她成为男性永恒的诱惑，促使爱情的成熟（《Venus》）……当"女神"原型与这些"变体"（姐姐、母亲、女郎、湘水女神、司春女神、爱神等）网状般地联系起来的时候，便实际构成了《女神》的以"女神"为原型基点的情意综或意象丛，并有机地表现了反封建、张个性、颂爱情等重要的艺术主题。

"女神"的情意从"内"而"外"地制约了诗人的创作，凡是美好的事物总被投映着"女神"的光辉，凡是丑恶的事物总要笼罩着"女神"的愤怒。女神，女神，在郭沫若的心灵土壤上，已经孕化出一种女性精神或理想，无形中成了他审美创造与评判的尺度。男性化的审美趣味（力之美、英雄崇拜、战斗精神等）也通过生命再生的纽带（如《凤凰涅槃》）或对男权社会秩序的破坏（如《天狗》）统摄到"永恒之女性"的女神旗帜下面。从这种意义上说，诗人当初选取"女神"为他的诗集命名，实在并非是一件偶然的事情。钱潮先生曾回忆说，郭沫若与他共译《茵梦湖》时，有感于书中主题诗的诗句"伊眼睛如金，森林之女神"，遂借用为《女神》集的书名。这也许是实际的情形，但这只是一个触媒，激发了诗人心中早经孕化而存在的"女神"意象才会形成以"女神"来涵盖全集的灵感冲动。

郭沫若以艺术的赤诚而歌颂"女神"，赞美他心中的理想女性。他说："我素来是赞美自然而且赞美女性的人"[1]；他还曾在谈论歌德《浮士德》的时候，由诗剧的"上帝→圣母"结构引发出了这样的议论："我们请这样去看它吧——大体

① 郭沫若：《孤山的梅花》，《沫若文集·卷7》，人民文学出版社1961年版，第415页。

上男性的象征可以认为是独立自主，其流弊是专制独裁。女性的象征是慈爱宽恕，其极致是民主和平。以男性从属于女性，即是以慈爱宽恕为存心的独立自主，反专制独裁的民主和平。这应该是人类幸福的可靠保障吧。"[1] 他也对女性"世界性的败北"，尤其是中国女性的不幸命运有着深切的同情："女性之受束缚，女性之受蹂躏，女性之受歧视，象我们中国一样的，在全世界上恐怕是要数一数二的"，故而"她们觉醒转来，要要求她们天赋人权，要要求男女的彻底的对等，这是当然而然的道理"[2]。特别值得注意的是，郭沫若曾以其文化历史的博识与诗人作家的热诚，代女性写下了一首《女性歌》：

女性是文化的渊源

文化史中有过母系时代

在那时世界是大公无私

在那时人们是相亲相爱

起来起来

我们追念着

过去的慈怀

私有犹如一朵乌云

遮蔽了恺悌的月轮光影

世界上只见到百鬼夜行

女性们成了脂粉奴才

起来起来

我们毁灭着

现在的母胎

光明在和黑暗猛斗

人间世快会要重见天开

---

① 郭沫若：《〈浮士德〉简论》，《中国作家》，1949 年第 1 期。
② 郭沫若：《写在〈三个叛逆的女性〉后面》，《三个叛逆的女性》，光华书局 1926 年版。

争取着人类解放的使命

我们至少有一半的担载

起来起来

我们孕育着

未来的婴孩①

　　郭沫若的文化与艺术观中的"女神"（理想女性），导致了他——一位男性诗人——的"女性崇拜"的情感意象及相应的作品的完成。这已为现代男性文化与女性文化的消长所证明：女神必将再生！

二、双重"郁积"

　　从心理分析的角度看，郭沫若是从压抑中走向他的"女神"的。

　　郭沫若对生命压抑之于创作的意义有其独特的体认。他曾在《生命底文学》一文中说："创造生命文学的人只有乐观：一切逆己的境遇乃是储集 Energy（能量——引注）的好运会。Energy 愈充足，精神愈健全，文学愈有生命，愈真，愈善，愈美。"② 生命积储能量的方式之一便是压抑，尽管压抑或"逆己的境遇"皆非人之所愿，但对"创造生命文学的人"来说，却别有积极的意义：压抑往往导致生命冲动，从而成为创作的内在驱力与表现内容。郭沫若曾以"个人的郁积，民族的郁积"之说来概括自我生命所体验的压抑。这双重的"郁积"就具有"积储能量"的正面意义。也许关于"民族的郁积"，人们是了然的，诸如民族衰败、子民遭殃等时代背景与主题分析，我们都是熟悉的。然而"民族的郁积"也应包括民族集体无意识对人的制约，这又分为两个方面，一方面是传统文化惰性对人的习惯性制约，一方面是原始意象（如"女神"原型）对现代人的巨大影响。而这两方面都施加于人的身上，前者促人后退，后者促人前进，如上面所分析的那样，"女神"施加于诗人的影响力便是自由平等的"仁慈"，爱与美的启迪与追求。由此说来，"民族的郁积"对郭沫若并不只是消极的"压抑"，而且也是积极

---

　　① 该诗下面原注"1937 年 1 月 25 日作"，载于 1937 年 2 月 25 日汉口《大光报》。

　　② 郭沫若：《郭沫若论创作》，上海文艺出版社 1983 年版，第 4—6 页。

的"压抑"。压抑是创造的动力，不满是向上的车轮，郁积是"升华"的前奏！

郭沫若"个人的郁积"也具有同样的功能，并且经常是与"民族的郁积"交织在一起的，如他所说的"我们在日本留学，读的是西洋书，受的是东洋气，我真背时，真倒霉！"[①] 便是。但相对独立地说，郭沫若的"个人郁积"主要包括以下三个方面：

第一，童少年时期生命躁动的郁积；

第二，青春时期生理缺陷导致的郁积；

第三，个性与性爱导致的情绪的"涨满"。

有着卢梭般坦诚的郭沫若，在其自传中留下了极为丰富的材料，说明了他的"个人郁积"与其生命和文学的密切联系。如他在《批评与梦》等文章中显示出来的那样，郭沫若本身就是一位善于心理分析的高手。

关于自己的童少年，郭沫若给我们描绘出的是一位生性躁动不安、精力过人、聪明而喜捣乱的少年，特别是他在很小的时候便对"女性美"有了惊人的感受，母亲在他幼小心灵的美好投影自不必说，而三嫂、五嫂与他的亲近，也给他留下了极为

深切的印象，内化成了心目中理想爱人的最初的范型。性的早熟从他对两位嫂子和那根游戏用的竹竿的态度上流露了出来，但这一切只能"春江水暖鸭自知"，却不能向他人表述。封建的教育与环境给少年郭沫若带来的是沉重的压抑，于是他就只好暗中去寻《西厢记》《西湖佳话》《花月痕》等书，在其"很葱笼的暗示"与"挑拨"中来贪享自娱的快乐了，严重之时竟发展到了同性恋的边缘。多年之后的郭沫若曾对封建文化的性禁忌做过无情的批判，并在创作中以身说法来冲击封建文明的虚伪，其根因便在自我童少年的生命体验之中！

刚刚跨入青年阶段的郭沫若，便遭遇了"结婚受难"的人生场面。这就是人所共知的郭沫若父母包办婚姻给他带来的悲剧。本来期望的新娘会像"三嫂"那样漂亮，但谁知道，"隔着口袋买猫儿，交订要白的，拿回家来才是黑的"。作为

---

① 郭沫若：《三叶集》，上海亚东图书馆1920年版，第165页。

对这次婚姻的反抗，郭沫若婚后不久便离开了家庭，试图在学业上或其他方面为自己婚姻的不幸寻求一些补偿。终于，他到了日本，并选择了学医，然而心中压抑感不仅没有消逝，反而因了"民族郁积"的加倍刺激和双耳残疾的折磨，使青年郭沫若几次想到了自杀。作为对生活仍然充满热爱之情的郭沫若，虽然不满意于自己的婚姻，但却在潜意识中并未放弃对理想的性爱的期待。可是生理残疾的限制，使郭沫若在学医过程中感到了"很大的苦闷"。他说："我曾经屡次起过自杀的念头，在有一个时期弄得我极端的神经衰弱，差不多成了半狂状态。"①生理残疾对人的心理影响是很大的，按心理学家阿德勒的分析，这会给人带来严重的"自卑情结"，处于青春期的人还会因此产生严重的"性自卑"心理，在人际交往中难以投入正常的"性际关系"，从而产生窒闷的生命压抑感乃至绝望的情绪。当时郭沫若的心理真实便是这种情形，作为青春支柱的"事业"（医学）和爱情都因耳疾而变得暗淡无光。从他当年几乎选择了"死"的情况看，郭沫若的"个人郁积"已达到了几乎不能再增一分的厚度、深度与强度！

有压抑并不一定导致个人生命意识的觉醒，而一旦觉醒的人就会在个性的张力作用下，倍加感到压抑的沉重与难耐。从心理分析的角度看，当一个人清醒地意识到了压抑的沉重时，就会产生一种情绪的暴涨，并努力去寻求适当的方式去消解这"涨满"了的情绪。郭沫若青年时期的情况正是这样，唯其受到西方进步文化意识的熏陶，唯其生来个性比较强，才更加难以忍受来自生命物外的压抑和那可能降临的不幸未来。如果说郁达夫当时为"生的苦闷与性的苦闷"而"沉沦"，那么，这种极其绝望的沉痛也在郭沫若的内心翻腾。鲁迅在五四时期写了知识者"醒后无路可走"的人生悲剧，这种命运也在郭沫若的身上发生过，他的生命意志几遭摧毁便是明证。

就在郭沫若挣扎着徘徊在生与死的边界线的时候，奇迹出现了！我们都不应忽视郭沫若这样的一段经历：在沫若于圣路加病院中为一挚友料理后事的时候，沫若的悲哀沉痛无形中又受到了挚友之死的影响，尽管勉力振作，也难掩饰他那悲切绝望的神情，"死的诱惑"更明显了。他的神情被一位当时在此医院中工作的女护士看透了，便以极柔和婉美的声音，劝说着沫若节哀，并注意自己的身体。这来自美好女性的温馨话语就像暖流一样，注入了沫若的身心。他看到，眼

---

① 郭沫若：《郭沫若论创作》，上海文艺出版社 1983 年版，第 152 页。

前站立的是这样一位娟美而心善的日本女郎，顿然感到眼前一亮。后来沫若回忆说，初见安娜（即佐藤富子）时，他感到"她眉目之间，有一种不可思议的洁光"，令人"肃然生敬"。天使降临了，爱情蓦然来到他那干涸已久的心间。此后不久便是爱情的高潮、同居。但这次爱情的意义绝不仅仅是这些，更重要的是给这位濒临死之边界的"潜伟人"带来了生命的热情与信心，同时给他带来了诗情与灵感，开启了他诗人之脑的枢机。迅速成熟起来的爱情就像瀑流、大河一样，给这位实已具备了诗人素质与情感郁积的青年以非常有力的推拥，于是艺术女神便顺沿诗人的笔尖翩翩走下，化作了多篇美丽动人的情诗，其中有一些便收入了《女神》集中。情诗是爱情的一种果实，而其根植的生命土壤却是恋人情满而来的郁积情绪。从性生理心理学的观点说，当人的爱情之火燃烧正旺时，便会产生一种心理上的郁积感觉。这也就是性学所说的"涨满效应"——郁积当求疏泄，才能获得身心的满足与平衡。具有诗歌潜能的人便会在情满而不得亲吻的时候，转而求助于诗歌女神的补偿。这一出自霭里斯的观点对当时恋爱中的沫若来说也似乎很合适。他曾不止一次地谈到与安娜的恋情对其创作生涯的影响。他说："因为在民国五年的夏秋之交有和她的恋爱发生，我的作诗的欲望才认真地发生了出来。《女神》中所收的《新月与白云》、《死的诱惑》、《别离》、《维奴司》，都是先先后后为她而作的。"[①] 诗人既然自己据亲身的生命体验一再说明，我们也就没有必要把郭沫若新诗创作的开端总往"五四"时代上牵连。因为郭沫若从事新诗创作的心理基础是民族郁积与个人郁积，最直接的动因则是爱情的刺激，或其性爱意识的真正觉醒。此后郭沫若的创作，无论是他的"身边小说"，还是"维特式"的小说《落叶》，无论是"惠特曼式"的诗歌，还是"泰戈尔式"的散文小品，也都与他有所更新的生命"郁积"相关。厨川白村说文艺是"苦闷的象征"，或不妨改曰：文艺是"郁积的象征"！

三、"喷火"方式

郁积导致冲动，冲动导致外在的行为发生——艺术创作自然也是人类行为的一种。然而就实际的创作心理而言，诗人兴会的灵感往往要有赖某些看似很偶然

---

① 郭沫若：《我的作诗的经过》，《文摘杂志》，1937 年第 1 期。

的因素的刺激，有时这一因素只不过是一本书，有时它也只是友人的帮助与鼓励。郭沫若曾自述道：

> 当我接近惠特曼的《草叶集》的时候，正是五四运动发动的那一年，个人的郁积，民族的郁积，在这时找出了喷火口，也找出了喷火的方式，我在那时差不多是狂了。民七民八之交，将近三四个月的期间差不多每天都有诗兴来猛袭，我抓着也就把它们写在纸上。当时宗白华在主编上海《时事新报》的《学灯》。他每篇都替我发表，给予了我以很大的鼓励、因而我有最初的一本诗集《女神》的集成。①

如前分析，郭沫若的双重郁积最初是在爱情的促动下化作认真的"作诗的欲望"的。但双重郁积的生命在情诗之中未得到全面的展示或实现，故而在惠特曼《草叶集》的招引下，沫若终于找到了"喷火口"，也找到了"喷火的方式"。而这"喷火的方式"的主体特征是"狂"，是"最高潮时候的生命感"。以此衡量郭沫若的诗作，的确是《立在地球边上放号》《地球，我的母亲》《匪徒颂》《晨安》《凤凰涅槃》《天狗》等这类"男性的粗暴的诗"更有某些特殊的意味。因为正是这类诗作更充分地宣泄了诗人的双重郁积，把时代的、个人的、历史的、未来的种种人生感悟都尽情地、自由地表现了出来，同时又始终未失去"女神"之魂，女性精神的理想与男性方式的粗暴奇妙地构成了"阴阳谓道"的表现境界。然而，"生命感"毕竟是多种多样的，即使是"最高潮时候的生命感"也不一定就是"男性的粗暴"。沫若曾说"自从《女神》以后我已经不再是'诗人'了"，遂自贬《星空》《瓶》等诗集的艺术价值，这自然是不够妥帖的。在我们看来，只要情感充盈，即使是柔情、是感伤，也可以是"最高潮的生命感"，也可以以"喷火的方式"来表现。因为柔情、感伤之类也是人之生命燃烧的火焰，而"喷火的方式"也就是广义的艺术表现方式。

下面我们主要结合《女神》的创作，来谈谈沫若的几种"喷火的方式"。

其一，宣泄的浪漫。郭沫若《女神》中染有惠特曼色彩的作品，历来被人们视为浪漫主义的典范之作，而从郁积的宣泄或"喷火的方式"来看，这种方式，

---

① 郭沫若：《序我的诗》，《中外春秋》，1944 年第 2 卷第 3—4 期合刊。

的确能给人带来"绝端自由，绝端自主"的痛快感或解脱感。惠特曼作为呼唤自由、平等、民主、博爱的诗坛巨子，其对人之生命的全面歌颂确已达到了极致，充分的解放、绝端的自由导致"现代艺术"的诞生。我们的郭沫若对此可谓心领神会、身体力行了。他说："我回顾我所走过的半生行路，都是一任我自己的冲动在那里奔驰；我便作起诗来，也任我一己的冲动在那里跳跃。"[①] 郭沫若在作诗的现代舞蹈！请看《天狗》的"飞跑"：

> 我飞跑
>
> 我飞跑，
>
> 我飞跑，
>
> 我剥我的皮，
>
> 我食我的肉，
>
> 我吸我的血，
>
> 我啮我的心肝，
>
> 我在我神经上飞跑
>
> 我在我脊髓上飞跑，
>
> 我在我脑筋上飞跑。

生命的郁积、内心的火焰在催促着诗人"飞跑"，而"飞跑"的过程就是郁积的宣泄、火焰的喷发过程。这是诗人宣泄的浪漫、浪漫的宣泄，其美妙之处就在这"飞跑"式的宣泄过程本身。在《女神》中，诗人恣意畅怀地喷出了他的郁积、他心头的火。这里有他的爱人类、爱祖国的至情，有他的酷爱生命与自然的心声，有他的反抗黑暗、诅咒压抑的怒号，也有他的心萦魂系的情爱之火……深潜于心的爱欲与对时代、人民、自然的多重感应中，得到了一股脑儿的自由表现。

其二，神奇的象征。打开《女神》，可以说处处皆有神奇的象征：颛顼共工、娥皇女英、女神太阳、梅花天狗、火中凤凰、地球匪徒乃至双乳之坟等，都带有神女的象征色彩。这种艺术特征的形成与诗人信仰泛神论有着极为密切的关系，

---

① 郭沫若：《论国内的评坛及我对于创作上的态度》，《时事新报·学灯》，1922 年 8 月 4 日。

正因为"我""自然""神"贯通一气，连成一体，所以表现其"一"，便可象征"一切"诗人的想象被"泛神"之力鼓动着，把自我的生命之爱洒向人间，播向大海，传向飞鸟，投向女神……一位学者曾指出："爱的极致总要与爱的对象融合为一，可以拥抱大海，可以跟溪水一齐流淌也可以化作一股清风，扑到白帆怀里……总之，爱的对象成为我，我成为爱的对象。这种爱，不但在心理上而且在生理上引起效应——即对被描写的对象产生肉体感。把握世界到这样的程度才是艺术的最高境界，这样创作出来的作品才是真正的艺术品。"① 郭沫若的诗与泛神论的契合，恰是艺术的一个福音。在《女神》众多的象征性形象中，"女神"自然是最重要的一个。如果把《女神之再生》与《太阳礼赞》对读，我们就会发现，"女神"与"太阳"在泛神逻辑的作用下，二者成了"一"：走下神龛去创造新太阳的女神与光照环宇的太阳，化成了诗人心目中的"太阳女神"的意象，并与"自我"的生命存在发生了密不可分的联系：

> 太阳哟！我背立在大海边头紧觑着你。
> 太阳哟！你不把我照得个通明，我不回去！
>
> 太阳哟，你请永远照在我的面前，不使退转！
> 太阳哟！我眼光背开了你时，四面都是黑暗！

诗人的"太阳崇拜"之情是溢于言表的，因为光明与温暖是自我生命的必需。如果联系到沫若多次感到女性之光对他生命的重要，也许我们不会把"太阳"仅仅理解为革命的象征；如果把诗人的"自我"再置入泛神的联系中，也许我们就不会把诗人的"太阳礼赞"仅仅归结为五四时代的"强音"。神奇的象征总会通向生命的无限绵邈的时空。

其三，升华的创造。人类永远处于本能的需要与升华的创造这两极之间，只有真正觉醒的人才会在这两极之间穿梭往来，以生命的有机的运动来完善这两极性的人生需要。因而可以说，只有植于生命存在的基本需求和改善自我生命样态，提升生存价值的需求，郭沫若才会那样冲动地投入诗歌的创作中去。按心理

---

① 吕俊华：《艺术创作与变态心理》，生活·读书·新知三联书店 1987 年版，第 42 页。

分析的观点，这也就是源于本能的升华与创造。据此我们就可以把《炉中煤》《凤凰涅槃》《地球，我的母亲》等通常被视为爱国的诗章，做出更完整的富于生命意味的解释。这就是性爱本能与爱国意志的综合性表现，最原始的"性际关系"便是男女关系，最基本的情感需要也源于此。但人类文明的发展，不仅提高了性爱本身的价值，而且更使"性际关系"的爱的形式多样化了。对祖国的眷恋与对可爱的女郎的情感交通、凤与凰的同死同生的生死不渝与祖国命运、个人命运的内在联系、大地母亲与对新生活的期待等，在郭沫若的诗中奇妙地组合了起来，遂成为诗人杰出的创造。而这些诗作之所以有持久的艺术魅力，为昨天今天明天的读者所喜爱，最根本的一点便是诗人对人之生命的完整体悟与把握，诗人倡导的"生命的文学"，在他自己的《女神》中便得到了很好的体现。

在沫若一生中，凡是他能把自己真切的生命体验诉诸以升华的方式来表现，那就会写出艺术的佳作。从他一生主要的四次婚恋经历来说，显然都给他的创作带来了重要的影响。"结婚受难"（与张琼华）的经历使他写出了《黑猫》；"异国恋情"（与安娜、于立忱）的发生使他找到了《女神》与《瓶》；"母国新恋"（与于立群）使他在《屈原》（历史剧）、《神明时代的展开》（诗）、《赴解放区留别立群》等作品中都留下了动人的心声。也许有人会诧异沫若凭空在屈原身边增加了那位美好的女性婵娟，可是当我们明白诗人气质的沫若在与"屈原"认同时，绝不会忽略屈诗中的"香草美人"的意象，更何况他自己正有着这方面的深切体验呢！"人是婵娟倍有情"，生命之爱永常青。让我们从《神明时代的展开》一诗中摘引一节，来结束这篇文章：

> 在太古时分一切神明曾经是女性，
> 后来转变了，
> 一切男性都成了神明。
> 神明时代在人类的将来须得展开，
> 人间世中，
> 人即是神，
> 一律自由平等。

献给女性的赞歌

——谈《女神再生》中的"女神"意象

　　为中国新诗奠下重要基石的《女神》，是郭沫若奉献给"五四"时代及未来人们的著名诗集。七十多年来，人们谈论《女神》的话语很多，但却程度不同地忽视了这部被命名为"女神"诗集中的"女神"意象，对其创作主体的"心理真实"及其超时代的价值与意义，更未得到相应的重视和阐发。

　　《女神之再生》是《女神》集子中被置为"序诗"之后的第一篇诗作，这种编排就像诗人为整部诗集命名为"女神"一样，绝不是漫不经心的。据钱潮先生回忆，郭沫若与他共译《茵梦湖》时，有感于书中主题诗的诗句"伊眼睛如金，森林之女神"，遂借用为《女神》集的书名。这看似偶然的情形，实际是一个触媒，激发了诗人心中早已经孕化而存在的"女神"意象，才形成了以"女神"来涵盖全集的灵感冲动。于是便构成了《女神》中潜在的"女神"情意综或意象丛，并续存于诗人此后的一系列作品之中。而被置为《女神》众诗之前的《女神之再生》，便初现了"女神"意象，为整部诗集定下了一种基调：一种对永恒之女性的倾心礼赞。

　　《女神之再生》首先引了歌德《浮士德》结尾的诗句"……永恒之女性，领导我们走"作为全诗的引句，这种援引就像《凤凰涅槃》一首先引的"凤凰"神话一样，透露着诗作的主导意蕴。这就是对"女神"精神的衷心礼赞，对"男权"纷争的控诉批判。请听《女神之再生》中传播的"女神"之声：

女神之一

　　我要去创造些新的光明，

　　不能再在这壁龛之中做神。

女神之二

　　我要去创造些新的温热，

　　好同你新造的光明相结。

女神之三

　　姊妹们，新造的葡萄酒浆，

　　不能盛在那旧了的皮囊。

　　为容受你们的新热、新光，

　　我要去创造个新鲜的太阳！

其他全体

　　我们要去创造个新鲜的太阳，

　　不能再在这壁龛之中做甚神像！

　　曾经炼就五色彩石补天的女神们，再次听到尘世中的喧嚷之声，她们预料到"浩劫"要再次降临，"我们这五色天球看看要被震破"。在她们眼里，那些"武夫蛮伯"们，尽热衷于"争做什么元首"，无论是"颛顼"，还是"共工"，无论是打着"天命"的旗号，还是听从自己的"本心"，都豁出命来"争帝"。诗中对以颛顼与共工为代表的男权纷争过程有生动的诗化呈现。诗人先写颛顼与共工的论争，继之从侧面写二人及其党徒们的战争，接下来写激战后身负重伤的共工的哀愤，终借党徒之头共撞天柱不周山，遂造成天崩地摇山崩的大毁灭，颛顼及其党徒亦为雷电所毁，鱼死网破，尸横遍野。争帝而至皆亡，两败俱伤，这便是诗人借神话对男权纷争的象征性表达，意在控诉男权中心社会中最大的罪恶——争权夺利的战争。

　　与这样的男权纷争不同，亲热的姊妹般的众女神却有志于创造更光明、更幸福的社会。她们面对着共工、颛顼及其党徒们的尸骸，面对着再次残破的天际，她们开始对男权纷争的社会绝望了，遂唱出了新的神音：

> 我们尽他破坏不用再补他了！
> 待我们新造的太阳出来，
> 要照彻天内的世界，天外的世界！

这就是在诗人心中鸣响的"黑暗中女性之声"，一种新的神音，一种伟大的预言。再请听众女神的合唱：

> 太阳虽还在远方，
> 太阳虽还在远方，
> 海水中早听着晨钟在响：
> 丁当，丁当，丁当。

女神们在尽情地欢唱，因为由她们从海水（水是生命的象征，女性的象征！）中新造的太阳即将升起，那"金箭"般的光芒必然会为"天狼"敲响丧钟，整个环宇将被新的太阳照彻，正由于有这种预期，她们才会由衷地"预祝新阳寿无疆"，渴望着举起胜利的"酒钟"。"丁当，丁当，丁当"的声响，是新生命的节律，充溢着欢乐的情调。它发自晨钟，迎来光明；它发自丧钟，送走"天狼"；

它发自酒钟，同庆胜利。从这种欢乐的新阳颂之中，我们听出了迥异于男权纷争（争帝）的女神心声。

不能否定，这首诗作有其强烈的现实针对性，有明显的时代特征。五四前后的中国战乱频仍，民生涂炭，诗人对此愤懑不平，在诗中既借农叟、牧童之口来控诉"斗狗"般的战争狂，又借舞台监督之口从神话意境直接切入现实生活，号召身处现实黑暗中的人们去"自行创造"新生的太阳。由此说这首诗高扬了爱国主义精神是完全成立的。郭沫若自己也说过："《女神之再生》是象征着当时中国的南北战争。共工是象征南方，颛顼是象征北方。想在这两者之外建设一个第三中国——美的中国。"① 据此也可以说"补天"象征着当时改良主义的主张，而"新造"太阳则象征着当时建设派的主张。可是，这些发挥、理解虽有合理之处，但却游离了该诗的核心意象即"女神之再生"，至少是把"女神"精神作了狭隘化的、现实化的理解。作为真正的诗意象征，应该有其更为深远的寓意。当这首诗在《民铎》上刚一发表，茅盾就以玄珠为笔名，著文评价说："《民铎》第五号出版，其中文学作品，最好的是《女神之再生》篇。这是一篇诗体的剧本，用了古代的传说来描写现代思想的价值与其缺陷。委实不是肤浅之作。……对于郭君此篇，我不能不佩服为'空谷足音'；恐怕不是一般人所能领会，所以写下几句以为介绍。"② 这种评说虽仍扣住时代性做文章，但已透露出对《女神之再生》的深意有了一些感悟。这种深意得之于荣格所说的神话原型（原始意象），得之于歌德所说的"永恒之女性"（女神或理想女性）。在荣格看来，诗人用原始意象说话，"是在同时用千万个人的声音说话。他吸引、压倒并且与此同时提升了他正在寻找表现的观念，使这些观念超出了偶然的暂时的意义，进入永恒的王国"③。《女神之再生》从其一开始引述歌德的"永恒之女性"到诗中创造新太阳的女神形象的完成，可以说正是对原始意象女神再生的精彩复现，从而"进入永恒的王国"，使今天的人们读来，仍然魅力不减。

郭沫若从自己的生命体验中深深感受到"女神"（亦即理想女性）的重要，从童少年深爱的母亲，到青年期挚爱的情侣，都促使他接受了歌德的"女性观"，举起了歌德式的"永恒之女性"的诗幡。为什么会做出这种选择呢？除了自我生命体验的启示之外，还因为他对文化历史的博识以及性差哲学的思考，促使了他认识上的升华。他曾说："大体上男性的象征可以认为是独立自主，其流弊是专制独裁；女性的象征是慈爱宽恕，其极致是民主和平。以男性从属于女性，即是以慈爱宽恕为存心的独立自主，反专制独裁的民主和平。这应该是人类幸福的可

① 郭沫若：《创造十年》，《郭沫若全集·文学编·卷12》，人民文学出版社1992年版，第79—80页。
② 茅盾：《文学界消息》，载王锦厚等选编《百家论郭沫若》，成都出版社1992年版，第16页。
③ ［瑞士］荣格：《心理学与文学》，冯川、苏克译，生活·读书·新知三联书店1987年，第122页。

靠保证吧。"① 这种思想体现着他对人类历史上男性文化与女性文化特质的深刻把握，体现着他对这两种文化形态的消长规律的科学预测。这种思想曾比较鲜明地体现在他 1937 年写的《女性歌》一诗中，此诗可与《女神之再生》对读、映衬。其中首节曰：

> 女性是文化的渊源
> 文化史中有过母系时代
> 在那时世界是大公无私
> 在那时人们是相亲相爱
> 起来起来
> 我们追念看
> 过去的慈怀

《女神之再生》在艺术表达上是相当成功的。对神话原型的巧妙化用，显示了诗人的富于浪漫气质的创作个性。他承袭了神话的浪漫特性，又发展了这种诗意的浪漫，创造性地将"女娲补天"与"共工触不周山"神话贯通起来，遂把女神的热爱生命、渴求民主和平的精神表达得淋漓酣畅，同时又将神话意境与现实情境贯通起来，使人意识到诗人构建"当代神话"的现实用意和未来期待。诗人的创造性还体现在"诗剧"这种体式上。这种体式在"五四"时代以郭沫若运用得既多而又娴熟，鲁迅曾有《过客》那样的"诗剧"，但语句是散文诗式的，郭沫若的《女神之再生》则是典型的诗剧，整饬的诗句与情节的集中，构成了剧情集中、诗意盎然的艺术境界，而结构上的神人同台、古今交错，也显示了诗人灵活而高明的艺术手腕。

---

① 郭沫若：《〈浮士德〉简论》，《中国作家》，1949 年第 1 期。

诗情凝注下的火中凤凰

——读《凤凰涅槃》

　　"凤凰"本是初民创造出来的神鸟形象，它具有美好与不死的特征。当它作为文学原型进入郭沫若的诗境中时，通过诗之"神思"的力量，与天方国的"菲尼克司"神鸟在跨文化传统的意义上认同为一体，于是创造出了"火中凤凰"的神奇瑰丽的艺术形象。

　　塑造这不朽的"够味"的凤凰形象，是郭沫若在《凤凰涅槃》中诗情凝注的焦点。

　　这首诗写于 1920 年 1 月 20 日，同月底即在《学灯》上破例地以整版的篇幅连续发表了。于是人们便惊异地看到一对凤凰在火中自焚、又在火中新生的奇观，并深深地被吸引住了。追求不死，企盼永生的人类情结所衍生的"不死鸟"这一神话原型，一旦被注入新的时代激情，就会强烈地打动同时代的读者，唤起世人的普遍注意。当时的中国人忧患重重，最大的危机感就是与民族命运的衰颓相关的，人们急切地渴望着祖国能够获得新生、再度强盛起来。这种被称之为"五四"时代的激情，融化了远古神话的"不死鸟"原型，置换为具有鼓舞性的"火中凤凰"的光辉形象。黑格尔在《美学》中曾指出："我们可以把长生鸟这个形象放在最高的地位，作为一个带有普遍意义的象征……长生鸟把自己烧死，但是又从火焰和灰烬中跳出来，不但回生，而且返童了。"[1] 黑格尔不愧为大哲，他

---

　　① ［德］黑格尔：《美学》第 2 卷，朱光潜译，商务印书馆 2011 年版，第 67-68 页。

对"不死鸟"这一神话原型意蕴的分析相当精辟深刻，与郭沫若这位中国 20 世纪初期的诗坛王子的感悟，有着一种近乎神秘的相通。郭沫若在这种"火中凤凰"意象的营求中受到过黑格尔的启示，他们的相通都来自远古遗存的有关"不死鸟"的神话本身以及这神话所喻征的人类的潜在意识。但是在具体呈示的方式上，黑格尔是"理性"化的，而郭沫若则是"情感"化的，亦即是"诗"化的，因而也更具有因情、因形而来的动人力量。

《凤凰涅槃》的精义蕴含于"火中凤凰"的象征系统之中。这首长诗从一开始移用神话，便进入了象征语境，接下的"序曲""凤歌""凰歌""凤凰同歌""群鸟歌""凤凰更生歌"，便构成了顺序展开、有机统一的象征系统。表层是在复述"凤凰涅槃"的过程或故事，深层却在传达对生命新生的强烈渴望，这"生命新生"的象征寓意中，既包括当时时代性的主题，即民族的新生（这种爱国意绪已为诗人自知："我的那篇《凤凰涅槃》便是象征着中国的再生。"①），也包括当时诗人对自我命运获得新生的渴望与追求（这种自我意识也为诗人自知："我现在很想能如 phoenix 一般，采集些香木来，把我现有的形骸烧毁了去，唱着哀哀切切的挽歌把他烧毁了去，从那冷静中的灰里再生出个'我'来！"②）。然而，仅从这种"当时性"的象征寓意来理解《凤凰涅槃》，显然还是不够的，国家与个人的生命之新生并非一次性即告终结的过程，而是不断需要"火焚""涅槃"的过程；在更大的意义上说，人类乃至所有有生命的机体，都必须在弃旧图新的生命再造之中，才真正拥有未来，拥有新生的快乐："翱翔！翱翔！欢唱！欢唱！"

"序曲"展示的是凤凰临近自焚前的情景。除夕将近的空中，唱着哀哀的歌的凤凰，忙于衔来香木自焚：在万物枯槁、寒风凛冽的丹穴山上，凤啄凰扇，香木火起，在死期已近的时候，"凤起舞，低昂！凰唱歌，悲壮！"而一群将自焚视为荒诞的"凡鸟"，正幸灾乐祸地飞来观葬。

面对死亡，面对凡鸟，凤也歌，凰也唱。一部生命新生曲进入了它的呈示部，热烈而悲壮的旋律强烈地叩击着人们的心扉。"凤歌"回荡着雄性的激昂慷慨的强音，在对生存环境的愤懑、诅咒中，实际申明了自焚的根由。凤在歌唱中，以屈原《天问》式的话语掷向"冷酷如铁""黑暗如漆""腥秽如血"的"茫

----

① 郭沫若：《创造十年》，《郭沫若全集·文学编·卷 12》，人民文学出版社 1992 年版，第 73 页。

② 郭沫若：《三叶集》，《郭沫若全集·文学编·卷 15》，人民文学出版社 1992 年版，第 19 页。

茫的宇宙"。这是诅咒，也是控诉，更是无情的否定和批判：

> 你脓血污秽着的屠场呀！
>
> 你悲哀充塞着的囚牢呀！
>
> 你群鬼叫号着的坟墓呀！
>
> 你群魔跳梁着的地狱呀！
>
> 你到底为什么存在？

与"凤歌"的雄强有力的歌音不同，"凰歌"则弥漾着雌性化的叹息与哀诉。"她"（凰）与"他"（凤）的歌音虽然有异，但也同样导向对生存环境的"非生命化"的控诉和批判。在相当长的历史时期里，生存环境愈来愈趋恶化，"流不尽的眼泪。洗不尽的污浊，浇不息的情炎，荡不去的羞辱"在消磨着生命，使生命陷于沉睡、衰朽、死尸般的生活，看不到"新鲜"和"甘美"、"光华"和"欢爱"，这样形同死尸、充斥悲苦的生活还能忍受吗？"我们这缥缈的浮生，到底要向哪儿安宿？"于是，甘与"非生命化"的环境（"一切"）偕亡的意愿，就成了凤与凰共同的抉择，它们主动地点燃了告别旧世界、旧自我的熊熊大火。"凤凰同歌"便唱出了它们"别无选择"的悲壮情怀：

> 啊啊！
>
> 火光熊熊了。
>
> 香气蓬蓬了。
>
> 时期已到了。
>
> 死期已到了。
>
> 身外的一切！
>
> 身内的一切！
>
> 一切的一切！
>
> 请了！请了！

面对凤与凰的自焚，一群观望的群鸟唱出了它们各自污浊而偏狭的心声。在这里遂构成了戏剧化的冲突与比照，印证着"丑就在美的旁边，畸形靠近着优美，粗俗藏在崇高的背后，恶与善并存，黑暗与光明相共"①。岩鹰看到凤凰这"禽中的灵长"的死亡，便以为"从今后该我为空界的霸王"；孔雀则以为"从今后请看我花翎上的威光"；鸱枭则嗅到了令它垂涎的"鼠肉的馨香"；家鸽则庆幸自己作为"驯良百姓的安康"；鹦鹉则宣称"请听我们雄辩家的主张"；白鹅则以为自己的"高蹈"可以举世无双。总之，从这群鸟的歌声中，只能听出它们对私欲的贪恋、对现状的满足。这种心态只能属于那些反动军阀、官僚政客、流氓市侩、奴才庸众和无聊文人等与黑暗社会休戚相关的丑类们，只能属于既得利益者或害怕"火"、害怕变革的丑类们。由这样的"群鸟歌"，就更能映衬出"凤凰"的悲壮与崇高，更能显示出变革现实、更新生命的迫切与必要。

随着"鸡鸣"的音符，新生的旋律和鸣而起。"凤凰更生歌"尽情抒发了"火中凤凰"的新生带来的欢畅。笔者曾在《论前期创造社的"创生"意识》一文中指出，从创造社致力于"创生"的火一样的热情、梦一般的追求中，从创造社同人创作（尤其是郭沫若的创作）的大胆直率地肯定自我理想的文学表述中，流露出了空前强烈的"创生"意识——从自我、民族、人类和自然新生的意义上，凸现出创造新生命的人生理想与相应的艺术追求。显然，《凤凰涅槃》的中心主题，也可以用"创生"二字来概括，而其"创生"的方式就是对旧有生命的焚毁与扬弃。郭沫若自己就说过："要打破从来的因袭的样式而求新的生命之新的表现"，"新的酒不能盛容于破旧的革囊。凤凰要再生，要先把尸骸火葬"②。火葬后的凤凰以其冶炼造就的新生命，唱起了迥异于火葬前悲歌的欢乐之曲：

> 我们新鲜，我们净朗，
>
> 我们华美，我们芬芳，
>
> ……
>
> 我们欢唱，我们翱翔，
>
> 我们翱翔，我们欢唱。

由此看来，要获得真正的新生，必然要付出代价，而一旦获得了新生，就必

---

① ［法］雨果：《论文学》，柳鸣九译，上海译文出版社 1980 年版，第 30 页。
② 郭沫若：《我们的文学新运动》，《创造周报》，1923 年第 3 期。

然会超越旧有的生命体验。"涅槃"的痛苦与快乐的同时，进入一种崭新的生命盛境。随着这种生命盛境的展开，"凤凰"神鸟的光辉便会以"泛神论"为媒介，促发万事万物的新生：

> 一切的一，更生了。
> 一的一切，更生了。
> 我们便是他，他们便是我。
> 我中有你，你中也有我。

于是便赢得了前所未有的生命大和谐、大快乐，个体小我与宇宙大我再也不是那样形同死尸而是充满勃勃生机了。

也许会有人说，诗人的《凤凰涅槃》太浪漫、太虚幻了。诚然，"火中凤凰"得以新生的意象，具有一种浓郁的乐观主义情调。这种乐观主义是狂飙突进的"五四"时代精神的体现，它本身就具有鼓舞性、战斗性。它是理想，在当时的现实中还难以真正地实现，但其中内蕴的心理真实却是不能否认的：弃旧图新的渴望正是"五四"时代普遍存在的心理真实。何况，作为浪漫主义的诗篇，其理想的激情总带有某种超前性。另外，我们从郭沫若个人生命体验中，也可以找到这种乐观主义的一个重要来源，这就是郭沫若摆脱旧式婚姻而与安娜发生了热烈的爱情。他曾用英文写过一篇献给安娜的散文诗，其中写了一个因少女之爱而复活的"鱼"的故事（此文后改为《〈辛夷集〉序》）。这种生命复活与新生的深切感受，不可能不影响到诗人的创作。《女神》中收的一些诗篇"都是先先后后为她而作的"[1]，固然不能断定说《凤凰涅槃》也是"为她而作"，但是潜在的意义上却存在着不可忽视的生命联系，并且已经与时代精神有机融合而被升华了。

《凤凰涅槃》被称为是中国新诗史上第一篇杰出的浪漫主义抒情长诗，其神话原型的置入便增强了它的浪漫色彩，同时又加深了它的生命意蕴。闻一多盛赞

---

[1] 郭沫若：《我的作诗的经过》，《文摘杂志》，1937年第1期。

郭诗"不独意象奇警，而且思想隽远耐人咀嚼"①，可谓是恰合于《凤凰涅槃》一诗的精到之评。这首诗作还是郭沫若《女神》艺术风格的极具代表性的篇章，即既有惠特曼式的雄浑奔放，又有海涅式的婉曲清丽，二者融合一体而又以豪放为主。另外，诗的自由体所体现出来的"自然美"以及贯串首尾的节奏感，与诗人情绪的流动变化极为和谐，从而增强了这首抒情长诗的艺术魅力。

---

① 闻一多：《冬夜评论》，《闻一多作品集》，宁夏人民出版社 2000 年版，第 435 页。

一曲哀歌尽悲壮

——读《屈原》

郭沫若是中国新诗运动中的巨子，又是中国史剧领域中的翘楚，他的文学成就主要表现在这两个方面。同时，这两个方面又经常结合起来，致使他的一些著名之作常是诗中有剧（如《女神之再生》《凤凰涅槃》等）、剧中有诗（如《屈原》《蔡文姬》）。《屈原》作为郭老在抗战中期六大史剧的"首席代表"，的确是相当完美的诗化的史剧，具有恒久的激动人心的艺术魅力。

五幕历史剧《屈原》，写于1942年1月。当时蒋介石亲手制造了"皖南事变"，掀起了反共高潮，同时在文化方面实行高压政策，残酷地实行着文化上的"东方专制主义"。然而，进步作家是绝不会甘于束手就擒的，他们巧妙地利用各种方式来与蒋家政权进行斗争，其中历史剧的创作便是他们不约而同的文学选择。许多进步作家都涉足史剧领域，借古喻今，用曲折的历史隐喻式表达，来抒发对现实的强烈不满，来揭露专制者在政治上、文化上乃至在人格上的沦丧与无耻。郭沫若，作为20世纪40年代中国新文学的巨擘、旗手，在史剧创作方面独树一帜，尽领风骚，连连写出了具有轰动效应的史剧杰作：《棠棣之花》《屈原》《虎符》《高渐离》《南冠草》和《孔雀胆》。其中《屈原》一剧，风头最健，从剧本的发表到排演，都引起了整个社会的巨大关注，人民群众和共产党人热烈地欢迎着它的问世，而国民党反动派和帮闲文人则在诅咒它、禁锢它。然而，民心是试金石，正是人民群众的普遍拥护，才保全了《屈原》的艺术生命，使它彪炳史册，成为中国现代戏剧史上的典范之作。

郭沫若曾自述其创作《屈原》的动机："我写这个剧本是在1942年1月，国民党反动统治最黑暗的时候，而且是在反动的中心——最黑暗的重庆。不仅中国社会又临到阶段不同的蜕变时期，而且在我的眼前看见不少的大大小小的时代悲剧。无数的爱国青年、革命同志失踪了，关进了集中营，代表人民力量的中国共产党却在陕北遭受着封锁，而在江南抵抗着日本帝国的侵略最有功劳的中国共产党的八路军之外的另一支兄弟部队——新四军，遭到了反动派的围剿而受到损失。全国进步的人们都感受着愤怒，因而我把这时代的愤怒复活到屈原的时代里去了。换句话说，我是借了屈原的时代来象征我们当前的时代。"① 这段话极清晰地说明了《屈原》一剧产生的时代背景及其内容与目的。有哲人言：所有古代史实即当代史。既往的史实经由史家、诗人的当代阐释，都必然带有当代的价值和意义。郭沫若作为历史学家与诗人，早就与中国历史上第一位伟大的诗人兼政治家的屈原，有着深度的"视野融合"，心心已经相通，精神多有认同。所以他能够有效地"把这时代的愤怒复活到屈原的时代里去"，在艺术上成功地"借了屈原的时代来象征我们当前的时代"。直言之，《屈原》的中心意旨是通过屈原形象的完整塑造，弘扬爱国主义精神以及正义的力量，同时揭露以郑袖（实影射蒋家政权）为代表的投降主义所制造的种种罪恶，这种卖国求荣、残害忠良的罪恶，

是对民族的犯罪，是对人民的犯罪，这种悖逆时势与人心的行径，势必要受到历史的惩罚。围绕着这一中心意旨，剧作还富有深度与广度地展示了"国际关系""人际关系"与"性际关系"中存在的种种复杂的情形，把时代主题的显现置入了具体可感的人生舞台之上。这样不仅更真实地突现了时代政治的重大冲突，而且表现了人性中善与恶、美与丑的复杂纠葛。正是这种在历史的骸骨里"吹嘘进新的生命"的写法，才使得《屈原》获得了艺术上的极大成功。"屈原"这位作古已有两千多年的人物，活生生地复现于当代的人生大舞台上，给无数的观众带来了无

---

　　① 郭沫若：《序俄文译本史剧〈屈原〉》，《沫若文集·17卷》，人民文学出版社1959年版，第158页。

尽的启示和审美享受。

屈原，作为该剧的主人公，堪称是与莎翁笔下的李尔王、哈姆雷特相媲美的艺术典型。剧作家在五幕剧中，高度集中地表现了屈原光彩照人的一生，或直接或间接地再现了屈原的崇高品德及其言行。第一幕写屈原朗诵己作《橘颂》，并谆谆教诲着宋玉，借以表现屈原所追求的光明磊落、正直不阿、坚贞爱国的人格理想，同时还对其他人物及张仪来楚情况做了一些介绍。第二幕紧扣爱国还是卖国的矛盾冲突，写出郑袖、靳尚等人设下阴谋，陷害屈原，结果屈原被戴上了"淫乱宫廷"的帽子，遂连人带政治主张都大为贬值。郑袖等人由此达到了各自的私人目的。第三幕写恶人继续散布谣言，"谣诼谓余（屈原）以善淫"，并说屈原"疯"了。乡亲们受骗而为屈原招魂，引起了屈原的悲愤与绝叫，反倒使人更相信他是"疯"了。随着屈原的受侮，年轻人中间也产生了分化：婵娟不信谣言，意欲与屈原同生死；宋玉则意志不坚，成了"先生的叛徒"。第四幕由深知内情的钓者揭破事实真相，屈原与婵娟怒不可遏，个个面斥凶顽，遭到逮捕。郑袖、张仪等人的无耻却由此暴露出来了。第五幕包括两场，第一场主要描写了婵娟力拒子兰、宋玉的种种诱惑，后被同情她的卫士救出，同去援救屈原。第二场描写被囚禁在东皇太乙庙中的屈原，在雷电交加、暴雨欲来之际，从心底爆发出尽抒胸中块垒的"雷电颂"，集中表现了屈原的人格精神。负责监禁屈原的太卜郑詹尹受命毒害屈原，结果前来营救屈原的婵娟误饮毒酒，代先生而死。屈原悲痛至极，为婵娟举行火祭，然后随卫士潜往汉北。值得注意的是，在这样明显带有剧作家自我创设痕迹的剧情中，历史上的"屈原"与剧作中的"屈原"发生了一些变异：历史上的"屈原"有明显的愚忠意识，有怀才不遇的凄苦，有与民众脱节的孤独和绝望，所以最终在眼见楚国陆沉的悲哀中选择了自杀——沉没于汨罗江中。剧作中的"屈原"，在忠贞爱国、胸怀坦荡这本质的方面是与历史上的"屈原"一致的，但沿着崇高美的方向，剧作家赋予"屈原"以更加完美的质量，爱憎更加分明，意志更加坚定，尤其是强化了"屈原"与人民的血肉联系，斗争时已非孤立一人，失败时已有人同情援助，绝望时也会另觅救国之路了。这种明显的"现代置换"亦属将古人骸骨吹嘘进"新鲜的生命"的艺术创造，不能视为违反历史真实的随心所欲。完全地复现屈原一生，尤其是身跨两代君主的数十年政治生涯，在有限的一台戏中几乎是绝不可能的，剧作家必须要发挥艺术的高度概括，注重提炼的特长：以紧凑的剧情表现最主要的东西。郭沫若谈《屈原》写作过程时说："本打算写屈原一世的，结果只写了屈原一天——由清晨到夜半过后。但这一天似乎已把屈原的一世概括了。"[①] 正是由于有这种概括或集中，才把屈原品格中最闪光的一些质素昭示于世人面前，并使其在精神的意义上切近现实、介入现实，发挥艺术创作应有的时代价值与作用。在剧作家笔下的屈原，对国家与人民都怀着深沉的爱，即使对学生、侍女、卫士、渔父，也平等待之，关怀、爱护甚至有时是敬重。在激变的国际风云中，屈原成为正义与光明的化身，他竭力维护国家的利益，力主团结一致，共抗强敌，反对卖国求荣。这种爱国主张显然是当时国统区人民及全国人民共同的"渴望"。但屈原作为政治上的人民意志的化身，却"信而见疑，忠而被谤"，遭受种种侮辱与迫害，这又使人们很容易想起当时主张积极抗日却遭残害的共产党人、进步人士，尤其是"皖南事变"中受害的抗日武装新四军。屈原正气凛然，直面痛斥卖国而又卑鄙的郑袖以及奸邪凶狠的张仪，对楚怀王的昏庸无能也犯颜直谏，尽管他被抓了起来，正确的主张被排斥了，但最终屈原抛弃了"走上层路线"的斗争方式，与卫士一起潜往汉北，预示着他"走下层路线"的开始。这一最能显示郭沫若本人浪漫气质的结局构思，显示的正是当时国统区民众对北方抗日根据地的向往和期待。由此可见，郭沫若笔下的"屈原"，已经不完全是历史上的"屈原"的复活，而是创造的、增生的、新美的"屈原"再世。由此也充分体现出了以古喻今、古为今用的史剧创作原则，体现出了创作主体的能动而非被动的创造精神。

为了更深入细致地分析屈原形象，还应注意以下几个方面。

其一，谗害屈原与礼教吃人。在剧作中设置的情节中，有一个是至关紧要的情节。这就是南后郑袖为了私利，成为张仪的合谋，不是从政治主张的论辩上，而是从"男女关系"引出的作风问题上，攻倒屈原，进而达到与齐国绝交而趋附秦国的政治目的。郑袖上了张仪的欲献美人于怀王这一奸计的当，而屈原则又上了郑袖巧设的假投其怀、诬其奸淫之计的当。屈原初对郑袖是没有戒心的，或许对她的"聪明、美丽、能干"还曾有些好感。他对南后说过这样的话："啊，南后，你实在是太使我感激了。你请让我冒昧地说几句话吧：我有好些诗，其实是你给我的。南后，你有好些地方值得我们赞美。你有好些地方使我们男子有愧须

---

① 上海师范大学中文系编：《写完五幕剧〈屈原〉之后》，《中国当代文学研究资料：郭沫若专集1》，1980年版，第105页。

眉。我是常常得到这些感觉，而且把这些感觉化成了诗的。我的诗假使还有些可取的地方，容恕我冒昧吧，南后，多是你给我的!"① 这些话有违心的夸张之处，但亦有被南后平时表象上的美所蒙骗的地方；有几分规定情景中的迎合，亦有几分发自诗人肺腑的真诚。这些表明屈原自身的"复杂"甚至是作为政治家的不成熟。正是这样的心理原因使屈原对郑袖失去了必要的警惕，在仓促间扶抱假装发晕的南后，致使落到了"跳到黄河也洗不清"的窘境。这里主要的问题似乎还不是屈原为什么会上当，而是在上当受骗、出了"作风问题"后的屈原所面临的"全线崩溃"——由人们心目中的"圣人"变成了"疯子"，因之他的言论、主张、人格通通失去了应有的价值。于是楚怀王断然宣布："我是不再听那个疯子屈原的话了。"为什么竟会如此呢？是剧作家的胡编乱造吗？了解中国封建礼教性质的人，都知道性禁忌的厉害。有人称利用男女关系问题打击他人的方法为"黄金棍法"。当年朱熹老夫子就曾利用此法打击过自己的政敌。② 也许在屈原时代这种棍法的使用还远非普遍，但当时国王性特权的不容触犯肯定已成事实。故而楚怀王看到屈原抱扶南后的一幕便盛怒不已。他说可以宽恕屈原其他方面的种种狂妄，但"对于南后竟做出这样狂妄滔天的举动，我怎么也不能宽恕!"在这样的冲动之中所做出的价值判断，实已隐含了"万恶淫为首"的观念。然而这种观念对最高统治者是不适用的。有位学者对中国传统文化人格在性问题上的分裂或畸变做了精彩论述："中国的道德是政治化的道德，中国的政治是道德化的政治，政治问题与道德问题总是纠缠在一起，而性问题则是伦理道德中最敏感的地区、最尖端的部分，'万恶淫为首'，男盗女娼可以秘密地实行，但万万不能得此恶谥，否则，就会成为千夫所指，遗臭万年。"③ 以性道德的礼教规范来判断一个人的政治、智慧、才能，这本身就是荒谬不合逻辑的，何况，剧中屈原并没有逾越礼教规范的地方，所谓"淫乱宫廷"，只是陷害之辞。但一旦事发，屈原的爱国主张及已经取得的政绩皆毁于旦夕之间。这是剧作家对屈原悲剧命运的一种独特的把握，也是"五四"新文化运动影响的一次深刻的体现——剧作家再次向封建礼教举起了手中的利剑!

其二，"雷电颂"与屈原精神。屈原被诬陷后，遭到了愈来愈残酷的迫害。

① 郭沫若：《屈原》，《郭沫若全集·文学编·卷6》，人民文学出版社1990年版，第324页。
② 参见江晓原：《中国人的性神秘》，科学出版社1989年版。
③ 姜铮：《人的解放与艺术的解放》，时代文艺出版社1991年版，第114页。

当他被关禁于东皇太乙庙时，死亡的阴影便悄悄向屈原逼近了。当屈原戴着刑具面对着大自然的风雷电时，他的心中也卷起了激剧的风暴，于是爆发出了千余字的长篇独白"雷电颂"，尽情地抒发着胸中的愤懑与压抑了的激情。在这时，屈原是以伟大诗人和正义的化身向世界发言的。他渴望伟大的自然神力能够劈开眼前的黑暗，能够毁灭眼见的种种丑恶："你们风，你们雷，你们电，你们在这黑暗中咆哮着的，闪耀着的一切的一切……发泄出无边无际的怒火把这黑暗的宇宙，阴惨的宇宙，爆炸了吧！爆炸了吧！"同时，作为诗人的屈原却在想象的世界中展开了对自由、光明的憧憬："啊，我思念那洞庭湖，我思念那长江，我思念那东海……那是自由，是跳舞，是音乐，是诗！"他还要乘坐想象中的"雷车"，"到那没有阴谋、没有污秽、没有自私自利的没有人的小岛上去呀！""光明呀，我景仰你，我景仰你，我要向你拜手，我要向你稽首……我这快要使我全身炸裂的怒火，难道就不能迸射出光明了吗？"愤懑和期待在此时此境更加激发了屈原的战斗激情：

> 眼泪有什么用呵？
> 我们只有雷霆，只有闪电，只有风暴，我们没有拖泥带水的雨！
> 这是我的意志，宇宙的意志。
> 鼓动吧，风！
> 咆哮吧，雷！
> 闪耀吧，电！
> 把一切沉睡在黑暗怀里的东西，毁灭，毁灭，毁灭呀！

这段重现"五四"时期风雷动地、狂飙突进的"女神"诗风的"雷电颂"，历来为人称道。其好处在于充分体现了被郭沫若这一创作主体同化了的屈原精神：深爱生命、热情洋溢、正直刚毅、乐于挑战和坚贞不屈。周恩来曾明白地指出："屈原并没有写过像《雷电颂》这样的诗词，而且也不可能写出这样的诗词。那是郭老把自己胸中对国民党反动统治的愤恨，把国统区人民对蒋介石反动统治的愤恨，借屈原之口说出来的。《雷电颂》是郭老代表国统区人民对国民党反动派的控诉!"① 因此,《雷电颂》虽与历史上屈原的某些精神相通,但带有郭沫若个人的色彩,是郭沫若在特定时代与诗境中创造出来的新诗,既有强烈的现实针对性,又有浪漫的理想超越性。总之,《雷电颂》在剧作中促成了戏剧高潮,对塑造郭沫若心目中的屈原形象添上了极有光彩的一笔。

其三,婵娟与其他人物。剧中的婵娟姑娘,是剧作家根据屈原作品中的"女婴"构想出来的人物。屈原辞赋中多有"香草美人"的意象,其中隐含的除了政治寓意之外,还必然会有其他更为丰富的涵意。② 对香草(自然)与美人(异性)的向往、爱恋,亦即对生命的充分热爱,这不可能逸出屈原的人生追求之外。因此,作为"屈原辞赋象征"的"婵娟",实际就有了复合性的艺术表现功能,既是屈原意志与精神的承续者、确证者,同时又是屈原生命追求中的卫护者、酬情者。婵娟"幸福"地代屈原而死,的确是意味深长的一笔。郭沫若虽然受潜意识支配,仅把婵娟处理成屈原的侍女、陪嫁女,形若父女,但婵娟存在的意义实际决不限此。她兼具着多重身份。如全剧最后屈原所说:"啊,婵娟,我的女儿!婵娟,我的弟子!婵娟,我的恩人呀!你已经发了火,你把黑暗征服了。你是永远永远的光明的使者呀!"由此全剧幕落。然而作为带来光明、护其生命的天使与圣母般的未尽之意,却在幕后所唱的《礼魂》之曲中流露出了一些:"……我把花给你,你把花给我,心爱的人儿,歌舞两婆娑。春天有兰花,秋天有菊花,馨香百代,敬礼无涯。"因此,不能仅仅将婵娟视为"道义"或"民意"的象征,而应注意其多重或多层的象征含义,注意婵娟与主人公乃至与作家的多方面的精神联系。

剧作中还塑造了许多其他的人物,他们的存在都为塑造屈原形象起到了映衬、比照的作用。郑袖的阴险、狡诈,张仪的诡谲、卑鄙,宋玉的软弱、势利,怀王的昏聩、愚蛮,以及靳尚、子兰、郑詹尹等人的助纣为虐,都从反面衬托出了屈原的高洁与伟大。没有对这些反派人物或小丑类人物的生动刻画,屈原悲剧的发生就没有了依托,屈原形象也就不会如此鲜明、如此动人了。对于这些反派角色的刻画,虽然着墨不多,但大都避免了简单化。如对郑袖的描写,就写出了她的貌美却心毒、聪明却狭隘、凶残又怯惧、虚伪又自大的种种复杂的性格特

---

① 吉少甫:《郭沫若与群益出版社》,百家出版社 2005 年版,第 243 页。
② 参见李继凯:《失意补偿:古代情爱文学的生命价值》,《江海学刊》,1991 年第 1 期。

征。从根底上说，她实际也是个可悲的人物。她的一切努力都不过是为了自己受宠的地位，为了更好地出卖自己的色相、博得楚王的欢心，但她在出卖国家与忠良的同时，却必然最终彻底毁灭了她自己。很明显，郑袖在男性中心社会中的巧施奸计、曲线挣扎，都绝不是追求自身解放的正当途径，只能是又害人又害己。她在滥施淫威，迫害屈原、婵娟的同时，实际也正陷入了张仪的阴谋之中；她看似能够左右怀王的意志，实际不过是在捞取宠妒或"玩物"的地位。严格说来，郑袖正是女性在世界性败北之后的异化产物，从根本上背叛了女性精神中的爱与美，在剧作中，恰与婵娟相反，是屈原直面的两种女性之中的"恶"的代表。女性异化是男权中心社会的必然产物，是许多丑恶现象的一种主要根源，同时，女性异化也恰是女性沦丧的悲剧的表现。

从上述的分析中，我们已不难领会，《屈原》真是善于叙事、写人、抒情，善于以古喻今、化"古"成"金"的戏剧佳作。剧作家有着高明的艺术手腕，轻取一日便写尽了屈原一生，高超的艺术概括和浓缩的戏剧冲突，直令人们啧啧称赞。剧中既使正反两类人物、卖国爱国两种选择泾渭分明，同时又显示其错综复杂的情状。剧情紧张与舒徐、明朗与晦暗搭配得当，大起大落而又饶有戏味。就其全剧基调与效果而言，气势雄浑，扣人心弦，激越悲壮，引人入胜，以此形成了全剧浓郁的浪漫主义色彩。尤其是贯穿全剧的诗意盎然（从《橘颂》《雷电颂》到幕落后的《礼魂》之曲）以及强烈的主观抒情，把这种浪漫主义的内在激情与成熟的理性融合为有机的整体，充分体现出了革命化的而且又是主体化的积极浪漫主义的艺术特色，从而把激奋人心的"壮美"表现得酣畅淋漓，冲击着、开启着一代又一代的读者与观众的心灵。

《屈原》，是一部伟大的、不朽的史剧，它是"现代屈原"——郭沫若奉献给人民、奉献给人类的圣果——蟠桃！

幻中求真　火中再生

——读《血的幻影》

历史总难忘记这一幕：在 1927 年的春末与仲夏的南国，蒋介石、汪精卫这些曾混迹于革命队伍的野心家，相继恶狠狠地向真正的革命者举起了屠刀。一时间，血流成河，尸骨成堆，轰轰烈烈的大革命被扼杀于血泊之中。当时的一些幸存者，确曾出现了风流云散的消沉现象。然而，真正的革命志士却挣扎着从地上爬起，揩干身上的血迹，吸取着活生生的血的教训，又向前艰难地行进了。

郭沫若，就是这些真正革命志士中的一位，是至今犹使读书人深感敬佩、堪为骄傲的一位！

作为从"五四"文坛上崛起的诗人，郭沫若曾一度满腔热情地投笔从戎，参加了北伐战争。然而早在"四·一二"之前的较长时间里，他就感到了某种危机，发现了某种阴影，尤其是敏锐地察觉了当时身为北伐军总司令的蒋介石的反革命本质，并于 1927 年 3 月 31 日在朱德家中写下了震惊朝野的战斗檄文——《请看今日之蒋介石》。可是，尽管他早有某种精神准备，但当最悲惨的一幕发生的时候，诗人心中还是因之积郁了无量的悲愤、怨气与伤感。这些都在《血的幻影》中有着明显的流露——

崩溃的世界又回复到混沌以前，"周围是一片望不透的黑暗"，生活于这样的黑暗之中，就仿佛被囚禁在"铁牢"中，失去了自由与光明，失去生趣和意义。倘若黑暗原来未曾被丝毫冲破，诗人亦未曾体验过些微光明与自由的滋味，也许他就不会有这种"复归黑暗"的痛切之感了：

我们昨天不是还驾御着一朵红云，

为甚么要让它化成一片血雨飞散？

我们便从那高不可测的火星天里，

坠落到这深不可测的黑暗之渊。

正是从曾经有过的轰轰烈烈的战斗生活中的跌落，正是"红云"幻化成"血雨"的惊人的巨变，才使得诗人产生了困惑难解、情难抑制的怨责：

啊，我们的力量为甚么这样衰微，

我们的民族为甚么总不觉醒？

象这样猪狗不如的生涯也能泰然，

我实在也佩服我们同胞的坚忍！

从这责怨里流露出的质询甚至是愤激的反语中，可以清楚地看出，诗人实际已在痛苦地思索着革命何以会失败的原因了——既因有反动派的兽性凶残，亦因有民众的尚未普遍觉醒，还因有革命者曾对猛兽所存留的片刻容忍……

在"血的幻影"中追索着革命的真谛，这显然是诗人在迭迭发出"为甚么"的追问中所隐含的根本意向。鲁迅当年被"四·一二"的血震惊得"目瞪口呆"，但随即"轰毁"了旧有的思路，继续上下求索，探寻新的进向了。郭沫若在这种巨变之际，似乎持有更加积极的"行动主义"，但同时也没有丝毫松懈对真理的追求。自然，要追求真理，就必须有正视现实黑暗的勇气，牢记着群魔乱舞、"天使"蒙难的悲惨一幕；同时也要正视自身曾经有过的迷茫、虚幻的情绪，汲取着"血海""血山"给自我心灵带来的猛烈打击。只要追求革命的根本意志不被摧毁，只要是真正敢于直面惨淡人生的"猛士"，就绝不会向凶残的敌人低头，就绝不会姑息养奸，重蹈覆辙！诗人在诗的最后两节里，一方面控诉、谴责着猛兽的凶残，一方面又渴望、呼唤着火中的再生。由此，诗人再度"恢复"、找回了他在"五四"时期的那种高峰体验，那种沛然莫御的战斗激情：

> 对于猛兽哪里还容得着片刻的容忍，
> 我们快举起我们的火炬烧灭山林！
> 把我们一切的耻辱、因循、怀疑、苦闷……
> 投向大火中，不然，我们是永不能再生！

这种"火中凤凰再生"的意象与激情，在新的历史条件下，被注入了远为充实的现实内容：对敌斗争的坚定，对己失误的反省等。如果说诗人通过"火"的象征，已经表达出了对革命武装斗争的期待，对革命队伍中机会主义路线的决绝，恐怕并不是人为的拔高吧。

《血的幻影》真实地再现了蒋介石叛变革命、大肆屠杀的悲惨一幕，同时于控诉、谴责以及对民众、对自己（革命者）的反省中，表现了不屈不挠的革命意志。执着于幻中求真，热望于火中再生，从而在精神上冲决了"血的幻影"，展现出了火炬重举、继续革命的前景。整首诗熔写实抒情与浪漫象征于一炉，有效地传达了"血的幻影"中所包容的一切。"望不透的黑暗"，"猪狗不如的生涯"，"一片血雨飞散"，"火焰天使化成血肉模糊"，以及春雨"洗不净这大地的腥膻"，"举起我们的火炬烧灭山林"等诗歌意象，都寄寓了实实在在的情感内容，同时又都采用了浪漫象征的而非直陈其事的手法，这无疑增加了诗歌本身的艺术性及其魅力。在诗中，诗人屡屡以"为甚么"的质问句式，构成了咄咄逼人、排山倒海般的抒情气势，而"昨日红云"与"今日血雨"之类对照性意象的设置，同样能够增强诗作本身的艺术表达效果。

掬出心中的微波

——读《白云》

郭沫若的《白云》是一首写景抒情的短诗，作于 1921 年 10 月 13 日，正式发表后收入《星空》集。郭老在谈及《女神》之后的诗歌创作时曾说："自从《女神》以后，我已经不再是'诗人'了。……要从技巧一方面来说吧，或许《女神》以后的东西要高明一些，但象产生《女神》时代的那种火山爆发式的内发情感是没有了。退潮后的一些微波，甚至是死寂，有些人是特别的喜欢，但我始终是感觉着只有在最高潮时候的生命感是最够味的。"[①] 郭老的自述表明了他对自己的苛严。但诗的表现领域本是自由无限的，即或是低回感伤的情绪，既然生成亦有其表现的理由。马克思非常强调"精神个体性"，但并没有绝对限定歌唱都必须在高音部。诗人心中应和着时代大潮的大波大澜固然有抒发的必要，心中感应着和煦的自然脉搏而起的微波漪沦，当然也有掬出的自由。如果说《女神》多是诗人心海中涌出的大波大澜类的诗，那么，诗人的第二本诗集《星空》中的诗，则多是从心泉中掬出的一些微波与浪花。美的王国，从来都不是单调的。

《白云》，就是诗人从心泉中掬出的撩人的微波，它体现着一种玲珑剔透的美。

看那"鱼鳞斑斑的白云，波荡在海青色的天里。"在诗人悠闲而神往的观景

---

① 郭沫若：《序我的诗》，《中外春秋》，1944 年第 2 卷第 3—4 期合刊。

中，白云的鱼鳞状就像那轻轻的浪波，正波荡在犹如大海般的辽阔的天空里。这里主要写的是视觉对白云与蓝天景象的审美观照。但从白云"波荡"的动态里，诗人的心灵似乎谛听到了一种自然机运中的韵律。所以，诗人情不自禁地称轻轻飘荡于蓝天之上的白云"是首韵和音雅的，灿烂的新诗"。

值得注意的是，诗人在这里着意强调：蓝天上飘动的白云本身就是一首有其自然韵律、引人注目的"新诗"。我以为，这里隐含着诗人的"新诗观"。诗人曾说："诗的生成，如象自然物的生存一般，不当参以丝毫的矫揉造作。我想新体诗的生命便在这里。"[1] 诗贵自然，新诗尤贵自然。这是新诗冲决旧诗藩篱（已失自然）的正当理由。诗人认定自然万象皆为"自然流露"的东西，在呈现方式上都契合着诗之贵在自然的"生成"规律。《白云》不仅隐含着诗人的新诗观，而且本身就是这种新诗观的一个很好的证明。

既然从视觉微妙地移诸听觉，感受到了白云的自然美，故而诗人在第二节的首句即加强了听觉的审美注意：

> 听哟，风在低吟，
> 海在扬声唱和。

在这里，诗人将风与海（云海）拟人化了，并且同时把视觉与听觉密切地沟通起来，强化了对风吹云动的"全息"性审美。不仅如此，诗人接着还把触觉与听觉沟通起来，从而写出了全诗结尾的妙句：

> 这么冰感般的，
> 幽缈的音波。

白云之"白"，特别是秋天的白云，给人的肌肤之感确已有几分冰意了，但这种冰意常如微凉的山泉，听之、睹之、沐之、饮之，无不令人心旷神怡。正是在这种深心欢娱的体验中，诗人才仿佛觉得风与海的唱和，亦即白云随风的聚散变化而波荡于天空，不仅如诗，一首自然的诗，而且还仿佛是那传递着"幽缈的

---

[1]　郭沫若：《三叶集》，《郭沫若全集·文学编·卷15》，人民文学出版社1990年版，第47页。

音波"的乐曲。

我们很可以惊异于诗人感受性的敏锐与细腻，叹服其能自由展用的奇瑰的想象和通感的手法。我觉得，《白云》一诗最令人称道的，就是以心灵的触手，抓住了"白云"意象作用于人之审美感官的各种效应，在掬出诗人心海中的微波的同时，把"白云"这一美好的审美对象也深深地输入读者的心海之间，于是，"白云"就成了诗人与读者心间共同珍藏的美好。《白云》虽然是短制，仅有两节8行51字，但美妙的意象、幽雅的情味、活化的通感，以及表达上的高度精练与自然，都是值得赞佩的。这首诗，足可推为诗人讴歌自然美的代表作之一。

诗与月：朦胧美中的精灵

——读《霁月》

诗人最喜与大自然"对话"，但这种"对话"可以有多种的方式与丰富的内涵。在郭沫若的"女神"时期，他在泛神论思想情绪的影响下，非常注意从大自然中汲取美的灵示，捕捉诗的灵感。《霁月》便是他与月儿进行一次幽渺的"对话"后的产物，体现着与"雄浑奔放"的沫若不同的另一个诗人自我：尚柔爱美、幽情如缕，乐于把悠悠的诗之精灵付托于婉丽而朦胧的意象。

"霁月"，似乎是沫若自身与诗风的另一种象征。

《霁月》的准确创作日期不详，但根据一些有关的情况推断，此诗当创作于1920年七八月间。当时郭沫若携全家刚迁居日本九州临海的一家渔村小屋不久。博多湾的海及日夜之间的种种景致，对沫若有相当大的吸引力。此一时期的沫若，思维已被充分启动，诗情特别充盈，对生命与宇宙的直觉体验常能达到令人吃惊的广度与深度。《霁月》一诗及同日发表于《学灯》的《雷雨》《晴朝》，即很能体现出诗人当时的"内宇宙"与"外宇宙"间的息息相通、物我同化的情景。

这里只谈《霁月》。

在雨后月升之际，诗人在淡淡的幽光中向海边走去。他看到，月儿的光辉"浸洗着海上的森林"①；他感受到，黄昏新雨留在枝叶上的余滴声，更衬出"森

---

① 森林实指博多湾海岸上的十里松原。

林中寥寂深深"。在这幽邃而又清新的自然境界中，诗人的感官变得更加灵敏，想象也更加奇丽。在平坦的仿佛云母铺就的白杨道上，诗人默默向海边徐行。沉浸于雨后雾月笼翠下的自然氛围之中，诗人不期而然地嗅到了一阵阵的暗香。这暗香沁人心脾，诗人仿佛觉得暗香在与他"亲吻"。这种通感（由嗅觉通联触觉）的效应即激发起诗人浪漫的想象，情不自禁地对天上的月亮诉说起来：

> 我身上觉着轻寒，
> 你偏那样地云衣重裹，
> 你团鸾无缺的明月哟，
> 请借件缟素的衣裳给我。

　　在地上徐行的诗人，从也许只是花草散发的暗香的刺激、诱发下开始了想象中的飞升——在精神的强力作用下，诗人开始了与雾月的独特的对话，同时，诗人的情感思绪也不自觉地进入了"月亮－女性"的文学原型或民族文化心理的积淀之中。

　　早在《诗经》中就已形成了"月亮－女性"的思维基型，并在文学中经常浮现出相应的文学意象。如《陈风·月出》曰："月出皎兮，佼人僚兮，舒窈纠兮，劳心悄兮。"这种"月"与"人"的意象沟通或以"月"喻"人"的"唯美"观念，对那位有时洒脱出尘的苏东坡也有明显影响。譬如在其《前赤壁赋》中，一开头就写道："诵明月之诗，歌窈窕之章"，临终又扣舷而歌"渺渺兮予怀，望美人兮天一方"。然而，值得注意的是，沫若在进入"月亮－女性"这一文学意象世界的时候，悄然隐去了"佼人"或"美人"的具象，但在心灵对话的层面上却保留了这种朦胧的联想。同时，我们还应注意，在进入这一文学意象世界时，沫若的心境似乎并不那么恬美或超脱，而是渗入了几分忧思，已觉着了几许"轻寒"，已难以全然成眠，故而诗人对那云衣重裹、团鸾无缺、雾帷深锁、渊默无声的月儿隐隐然有点责怨了。但这是在某种渴盼心理支配下的淡淡幽怨，更明显的则是祈生、是盼助："请借件缟素的衣裳给我"，"请提起幽渺的波音和我"。在这种情不自禁的祈盼之中，可以说既包含了那种"缟衣綦巾，聊乐我员"（《诗经·出其东门》）或如民歌中"月儿走，我也走……"的心理期待，同时又表达了圣洁而美好的普泛意义上的人生理想。

易言之，诗人由"暗香"引起了对"霁月"的奇丽想象。这想象有些类似于"云想衣裳花想容"（李白《清平调》），"当时明月在，曾照彩云归"（晏几道《临江仙》）之类的联想，但更有着沫若在清冷的人生际遇中对理想人生所怀有的深切期待。其中，尤能摇人心旌的是形似责怨或忧患而实为盼的对于爱与美的深情呼唤。如果将这首诗与他的《〈辛夷集〉小引》《新月与白云》等作品联系起来阅读，当会加深这方面的观感。

这首诗共四节，每节四行，完整而匀齐的形式以自足的形态表达了诗人海边观赏"霁月"的独特的审美感受。想象绮丽优美，意境幽深缈远，看似平凡清淡，实则深潜着某种隐隐的朦胧。从诗风上来说，是《女神》中"泰戈尔"式的风味小吃，但亦如泰氏《新月集》那样，余味无穷，暗香吻人，颇有"挡不住的诱惑"之魅力。其审美类型自然应归于含蓄的优美一路。幽渺诱人、清新隽永的"诗"与"月"的美，原本就是那"朦胧中的精灵"啊！

爱国与爱情的相互交织

——读《牧羊哀话》

　　郭沫若一生丰富多彩，仅在文学创作上也是个名副其实的多面手，诗歌、小说、戏剧、散文，样样拿得起、放得下，并能开辟路径，影响后世。在小说创作方面，自 1919 年发表《牧羊哀话》到 1947 年发表《地下的笑声》，亦有中短篇小说 40 余篇。郑伯奇在《中国新文学大系·小说三集》的导言中，曾将郭沫若及创造社的小说分为"寄托小说"与"身边小说"两大类，这里要评介的《牧羊哀话》，作为郭氏小说中的代表作之一，当属于"寄托小说"之列。

　　所谓"寄托小说"，即是"寄托古人或异域的事情来抒发自己的情感的"[①] 小说。所托之物虽远，而抒发之情却近，就出自作家自己的心中。《牧羊哀话》中着力写闵崇华与尹子英的爱国行为，着力写闵佩蘅与尹子英的恋恋衷情，并将二者水乳交融在一起，便是远远地借了朝鲜人的故事，来寄托自己生命体验中的交响曲——爱国与爱情的交织。

　　这篇小说的爱国主义意旨是非常鲜明的。正由于"爱国"，在黑暗势力的迫害下，小说中的李朝的子爵闵崇华才陷入了悲剧命运之中，并势不可免地影响到家庭及女儿的命运，于是才有了令人肝肠寸断的"牧羊哀话"。小说通过尹妈的回忆，追述了闵家由名门显宦之家堕入悲剧命运的故事。"只因当时朝里，出了一派奸臣，勾引外人结了甚么合邦条约。闵子爵一连奏了几本，请朝廷除佞安

---

　　① 郑伯奇：《〈中国新文学大系·小说三集〉导言》，载吴福辉编：《二十世纪中国小说理论资料》（第三卷），北京大学出版社 1997 年版，第 366 页。

邦，本本都不见批发。子爵见大势已去，不可挽回，便弃了官职携带一门上下，才从京城里迁徙而来。"①  到了山村之后，闵子爵的爱国之心仍使他不忘忧国，既寄希望于下一代（将尹子英视若己出，鼓励他习武，"望你早早成人，好替国家出力"），又为抒发忧虑和对日寇的愤慨，写下了一首《怨日行》，从诗题到内容都象征性地表达了他的爱国仇日的思想感情。正是这样一首对国家人民有着深情，对敌寇有着强烈愤怒的诗篇，直接导致了祸事的降临。祸事发生的直接凶手是闵子爵的继室李氏夫人和恶奴尹石虎（尹子英之父、尹妈之夫）。当李氏夫人发现闵子爵写有反诗时，即写信密约尹石虎黑夜进宅，里应外合暗杀闵崇华，然后再以《怨日行》诗稿向宪兵队报案，足以自赎。可巧尹子英拾到父亲不小心遗落的密信及诗稿，遂毅然决定冒险救护闵崇华父女，并试图吓退或挽救父亲，免他犯下"这样大不义的罪名"，但终被其父于夜中误杀。石虎知道误杀了自己的儿子，遂不知去向，李氏夫人见事败露而自杀。活着的闵子爵悲愤为僧，闵小姐每日牧羊，哀歌不绝，尹妈子丧夫遁，孤苦一人。小说展示的是一幕导源于"爱国有罪"的人间悲剧。

也许有人说李氏夫人是这幕惨剧的直接策划者，她指使尹石虎干这种事（谋杀亲夫），一定有其不可告人的"内因"，即她的犯罪动机绝不仅仅是为了向敌寇邀功，也不能说她曾在日本留学就是亲日派。小说对李氏夫人的动机虽未直接揭示，但也作了一些交代和暗示。从尹妈的介绍中，可知李氏夫人原亦是名门小姐，小时到日本留学，后又游历欧美的一些国家，在闵子爵未避居山村前经家庭主张成婚，并在上层社会如鱼得水，是"数一数二"的社交家。因此她很难甘于随夫遁世，久受山村之苦。她无疑是向往奢华贵族生活的女性，加之与丈夫的心思不同，夫妻关系定然不睦。在山村闭塞的环境中，她的欲望迫使她必然要走上邪途。她为何约尹石虎对自己丈夫及继女一网打尽呢？这从她给石虎的信中略有透露。密信首句云："十日不得见矣。"对一个家奴说这种查着日子盼见面的话，其中能没有奥妙吗？接下来信中写道："君可于今夜来寺，我在房中内

① 郭沫若：《牧羊哀话》，《新中国》，1919年第1卷第7期。

应……"显然李氏夫人与尹石虎早有瓜葛，早有预谋，只是借了"反诗"来充作杀人后"赎身的符箓"。据此可以说，奸情是李、尹二人犯罪的直接而主要的动机，这点是隐藏的，但也是相当重要的。可是这种家庭感情危机以及悲剧的发生，仍然是亡国现实促成的。如果子爵一直在京城，政治抱负可以实现，李氏夫人的社交愿望和虚荣心均能满足，也许她不会走到相约家奴来暗杀亲夫的邪路。从这里，我们可以看到作家并未直接写卖国政府与日寇的无能与凶残，但却通过这样一个家庭连着另一个家庭而发生的悲剧，深刻地揭露了丧国也就没有幸福的黑暗现实。

如果说这是从反面描写确证了爱国与爱情之间的必然联系，那么小说对尹子英与闵佩荑爱情的描写，则是从正面确证了爱国与爱情之间的必然联系。这对少年男女的纯洁恋情，是建立在青梅竹马的相知和共同眷恋故国的感情基础上的。他们都受到闵崇华子爵的深刻影响，年纪轻轻便深知爱国的重要，他们在艰苦的环境中努力学习本领，决心在长大后报效祖国。是共同的未来理想把两位少年男女的心紧紧地连在了一起。子英死后，佩荑接过牧羊鞭子，唱着哀切的牧羊曲，表达着对英郎的深切思恋以及悲不自胜的情怀。这思恋和悲哀都潜在地与他们曾共有的热爱祖国、憧憬幸福生活的感情婉曲相通。正是残酷的亡国现实，粉碎了他们美丽的少年之梦。他们的感情越纯真美好，被毁灭的痛楚就越强烈深刻，给读者的印象也越深切入微，这也是作家为何以重笔浓彩来渲染佩荑小姐牧羊哀曲的主要原因。

从作家自述的创作动机中，我们也可以看出创作主体的积极投入——将自己爱国与爱情的深切体验和感情，移诸作品的人物心中。他既要"借朝鲜为舞台，把排日的感情移到了朝鲜人的心里"[①]，又要将自己与安娜的热烈恋情移入作品，升华为生死不渝的誓语与情歌。他曾讲到自己因与安娜恋爱的发生，"作诗的欲望才认真地发了出来"[②]，而"《牧羊哀话》里面的几首牧羊歌，时期也相差不远"。在郭沫若的心域中，爱国与爱情是完全可以相通的，而不是矛盾的、不相容的。这正如他厌憎日本帝国主义势力但却热爱安娜姑娘一样，其实质都是对善与美的执着和追求。

---

① 郭沫若：《创造十年》，《郭沫若全集·文学编·卷12》，人民文学出版社1992年版，第62页。

② 郭沫若：《我的作诗的经过》，《文摘杂志》，1937年第1期。

《牧羊哀话》在艺术上虽不能说十分成功，但却不乏动人之处。首先是浪漫主义的抒情化风格，显示了郭沫若的生命本色。他善于想象，构思奇特。"我"到金刚山观景，正为天然之风景陶醉，却不意被哀婉凄凉的牧羊歌声所冲破，遂有哀话声声，使"我"了解到了"伤心国土"上发生的断肠故事。风景固美，而人世堪哀，传奇性的故事中却蕴有作家对现实的深刻把握，这就使小说的浪漫主义抒情格调变得沉郁有力，而不轻浮虚飘。其次是在小说中融汇了诗歌、散文（游记与抒情散文等）的成分，强化了小说的艺术效果。小说中的四首牧羊曲、一首《怨日行》，写景游记、书信与抒情等各种文字，既使小说带上了诗化小说的特征，显得诗意葱茏，又使小说带上了散文化小说的特征，显得自如飘逸。也许可以说郭沫若《牧羊哀话》并未提供成功的艺术典型，但却提供了现代抒情小说的新范式。再次，是作家的语言精妙、才情横溢。作为作者第一篇小说，叙述语言、描写语言相当简明精确；人物对话虽个性色彩不明显，但能够做到准确地传情达意；而抒情性话语，如小说结尾曰："似这样断肠的地方，伤心国土，谁有那铁石心肠，再能够多住片时半刻呢？"的确是意味深长。

下篇
读书、受教及其他

方法、爱好与心得

——论郭沫若的读书生活

郭沫若是一位文化名人，对中国的文化事业产生了巨大的影响。他才情横溢，一生与书结缘极深。本文即从郭沫若如何读书、好读何书以及谈读书心得出发，摄取其中的几个片段进行考察，探究读书生活对他的学术事业、爱情生活、政治生涯、个人命运带来的多方面影响，从而在一定程度上了解20世纪中国文化名人在思想、文化和学术风云中的变换历史。

一、细心辨真伪

细心辨真伪的功夫，来自广见博识，来自长期的潜心读书博学多思。郭沫若读书做学问尽管确有粗心失误的时候，但细心深究、明辨真伪、洞察是非的时候似更多。

1963年初，河南省博物馆收到商丘县城关镇古董商郝心佛寄来的一幅曹雪芹先生画像。画像系一册页，可对折成两扇，右扇画一位席地而坐的中年人，身着长衫，足蹬麻鞋，左腿平盘，右腿曲竖，左手支地，右手平抚右膝，显得风流儒雅、逸趣横生。画像左上方题曰："雪芹先生，洪才河泻，逸藻云翔。尹公望山时督两江，以通家之谊罗致幕府；案牍之暇，诗酒赓和，铿锵隽永。余私忱钦慕，爱作小照，绘其风信儒雅之致，以志雪鸿之迹尔。"画像的左扇是与曹家有世交的曾任两江总督的尹继善亲笔写的两首诗。诗云：

万里天空气沉寥，白门云树望中遥。

风流谁似题诗客，坐对青山想六朝。

久住江城别亦难，秋风送我整归鞍。

他时光景如相忆，好把新图一借看。

册页的背面写着一行小字："清代学者曹雪芹先生小照，藏园珍藏。"初看这幅"雪芹先生画像"，博物馆负责同志欣喜万分，当即决定破例给寄画人汇款 10 元人民币以表感谢——这在那个大公无私的年代已是很高的物质奖励了。

这幅"雪芹先生画像"很快引起了学界的高度注意。郭沫若也很快得知了有关消息，便给河南省博物馆写信，希望得到画像照片并借看原件，以便研究。当他收到画像时，立即着手从事仔细的甄别，为此还查读了有关的资料，费时近一个月，终于得出了自己的结论：这是一幅伪画，画中诗及题字露出了破绽。他在 1963 年 9 月 3 日给河南博物馆写的信中便简明地谈了自己的看法。信如下：

同志们：

寄来《雪芹画像》已接到，但不是曹雪芹而是俞雪芹。尹继善所题的诗，在《尹文端公诗集》卷九，题为《题俞楚江照》……俞楚江名瀚，绍兴布衣。能诗，善画，盖一多才多艺人也。

原画缓日即妥为奉还，虽非曹雪芹，原画亦可宝矣。

尹诗，由诗集中查出者，为丁聪、刘世德二同志。他们目前在曹雪芹逝世二百周年展览会中工作。

敬礼！

郭沫若

九月三日

当时，郭沫若为中国文化界的主要领导，日理万机，能挤出时间在他人协助下考辨一幅画的真伪，其工作精神确实令人钦佩。其耐心细心不仅体现在亲笔写信联系事情，还体现在翻阅资料、组织他人协助查阅等方面。精细的读者也会从郭沫若的上述信中看出，郭沫若在谈毕对画之真伪的意见之后，还特别提到了协助查阅资料的丁聪和刘世德，说明二者的贡献，毫无掠美之心。如此严谨求实、细心周到，恐怕很少有"领导者"能够企及。

在甄别这幅《雪芹先生画像》之真伪的过程中，郭沫若显然利用了他在诗文、书法等方面的丰富知识。他从画上的题字题诗中看出了问题，了解到尹继善（满洲黄旗人，字符长，号望山）的有关情况，遂按图索骥，查明了真相。

然而仍有人执信此画为曹雪芹像者，如红学专家周汝昌就一再撰文，确认此画是世上罕见的曹雪芹画像。争论仍在学界持续着，直到1979年，河南省博物馆与商丘文化馆联合组成了"雪芹先生画像"调查组，经过了四年的大量访查，终于查明此画具体作伪的经过，印证了郭沫若的判断是正确的。原来是郝心佛伙同朱聘之、陆润吾，题假字，盖假印，又改涂了原像的头部，使其合乎文献资料中记载的曹雪芹"头广而色黑"的特征。作伪后本欲寄往北京求售，但恐北京懂行的人多被识破，遂改寄河南省博物馆，于是引出了一段公案。幸赖郭沫若及早识破，未使伪画享受到本欲骗取的殊荣。

郭沫若读书多、识见广，这是他能够从事学术研究、文物考古的必要条件。赖此，他取得了许多有价值的成果。上述辨伪画一事，不过是其中并不怎样为人所知的一例而已。

二、区分宜于精度之书

1923年11月，郭沫若应一些朋友的建议，写了《雅言与自力——告读〈查拉图司屈拉〉的友人》一文，说："书有宜于精读的，有宜于浏览的。《查拉图司屈拉》便是前的一种。"[1] 为何要精读此书？因为这是西方重要思想家尼采的一部"心血和雅言的著作"，既凝结着尼采思想的精华，又出之以箴言警句式的语符，不精读便不能得其要领，不精读便不能体味"雅言"的力量。

要精读尼采的《查拉图司屈拉》（现通译为《查拉图斯特拉如是说》），对国内读者来说，自然需要好的翻译文本。郭沫若在1923年5月1日所写的《〈查拉图司屈拉之狮子吼〉译者识》中说："尼采的思想前几年早已影响模糊地宣传于国内，但是他的著作尚不曾有过一部整个的翻译。便是这部最有名的《查拉图司

---

[1] 郭沫若：《雅言与自力》，《创造周报》，1923年第30号。

屈拉》，虽然早有人登了几年的广告要移译他，但至今还不见有译书出来……"①
正是有鉴于此，郭沫若便立即着手翻译，每次译一两段在《创造周报》上发表。
在郭译之前，王国维、沈雁冰、鲁迅等人都有译尼采或评介尼采的文字，但均不
够完整。尤其是没有尼采的完整译本，使国人对关于尼采的评论言说也缺少必要
的印证。在这个意义上，郭沫若译尼采是有现实意义的。他希望有高水平的读
者，在读了他的译本后能受到刺激去直接阅读原文著作，"犹如见了一幅西湖的
照片生出直接去游览西湖的欲望"②。他还恳切地劝告读者，读尼采的书要不怕
难，尼采的书确实深奥难懂，犹如"连峰簇拥的险途"，读者要不怕这些险峻的
山峰，寻出路径，自己跋涉，循序渐进，坚忍耐劳，便可以踏破险途，到达目的
地，从尼采思想中汲取有益的启示。

　　尼采是个思想卓特怪异的大思想家，无论卓特处还是怪异处，都被不同的人
发挥着、利用着。他的思想精义主要为：其一是力主价值重估，宣称"上帝已
死"，对基督教及所有神学和僵化传统形成了巨大冲击；其二是权力意志论及相
应的超人哲学，在竭力张扬个性伟力的同时却引入了社会达尔文主义，在藐视上
帝及传统威权的同时，却有意无意间把"强者"当作了新的偶像，这就易于为目

的不同的人各取所需地利用。"五四"时期的郭沫
若出于更新自我、改造现实的强烈的愿望，对尼
采学说中重个性、疑传统及崇天才的诸多观点产
生了共鸣，这是他译介尼采的动机——他要将这
一打动了自己的学说介绍给更多的中国人。于是，
他兴致盎然地投入了翻译，尽管尼采的《查拉图
司屈拉》深邃而又有些晦涩，但其诗味的透入反
而帮助了本是诗人的郭沫若，使他能够接近带有
诗人气质的尼采，就像著名的文学评论家勃兰兑
斯接近尼采那样。郭沫若不仅以诗人的直觉去把
握尼采学说，而且还带着本民族文化中的某种先在的观念去理解尼采学说，使他
体味到中西文化自有相通之处的快慰。他在《论中德文化书》中即指出："……

---

① 郭沫若：《〈查拉图司屈拉之狮子吼〉译者识》，《创造周报》，1923 年第 1 号。
② 郭沫若：《雅言与自力》，《创造周报》，1923 年第 30 号。

老子与尼采相同之处，是他们两人同是反抗有神论的，同是反抗藩篱个性的既成道德，同是以个人为本位而力求积极发展。他们两人的缺点也相同，是为己多而为人少。"① 这种认识在他给宗白华的信中也有详细的表达。

正是由于郭沫若"精读"了尼采的《查拉图司屈拉》，并认识到了其特有的思想价值，才会以很大的热情从事该书的翻译。他开始每周翻译一篇，自己也感觉到翻译相当有趣。每译一篇之后，便在《创造周报》上发表一篇，半年后便译完了该书的第一部以及第二部的一小部分。第一部共 22 节，后曾结集由上海创造社出版部出版，书名为《查拉图司屈拉钞》。第二部仅译了一小部分便没有译下去，原因一直未明。到了 1937 年郭沫若写《创造十年续篇》才作了这样的解释：

> 我在《周报》上译《如是说》，起初每礼拜译一篇，译的相当有趣，而反响却是寂寥。偶尔在朋友间扣问，都说难懂。因此，便把译的勇气渐渐失掉了。早晓得还有良才夫人那样表着同情的人，我真是不应该把那项工作中止了。②

无论是创作还是翻译，都希望得到读者的欢迎，否则便会感到兴味索然、难乎为继。郭沫若在译《查拉图司屈拉》时便碰到了这种情形。反响的"寂寥"对他的翻译热情显然产生了很大的影响，当他主动询问朋友并得到"难懂"的回答时，我们也可以想见他的尴尬。当时的他不可能遇到在乡下小学任教的严良才女友那样的知音。知音难得，但这是后话了。所以郭沫若中止了《查拉图司屈拉》的翻译，这也表明了他的"读者意识"的强烈。当然，中止此项翻译也有良才夫人揣测的"思想变了"的原因。1958 年 11 月 21 日，郭沫若为《雅言与自力》写的"附记"，便明确说明了这点：

> 《查拉图司屈拉》结果没有译下去，我事实上是"拒绝"了它。中国革命运动逐步高涨，把我向上看的眼睛拉到向下看，使我和尼采发生了很大的

---

① 郭沫若：《论中德文化书》，《创造周报》，1923 年第 5 号。

② 郭沫若：《创造十年续篇》，《郭沫若全集·文学编·卷 15》，人民文学出版社 1992 年版，第 287 页。

距离。鲁迅曾译此书的序言而没有译出全书，恐怕也是出于同一理由。①

从上述的情形可以看出，郭沫若实际经历了一个从接受尼采到拒绝尼采、从精读尼采到弃读尼采的过程。这个过程也是"五四"那一代人中的一些"精英"所经历的心路历程。然而既经"精读"，汲取过尼采的思想营养，那么就很难完全斩断与尼采的精神联系，郭沫若的个性意识和叛逆精神等，实际是接受了尼采精神的影响的。

耐人寻味的是，曾被中国人普遍"拒绝"的尼采在 20 世纪 80 年代又"卷土重来"，在"新时期"受到了更多的中国读者的欢迎，其中能够"精读"尼采的人也多了起来。此时，记取郭沫若于《雅言与自力》一文中的告诫应是有益的——

读一切深邃的书都应该如是：

第一，要用自己的能力去理解；

第二，要用自己的能力去批评。

三、读日本文学

到日本留学，使学医的郭沫若也得到了亲近日本文学的机会。

有岛武郎，是他爱读的一个作家。据郭沫若在《创造十年》中介绍，在 1919 年秋，他于无意间购读了有岛武郎写的传记作品《叛逆者》，其中介绍了三位艺术家，一是法国的雕刻家罗丹（Rodin），二是法国画家米勒（Millet），三是美国诗人惠特曼（Whitman）。当时的郭沫若已经诗意盈怀，不断地写新诗向宗白华编的《学灯》投稿，所以便将介绍诗人惠特曼的部分细细地读过，一读便深深地喜爱起来，觉得惠特曼的诗歌很有气势和情味。于是便去找读惠特曼的代表诗集《草叶集》，读后益发感到惠特曼的诗风与"五四"的狂飙突进的时代精神十分合拍，自己也情不自禁地为他那雄浑豪放、宏朗畅快的旋律所激动，以至自己"开

---

① 郭沫若：《雅言与自力》，《创造周报》，1923 年第 30 号。

了闸的作诗欲又受到了一阵暴风雨般的煽动"①，几乎每天都有强烈的诗兴袭来，他写出了《凤凰涅槃》《晨安》《地球，我的母亲》《匪徒颂》等一系列"惠特曼式"的诗，郭沫若的诗兴由此达到了"狂溢"的巅峰！

这在一定意义上讲，恰是有岛武郎之赐，是他将惠特曼介绍给了郭沫若。

1920 年 3 月 6 日，郭沫若在写给田汉的长信中，又详述了他购读有岛武郎的"三部曲"的情形。他说："我最喜欢他那《Samson 与 Delilah》（《参孙与德利拉》）的一篇——我昨晚写至此处，我又把有岛氏的原作来细细地读了一遍。我看他这的确是一篇象征剧。"②接下来便对这个剧作进行了相当详细的介绍和评论，同时还对有岛武郎的创作心理给予了分析。从这里既可以看出当时的郭沫若的兴趣爱好，又可以看出他急于邀朋友共赏佳作的心情。

郭沫若曾在致宗白华的信中谈到"在日本留学，读的是西洋书，受的是东洋气"③，这话诚有几分真实，但情形并非完全如此。从他读有岛武郎作品的入神、激动的情况看，他受益于日本文学亦不菲薄。他如静下心来，倒应该向"日本书"或"东洋书"道一声感谢的。何况，他读到的日本文学作品也绝不限于少数几位日本作家的作品。他曾于 1934 年选译了《日本短篇小说集》（署名高汝鸿选译），其中收入了芥川龙之介的《南京之基督》《蜜柑》，志贺直哉的《真鹤》《正义派》，葛西善藏的《马粪石》，小林多喜二的《"替市民"》，横光利一的《现眼的虱子》《拿破仑与疥癣》，德永直的《"抹杀"不了的情景》，贵司山治的《贞淑的妻》等十五位作家的十九篇小说，体现了他对日本小说创作的深入了解。他所涉读的范围显然不局限于已选译的作家作品，他甚至为此还阅读了论述日本文化的不少论著。从郭沫若为此译作写的"序"中，便可以清晰地看到，他诚为一个"日本通"。他首先对日本近半个世纪的飞速发展进行了评说。他认为，欧美演进了两三百年间的历程，日本在五十年间便追赶了上来，后来者居上，"的确是占了便宜"。因为有欧美人的示例在先，后来者可以少走许多弯路。日本的近代文

———————————

① 郭沫若：《我的作诗的经过》，《质文》，1936 年第 2 卷第 2 期。
② 郭沫若：《三叶集》，《郭沫若全集·文学编·卷15》，人民文学出版社 1992 年版，第 102 页。
③ 郭沫若：《三叶集》，《郭沫若全集·文学编·卷15》，人民文学出版社 1992 年版，第 140 页。

艺与其社会的整体进步一样，同一是在飞跃。其次，郭沫若对日本的近现代文艺的发展也给予了精要的评说。他认为，日本近现代文艺在质和量上都有令人惊异的发展，旧式的文体很快隐退，出现了新的样式，特别是短篇小说，确有些巧妙的成果，其中有好些已达到了欧美一些大作家的作品的水准。面对众多的小说佳作，作为选译者的郭沫若力求选译那些有代表性的作品，同时多介绍几位作家，多介绍一些作品，在有限的字数内，选一些精短佳作。有些在日本文坛上很有代表性的作家只因没有相当的短篇而付之阙如，这是遗憾的，但郭沫若强调说："自己在选和译上，对于作者和读者是十二分地负着责任的。"①

从郭沫若熟悉的外文语种来说，他最精通的外文无疑是日语，他所熟读的文化书籍除中文本之外，最多的亦当为日文本。借此，他对日本文化以及中日文化交流史都有相当深入的了解，加之他与日本的情缘、书缘都非常幽深长久，所以在新中国成立后，郭沫若以文化使者的身份访问了日本，又担当了中日友好协会的名誉会长，为中日友谊的巩固做了不少有益的工作。为此还写下了不少"中日友谊诗"，其中不乏佳句，如："鉴真盲目犹航海，阿倍遗骸尚在田"（《赠日本话剧团》）、"此来收获将何有？永不愿操同室戈"（《归途在东海道车中》）、"晨辉一片殷勤意，泯却无边恩与仇"（《宿春帆楼》）、"黄河之水通江户，珠穆峰连富士山"（《〈人民中国〉日文版创刊20周年》）。咏此佳句，遥思20世纪的中日友好使者之一的郭沫若，作为年轻的一代炎黄子孙，会有怎样的感想呢？

1936年5月，郭沫若曾应日本《文艺》杂志编辑部约稿，写《我的母国——作为日本文学课题》，指出：现实的中国对于有才能的作家，诚是一个伟大的课题；日本作家想写现实的中国，可以丰富日本文学和世界文学；日本作家应加深对中国的体验，这是创作的第一条件。②事实上，郭沫若确实指出了要害，也表达了最深切的一种期盼。反之，中国作家也应将日本作为"伟大的课题"，熟悉日本，写好日本。迄今为止，这种突破国门局限的"国际题材"创作，还少见非常成功的作品，有志于此的作家应当做出更大的努力。

顺便指出，郭沫若与日本文化、日本文学有着非常深切而又直接的关系，他在日本生活的时间仅次于他在中国生活的时间，从1914到1937年，他大部分的

---

① ［日］芥川龙之介等著，高汝鸿译：《日本短篇小说集·译者序》，商务出版社1935年版。
② 详参郭沫若：《我的母国——作为日本文学课题》，《文学丛报》，1936年第1—5期。

时间都在日本度过。在这期间他对日本文化、日本文学的各个方面都有广泛的接触，这应是可以理解的。比如他对日本诗歌（包括和歌、俳句等）、日本小说（尤其是日本白桦派的私小说）、日本文论（尤其是"物哀"的审美观、白桦派的浪漫主义、藏原惟人的新写实主义）以及日本历史文化的接触了解，就对他的诗歌、小说创作以及思想倾向产生了不可忽视的影响。但要"坐实"这些影响的存在，恐怕不能停留在浮泛的"相似"比较，而要从郭沫若的实际阅读活动、思维活动中去深入发掘。在这方面，也尤其希望能够有日本学者的卓有成效的研究与贡献。

四、亲近苏俄文学

与苏俄文学的亲缘关系，曾是中国现代作家显其"特色"的一个重要方面，而这亲缘关系的建立，自然少不了"书"的作用。

郭沫若就是通过苏俄的书籍，深入地了解了苏俄文学。在诗歌方面，他在20年代后期曾与李一氓合译了《新俄诗选》，介绍了许多苏俄诗人，不过，他特别喜爱的俄罗斯诗人是普希金，既读其诗，受其影响，又宣扬普希金，乐于将普希金及其作品介绍给更多的读者。

比如，1947年是俄国大诗人普希金逝世110周年，戈宝权编《普希金文集》以示纪念，请郭沫若为这本书的封面题字并担任文集编委会的名誉顾问，还请他为普希金的纪念日写了题词。郭沫若都欣然应允，其题词的内容如下：

> 普希金是人民诗人的伟大的先驱。他以献身的热情歌颂人民，唤醒人民，而反对封建思想和专制暴政，终于遭受牺牲。不仅他的灿烂的诗章是世人的瑰宝，他那公正而勇敢的生活态度是我辈做人之模范。[①]

在纪念普希金逝世110周年大会上，郭沫若还在会场内外紧张的气氛下，作了题为"向普希金看齐！"的演讲，号召人们要像普希金那样反对专制暴政。为了表示友谊，郭沫若曾将自己珍藏的十月革命以前出版的插图本普希金的小说

---

① 此题词当时未发表。见戈宝权：《谈郭沫若与外国文学的问题》，《郭沫若研究论集》，四川人民出版社1980年版，第303页。

《黑桃皇后》送给了戈宝权，这使得这位素以翻译、研究苏俄文学著称的学者非常感动。另有一件事也使戈宝权终生难忘，是送他《马雅可夫斯基全集》。原来，郭沫若1945年去苏联时，路经昆明，当时闻一多还健在，听说郭沫若去苏联，便请他在访苏时为他找一本马氏的诗集带回来。郭沫若在莫斯科参观马雅可夫斯基故居纪念馆时，向负责人提出了这个要求，纪念馆的同志很慷慨，将几卷当时尚未出齐的《马雅可夫斯基全集》送给郭沫若。郭将书带回国时，闻一多不幸被暗杀了，于是，郭沫若便将书送给了戈宝权。戈后来补齐了这套书，并参考这一版本翻译了《马雅可夫斯基全集》。在戈宝权看来，这套全集很珍贵，一来这是郭老送他的，二来它们原本是闻一多要的书，其中包涵着值得纪念的东西。

郭沫若对苏俄文学中的小说家也有相当浓厚的兴趣。他在日本留学期间就读过高尔基、陀思妥耶夫斯基、屠格涅夫等人的小说，后来阅读面更有扩大，还投入了很大的精力翻译了屠格涅夫的《新时代》（即《处女地》）、托尔斯泰的《战争与和平》等长篇小说，还为李虹霓译《开拓了的处女地》（肖洛霍夫）作序予以介绍。不过，就其接触的时间之早和影响之深而言，还是高尔基之于郭沫若显得更重要一些。

在日本留学时，郭沫若和安娜同居，过着非常贫寒的日子，经济上很紧张，他便偷空去给人教汉语，挣点小钱贴补家用。有一天忍不住进了书店，反复掂量后买了一本高尔基的《我的童年》的英译本，他对此书产生了强烈的兴趣，即使回到家中与安娜产生了不愉快，还是默默地走到书桌边翻开《我的童年》便读。后来，郭沫若又断断续续地读了高尔基的不少作品，他在《人文界的日蚀》一文中说他曾"于英文中读过他的《幼年时代》，于德文中读过他的《放浪者》，于日文中读过他的《夜店》"[①]。在大革命失败后，郭沫若蛰居上海，他集中阅读了高尔基的作品，对其自传、写实性的作品尤表欣赏。此后不久，郭沫若也便投入到了自传的写作，陆续写出了《我的童年》《反正前后》《初出夔门》和《创造十年》等作品，将个人命运与时代生活紧密结合，既真切地显示了本人的成长历史，又如实地展示了大时代的政

---

① 郭沫若：《人文界的日蚀》，《质文》，1936年第2卷第1期。

治风云和文化运动，其中涵容了丰富的人性内容和时代内容。这种创作取向上的选择，应该说受到了高尔基的影响，据郭沫若回忆，他还差一点去了苏联，并有可能与高尔基进行合作呢。他说："那是 1929 年，高尔基有意把 1927 年前后的中国革命写成一部小说，希望有中国同志合作，朋友们推荐我去。然而终因种种的羁绊，没有达到这个目的。高尔基的那个意趣，似乎一直没有表达出来。"① 1928 年 12 月上旬，周恩来等人已安排好郭沫若一家搭乘苏联撤回领事馆人员的轮船赴苏，不意郭沫若大病一场，误了这次机会，后来便到了日本。此后虽仍有意往苏联，终因"羁绊"太多未能成行。尽管当年郭沫若未能到苏联，未能面见高尔基，但他与苏联、与高尔基的精神联系却非常紧密。这种精神联系早在他转向革命、向往无产阶级革命时就已经初步建立起来了。他在 1923 年 9 月写的《艺术家与革命家》一文，甚至不无夸张地说："俄国的革命一半成功于文艺家的宣传。"② 由此可见他对苏俄革命文学的高度重视。他在一系列谈论革命文学的文章或讲演中，都少不了对苏俄革命文学的介绍，或以其作为背景材料有助于他对革命文学的思考。不过，直到高尔基逝世之前，郭沫若都很少提及他。在日本流亡期间限于主客观条件，也仅读过一些日文译的高尔基的《文学论》。1936 年 6 月 18 日，高尔基去世时，郭沫若尚在日本。当时在日本出的华文刊物《质文》要出悼念高尔基的专号，郭沫若给予了大力的支持。当几位办刊的年轻人到郭家请教时，郭沫若对高尔基给予了崇高的评价，他说："高尔基继往开来，真是一代巨人。"③ 不仅肯定了其小说创作在无产阶级文学史上的重要地位，而且对其文学论文，也多有称扬，认为是实际创作经验的总结，站得高，看得远。郭沫若为悼念高尔基，除了参加一些社会性的悼念活动之外，还在《质文》上发表了《人文界的日蚀——纪念高尔基》，并为杨凡所译高尔基《文学论》写了序言，此后又在鲁迅逝世时，将悼念二位革命文学大师的痛切之情凝成为这样一副对联：

方悬四月叠坠双星东亚西欧同殒泪
钦诵二心憾无一面南天北地遍招魂

---

① 郭沫若：《人文界的日蚀》，《质文》，1936 年第 2 卷第 1 期。
② 郭沫若：《艺术家与革命家》，《创造周报》，1923 年第 18 号。
③ 臧运远：《东京初访郭老》，载新华月报资料室编：《悼念郭老》，生活·读书·新知三联书店 1979 年版，第 217 页。

郭沫若还作《纪念高尔基》《纪念高尔基·二》等诗，表达自己的哀思。在抗战期间的一年一度的纪念高尔基的活动中，郭沫若也都积极参与，时或演讲，鼓励大家学习高尔基、继承和完成高尔基未竟的事业；他有时还爱在纪念大会等公开场合，激情洋溢地朗诵高尔基的《海燕》《鹰之歌》等佳作，感动了许多与会的听众。为了宣传高尔基，1945 年，其时担任中苏文化协会研究委员会主任的郭沫若，还约请几个人合译了《高尔基传》，并为该书撰写了序言。

亲近苏俄，是中国 20 世纪曾走过的一条情感之路和现实之路，表现在文学上亦非常显著。郭沫若在这方面或可视为有代表性的一个人物。他的亲近苏俄，除了阅读上的亲近，还有现实中的亲近：他也确曾几次到过苏联，记录下了许多真切的感受。

历史确实曲折复杂，当年的亲近苏俄亦曾显得很时髦、很"先锋"，少有人能明察历史中隐含的过量的沉重。郭沫若从苏俄文学中读出了痛苦和革命，遗憾的是，他却未及读出这份沉重，便去另一个世界与高尔基会面去了。

五、嗜读鲁迅

按某种教科书式的说法，鲁迅和郭沫若是文化战线上的两面"旗帜"，虽略有时序上的差别，但那旗帜的颜色似乎没什么大的差别。说起来，这两面旗的关系实在有些复杂，鲁迅眼中的郭沫若，郭沫若眼中的鲁迅，在不同时期不同情境之中也有"变色"的现象，有陌生，有隔膜，有接触，有友好，有相讥，有互助，甚至也有过分的批判和赞美。从郭沫若这方面说，他对鲁迅的了解和认识，是与他读鲁迅作品的过程相一致的，读得比较多了，了解和认识也便逐渐加深，虽然其间误读时或发生，但总的情形是：只有认真地读鲁迅，才能了解和认识鲁迅；做不到，便只能触及"鲁迅"的皮毛。

郭沫若在日本留学期间便读过鲁迅的作品，那是在 1920 年，郭读到了鲁迅的《头发的故事》，"铭感很深"；1923 年秋，他读到了《呐喊》小说集，虽然"只读了三分之一的光景便搁置了"[①]，但印象毕竟还是有的。郭沫若曾回忆说，在《呐喊》初出版时，"我曾请泰东书局买过一本（当时我寄居在泰东的编辑

----

① 郭沫若：《鲁迅与王国维》，《文艺复兴》，1946 年第 2 卷第 3 期。

处）。有一天礼拜日我带着孩子们到吉司菲尔公园时，是带着《呐喊》同去的。我睡在草地上从前面翻读起，读了三分之一的光景，我得的印象依然还是与前几年读《头发的故事》时是一样。但终因和自己的趣味有点反驳了的原故，所以读了三分之一之后，终竟没有读完"①。不仅有印象，而且连当时在何地何时何种情形下读的，都记得清清楚楚，这很可贵，但他在那样消闲的心境下读《呐喊》，读不进去自然也是可以理解的。接下来，郭沫若仍偶读鲁迅，有时大概也是为了笔战的需要。直到鲁迅逝世之后，郭沫若才逐渐调整了原本有些傲慢的复杂心态，较多地读了鲁迅的作品。他在 1940 年 12 月 18 日写的《庄子与鲁迅》一文中介绍说："最近我又借了一部《鲁迅全集》来，偷着余闲，将把除掉翻译之外的前七册读了一遍。"② 并做了较详细的笔记，既为其研究鲁迅的文章提供材料，甚至也发现了鲁迅作品中语词运用上的欠妥之处③，但这样相当精心的阅读恰恰表明了此时郭沫若对鲁迅的敬重，与他化名杜荃猛批鲁迅时的情形大不一样了。他曾在《文艺战线上的封建余孽》中说鲁迅是"封建余孽""二重的反革命"和"Fascist（法西斯蒂）"，④ 不管是出于什么心理什么情绪，这么说鲁迅都带有全盘否定的意味，其不妥之处是显而易见的。

通过对鲁迅作品的阅读，以及对那些研究鲁迅的论著的阅读，郭沫若心目中的鲁迅已从暗影中走出，反转成了"精神上的灯塔"⑤。郭沫若到底还是诗人，激情袭来，赞美的语词便会喷薄而出，比如"大哉鲁迅！鲁迅之前未有鲁迅，鲁迅之后有无数鲁迅！"⑥"鲁迅先生无心作诗人，偶有所作，每臻绝唱。……鲁迅先生无心作书家，所遗手迹，自成风格。……远逾宋唐，直攀魏晋。世人宝之，非因人而贵也"⑦，鲁迅"是革命的思想家，是划时代的文艺作家，是实事求是的历史学家，是以身作则的教育家，是渴望人类解放的国际主义者"⑧，如此这般的阐扬和赞美，后来在郭沫若那里几乎成了每年一度要变调处理的公文或报告，在这

---

① 郭沫若：《眼中钉》，《拓荒者》，1930 年第 4、5 期合刊。
② 郭沫若：《庄子与鲁迅》，《中苏文华》（重庆），1941 年第 8 卷 3、4 期合刊。
③ 如《故乡》结尾的"辛苦恣睢"，参见张恩和：《郭沫若对鲁迅运用语言的一个批评》，《鲁迅研究月刊》，1985 年第 7 期。
④ 参见杜荃：《文艺战线上的封建余孽》，《创造月刊》，1928 年第 2 卷第 1 期。
⑤ 郭沫若：《鲁迅和我们同在》，《文汇报》（上海），1946 年 10 月 20 日。
⑥ 郭沫若：《民族的杰作》，《质文》，1936 年第 2 卷第 2 期。
⑦ 郭沫若：《〈鲁迅诗稿〉序》，《人民日报》，1961 年 9 月 18 日。
⑧ 郭沫若：《体现自我牺牲的精神》，《人民日报》，1956 年 10 月 20 日。

种情形下，人们似乎也有理由怀疑，走向晚年的郭沫若是否还在用心读鲁迅呢？

如果用心读了鲁迅，他会那样爱唱赞歌吗？他会对领袖及"文革"中弄权的江青同样用语言去"献媚"吗？

总之，郭沫若读过或比较精心地读过鲁迅，但他终究并未真正充分地理解鲁迅，在心中亦未亲密无间地接受鲁迅，所以在鲁迅之后的郭沫若，不是"鲁迅"，而是郭沫若自己。

六、研读《史记》

人称郭沫若是历史学家、史剧作家，这似乎正应了有人提倡的"作家学者化"。郭沫若一生除了以诗人名世，还以史剧作家名世。他的历史剧创作，尤其是 20 世纪 40 年代以《屈原》为代表的六大历史剧，形成了他创作上的又一高峰。从这些历史剧的选材上看，有一个非常重要的题材来源，这就是太史公司马迁的《史记》。

沫若青少年时期就喜读《史记》，不仅多次通读全书，而且有些精彩部分甚至熟读成诵，记忆和理解都非常深切。在他早期从事戏剧创作的时候，第一篇的试作为《棠棣之花》，虽在艺术形式上颇受歌德、莎士比亚的启发，但在题材的选择以及深层的文化心理上，却与太史公司马迁大有关联。他曾自述，他在很小的时候便对聂嫈和聂政姐弟的故事发生了同情。《史记》的《刺客列传》，特别是聂政的故事，在旧时的古文读本上大都选录着，传播非常广泛，甚至深入民间，成为妇孺皆知的民间故事。一开始构思《棠棣之花》，严格依循《史记·刺客列传》，从严仲子访问写起，直写到聂政声名表露为止，共分十幕，包括"屠狗""别墓""邂逅""密谋""行刺""诀夫""误会""闻耗""哭尸""表扬"。后来因发现（或不情愿如此）聂嫈嫁夫可能是司马迁的"画蛇添足"，未能完成这最初的构思，只将已写成的两幕先期发表了。后来在《三个叛逆的女性》中又专写了《聂嫈》一剧，作为《棠棣之花》的续篇，主要描写聂政刺杀韩相侠累后，其姐聂嫈为传扬聂政的侠情义气，挺身赴韩市，哭尸认尸而后刎颈自杀，非常悲壮感人。尽管郭沫若出于史剧创作的"失事求似"的原则，并不严格依循司马迁提供的史实去处理剧情，艺术想象和现实需要常常使他独辟蹊径、别出心裁，构拟出司马迁《史记》或其他典籍中未曾有的情节，但是，从精神文化传统上，仍然不难看出郭沫若对太史公司马迁"良史"精神和"反抗"精神的继承与发展。同时，在守护中国传统文化价值观中那些"正义"的人生信念方面，郭沫若也显示出了他与太史公的相通相续。

到了 20 世纪 40 年代，郭沫若除了完成了久已想写的史剧《棠棣之花》之外，又写出了《屈原》（1942）、《虎符》（1942）、《筑》（即《高渐离》，1942）、《孔雀胆》（1942）、《南冠草》（1943）等史剧作品，虽然创作本意是要使这些作品成为"献给现实的蟠桃"，但也正是出于"现实"的原因，郭沫若仍不得不多多向太史公司马迁等古代史学家求援，借得古代材料，来暗示古今相通相似的某些方面，达到"鉴今"的目的。

为了写好《屈原》等史剧，郭沫若又精读了《史记》等历史著作，钻研考据有如学者，虚构完形有如诗人，求实的严谨和想象的激情在这里既有矛盾的一面，也有紧密结合的一面。所构思的剧情人物有相当一部分得自《史记》的记载或启迪。不仅重点参考了《史记·屈原贾生列传》，而且还参考了《史记》的其他部分。比如《史记》的《项羽本纪》《张仪列传》等。有的地方自然与《史记》明显不一致，但大多也经过了仔细的斟酌思考。郭沫若在《写完五幕剧〈屈原〉之后》一文中曾介绍了一个这样的情节变化："依据《史记》，在怀王时谗屈原的是上官大夫靳尚，但我把主要的责任嫁到郑袖身上去了。这虽然也是想当然的揣测，但恐怕是最近乎事实的……"[1] 如从创作心境上看，太史公司马迁在受腐刑后发愤著书的那种心态，与郭沫若当时发愤著书的心态也有相通之处。[2] 当时郭沫若所处的政治环境实际相当险恶：中日战争达到胶着艰苦阶段，国共两党斗争时趋激烈，而郭沫若的经济生活状况也相当糟糕。当时他及全家共六口人住在重庆天官府四号，小楼的三层的狭窄房间中陈放着粗陋的家具，陋室中不可或缺的书柜居然是用四个破木箱垒起来的。就在各种沉重的精神压力下，郭沫若忘我地

---

① 郭沫若：《写完五幕剧〈屈原〉之后》，《中央日报（副刊）》，1942 年 2 月 8 日。

② 详见郭沫若历史小说《司马迁发愤》，初发表于 1936 年 6 月 5 日上海《文学界》月刊创刊号，收入《豕蹄》，上海不二书店 1936 年 10 月初版，1957 年经作者修订编入《沫若文集》第 5 卷《豕蹄》。

投入到《屈原》等历史剧的写作中，还写了其他许多诗文以及《十批判书》等学术著作。条件艰苦、心境苦涩之中能够创造出精妙的作品，蚌病成珠，诗穷而后工，说的就是这种情形。

在史剧创作中，郭沫若得益于他对《史记》等历史著作的研读，在他的《中国古代社会研究》《十批判书》等史学著作中，同样显示出他对《史记》等历史著作精心研读的丰富收获。郭沫若留学日本的同学钱潮先生曾回忆，郭沫若"对司马迁《史记》中主要人物，能栩栩如生地描述，其中对屈原的行径，寄以无限的钦仰，常以此自喻"①。从某种意义上，也可以说，郭沫若以其成功的史剧创作及史学成果，使他成了中国 20 世纪的"太史公"。他的长篇自传，透现出时代的光影；他的诗文、小说，记录了中国人的"人之觉醒"的精神历程；他的学术研究，深入到了历史文化的许多方面；他的历史剧创作，沟通古今，昭示着民族与个人的命运。

也正是由于对《史记》的喜爱，郭沫若对太史公司马迁相当崇敬，对他的生平事迹也予以关切和考证。他曾写有《关于司马迁之死》《〈太史公行年考〉有问题》等文，其中指出："这位伟大的历史家在既受宫刑之后，又得到不自然的死，是愈益足以增加我们的景仰和惋惜的。关于司马迁下狱死事，前人多不相信；但从种种材料看来，没有坚实的理由可以完全加以否认。"② 从这里不仅表现出了郭沫若治学细心严谨的一面，而且尤其重要的是表现出了他对太史公司马迁的那份令人感动的关切与敬仰之情。当有人写信询问司马迁是否也是"档案工作者"时，郭沫若依凭自己广泛的阅读所获得的知识，很热情地复信作答，说："我的看法，偏向于司马迁曾是一位档案工作者"，"他除手中所有的档案之外，还去检阅旧档案"，"但以太史公而兼管档案，在汉是以司马迁之死而告终的"。③ 即或对如此具体的问题所给予的回答，也很能见出郭沫若对司马迁的熟悉，相关的研读则远远超出了《史记》本文。也正是出于对太史公司马迁由衷的敬仰，他在《题司马迁墓》诗中，写下了这样的诗句：

① 钱潮口述，盛巽昌整理：《回忆郭沫若在日本的学习生活》，载王训昭《郭沫若研究资料》，中国社会科学出版社 1986 年版，第 532 页
② 郭沫若：《关于司马迁之死》，《历史研究》，1956 年第 4 期。
③ 郭沫若：《郭沫若同志给曾三同志的信》，《档案工作》，1980 年第 3 期。

龙门有灵秀，钟毓人中龙。

学识空前古，文章百代雄。

怜才膺斧钺，吐气作霓虹。

功业追尼父，千秋太史公。

七、谈读书

1948 年 8 月 9 日，其时尚在香港的郭沫若应报刊编辑之约，写了一篇题为"我的读书经验"的文章，发表在 1948 年 8 月 19 日的《华侨日报》上。这是当时年届五十七岁的郭沫若对自己读书经验的总结，旨在对读者（尤其是青年学子）能有一些参考的作用。

郭沫若认为，读书的目的不同，读书的方法也就会有所不同。为学习而读书，意在习得技艺本领等，教科书便不能不读，不读便不能毕业。此间相对自由的阅读也是广义的学习，对提高素质有帮助，这时就要很好地利用图书馆；为研究而读书，是治学性质的读书，对相关的图书资料应尽可能地全都搜罗起来读熟读透，应有耐心，即使不喜欢的东西但对研究有用，也要翻来覆去地读，这样方能有周详恰当的看法，形成观点，推出成果；为创作而读书，则要求广泛地阅读古今中外的一些名家名作，既了解名作之妙，又了解作家创作的情况，对著名作品的深入阅读，往往可以触动自己的创作灵感，并从中汲取许多有益的启示；为愉悦而读书，即带有消闲性的读书，那些文体轻松的书、插图多的书等，闲暇时读来确可以使人忘却疲劳而增进兴趣，但要警惕不良的书；为教育而读书，是教师职业上的一种要求，不仅要为准备讲义而"渔猎"，而且还要研究问题，尤其是大学教授们的为教育而读书，便不能满足于传达已知，也要谋求学术上的"精进"。

郭沫若在许多场合或文章中都经常谈到读书问题，有时还会与他人的读书观点发生龃龉，比如他与林语堂的一次"冲撞"便是一例。

1944 年林语堂从美国返回国内，年底曾应重庆中央大学之请去做了题为"论东西文化与心理建设"的演讲，其中谈到"读中国书"的问题，说了这么一段：

现在中国思想是在紊乱状态，对本国文化也难有真知灼见的认识，但没有真知灼见的认识，对本国的信心就不能建立。举一个例，以前鲁迅说中国书看得教人昏睡，外国书看了就抖擞精神。左派作家说中国书有毒，《三国》《水浒》忠孝节义的话都有毒，一味抹杀固有文化的理论，这种愤激之论，不能指为认识，只能称为迎合青年心理。何以言之？今天青年或者未读古书，于心有疚；你告诉他，古书读不得，因为有毒，岂不是使青年对自己说："幸我未读古书，幸哉我未中毒！孔孟读也未？未也。于是恭喜！①

林语堂的演讲词发表后，说好说坏的都有，尤其是其中谈读书的意见，有人称切中时弊，有人称"老调子还没唱完"。在批评林氏的人中，郭沫若又打了头阵。他批评林语堂叫青年读古书，自己却连《易经》也看不懂，而英语也不好，等。这批评自然惹恼了林氏。林氏在记者采访时说："郭沫若的文章，根本是歪曲的，漫骂的。他们那般人，天天劝青年不要读古书，说古书有毒……其实他们还不是天天看线装书么？……至于读《易经》，郭沫若也是读的，我林语堂也是读的。我林语堂读了不敢说懂，郭沫若读了却偏说懂，我与他的分别是这一点。"②

据实来讲，在要求社会向现代转型的过程中，在某些阶段应大力提倡"拿来主义"，引导青年及广大读者多涉猎外国先进文化；在某些阶段则应竭力弘扬中国文化的优良传统，引导青年及广大读者多了解本国固有的文化遗产。这大约是历史转型期的必然现象，无须惊诧的。自然这种因时因地因人而各有侧重的读书主张并非"理想"，看上去总好像有些偏颇有些极端有些不如人意。从理论上讲，应该强调既多读外国书也多读中国书，"两读"都要多，都要好，中外融通，别出新机，岂不最妙、最好？然而事实上这很难同步达到，抑或要求同一个人达到。在比较宽松的文化氛围中，则多读外国书或多读中国书，莫不成宜，互补互助，共存共荣，则于国于家、于人于己幸甚矣！

从这种意义上来看郭沫若、林语堂的读书主张，则不必扬此抑彼；对二人在情绪激动中的相互指责甚至是对骂，也可以"悠然付一笑"了。

---

① 林语堂：《论东西文化与心理建设》，《天下文章》，1944 年第 4 期。
② 林太乙：《林语堂传》，中国戏剧出版社 1994 年版，第 174 页。

郭沫若有学者、文化名人、书法家、行政官员等多种头衔，但首先他是一位读书人，一位真正意义上的读书人，读书成为他一生中最重要的一个组成部分——其他一切也都与此有直接的关系。本文即是对郭沫若作为"读书人"的一种实录和写照，尽管不可能将其读书生活事无巨细地都写出来，但仅对其如何读书、好读何书以及读书的心得体会进行探讨也是一件极有意义和价值的工作。值得指出的是，郭沫若的读书治学确也存在着不足之处，但对此应采取实事求是的态度，平静对待，学理相析，将探讨作为一种参照系统和历史经验的借鉴。

接受、创造与误读

——关于早期郭沫若读外国书的札记

进入 20 世纪，人类的世界意识得到了前所未有的强化，这同时向人们提出了一种要求，就是要关注世界文化，尤其是那些有志于成为新世纪的文化巨人或大家名流的人，不放眼世界，不对世界文化广纳博取，显然是不行的。20 世纪传播世界文化的主要媒介物，当是书籍，特别是代表世界先进文化的外国书籍。于是，多读外国书也便成了中国新文化先驱或建设者进入世界文化的极为重要的途径。我们在这里，拟从读书这一角度，就早期郭沫若对外国书的涉猎，进行一些简略的考察，并记录下一点有关感想。之所以选择这样一个角度来谈，是基于这样一个想法，即我们既应研究郭沫若的书（著述），也要研究他所读的书及其影响作用，还应研究郭沫若的读书活动本身。而这后一点，似乎还不为学界所注意和重视。

郭沫若有幸出生于一个"读书的风气相当盛"的村镇和一个差可称为"书香门第"的家庭，但这"书香"无疑主要来自经书之类的传统旧学。大致而言，郭沫若在故乡、本国求学阶段所接受的教育，骨子里还是以传统文化教育为主导的。虽然郭沫若在家塾、小学和中学阶段都接触到新学，读到新的书刊，但其来自巨大的传统文化定势或惯性所植下的旧学根基，仍然构成了他先在的主要的文化接受机制，使他对那些传统文化科目更容易接受。何况在彼时彼地讲求"富国强兵""实业救国"的新学本身也带有相当浓厚的传统色彩，再加之师资水平方面的限制，郭沫若在新学方面不可能有大的进步和收获。① 这样说还有个起码的根据，就是在本乡、本国求学期间，郭沫若没有读到什么像样的或纯粹的"外国书"，他所读到的新书刊，充其量也只是有限地传播一些外国文化的国语书刊。相比较，他更习惯读的还是传统书籍。结婚第一天夜晚，郭沫若"顺手"拿来读的是《庄子》；"回门"的夜晚，所读的则是一部古版的《文选》。郭沫若参加天津陆军军医学校复试时，对严复译述的斯宾塞《群学肄言》中的主要术语相当陌生，以致对《拓都与幺匿》这样的作文题无能为力。如果认真读过该译本（当时已相当流行，郭沫若也粗略读过）就会较容易地想起"拓都与幺匿"是严复对英语 total（全体、总体或群之意）和 unit（个体、单位或己之意）的音译（考生中有一些即知之），就不至于完全不懂题目含义而离题万里地胡写几句去交卷。② 尽管上了新式小学和中学的郭沫若，也曾被风行的林译小说俘获了心灵，但经由林纾"翻译"的外国小说在很大程度上已经"中国化"了，能使郭沫若感动并对其产生影响的，大抵也是能够与其初成的文化心理结构相契合的情爱描写或英雄美人才子佳人式的故事，如林译《迦茵小传》《茶花女遗事》《撒克逊劫后英雄略》等，莫不如此。故而可以说，早年郭沫若的读书生涯，基本还处于中国传统书籍或固有文化所形成的氛围之中，彼时的读书经历实不足以使他成为"文化新人"，至多不过是带有趋新倾向的"文化旧人"而已，所以我们没必要过分夸大童少年时期郭沫若对西方文化的接受及其影响作用。

是一个相当偶然的机遇，将郭沫若投入了由外国书籍或外国文化构成的环境之中。1913 年 12 月 27 日晚上，郭沫若大哥郭开文的朋友张次瑜来访，并提议让郭沫若随他往日本留学。结果次日便登程，使当时的郭沫若大有绝处逢生、柳暗花明而又必须背水一战、誓死一搏的心情。应该感谢和记住这个日子，因为这种读书环境的变换对当时已准备返回故乡、继承父业的郭沫若来说，真是太重要了——差一点，生活中多了一个普通的郭开贞，历史上却少了一个著名的郭沫若！

---

① 郭沫若在《我怎样开始了文艺生活》中说："起初开办的学校，教授新的科目的人都是一些外行，比较稍能满人意的还是一些旧人物。在我看来，当时的尤其在四川的学校，等于旧式的书院。"在《创造十年》中也说："在国内中学肄业的几年间，科学方面的教员们通是些青黄不接的数据，不能够唤起科学上的兴趣，我自己也就只好在古诗、古学里面消磨。"

② 郭沫若在《黑猫》中提到自己喜欢读的书目中，有严几道（严复）译的《群学肄言》，但显然读得并不细致，比之于读《庄子》《史记》等古书，那"喜爱"的程度也较低。

从读书学习的方式及目的而言，在家乡、本国求学期间的郭沫若，总体还停留在旧式的被动学习阶段；到日本留学期间，则基本进入了新式的主动学习阶段，非常自觉地刻苦读书以及高效的读书进度，已经成为他寻求精神支柱、寻求人生光明出路的重要途径，同时也在新的文化视域中，强化了郭沫若为中华崛起而读书的爱国心。从读书种类和内容上讲，留学日本时期，外语书籍成为郭沫若最主要的读物。开始时多是日语书，后来扩及德语书、英语书。起初较多地局限于教科书，到后来，则自由地搜读自己爱读的书，其中多是外国文学方面的书。日本的高等学校格外注重外语的学习，所用教材中多有外国文学作品，其中既有歌德、海涅等人的作品，也有泰戈尔的作品等。初时，郭沫若接触较多的是泰戈尔的作品，并为其所迷醉，不仅买他的作品，而且还到图书馆里寻他的作品，贪婪地读着，吟味和欲享着泰戈尔的诗歌美境。由此逐渐扩大开去，读到了印度古诗人加皮尔的作品，美国浪漫诗人惠特曼的作品，以及西方一些哲学家、思想家（如尼采、斯宾诺莎、马克思等）的著作。郭沫若在《〈我的著作生活的回顾〉提纲》中曾谈及自己"诗的觉醒"，便侧重强调了泰戈尔、海涅对他的影响；谈自己的"诗的爆发"，则侧重强调了惠特曼、雪莱对他的影响；谈自己"向戏剧的发展"，则侧重强调了歌德、瓦格纳对他的影响；谈自己"向小说的发展"，则侧重谈了福楼拜、屠格涅夫等人对他的影响。郭沫若从事创作是明显受到外国文化与文学的影响的，关于这点，许多学者都给予了充分的注意和相当详细的论述，这里不再赘述。但在此我们想特别强调这样一点，即郭沫若接受外国文学和文化的影响，是与他阅读外国书的读书活动密切相关并同步展开的，故而也要格外重视郭沫若阅读外国书的活动本身，深入细致地考察他是怎样读外国书的，以及他怎样以此为门径进入世界文化语境的。

一般说来，郭沫若阅读外国书和接受外国文化，主要有三种既有区分又紧密联系的阅读方式，即兴趣性阅读、创造性阅读和误释性阅读。这几种阅读对他来说都至关重要。

兴趣性阅读对一个人的成长确乎至关重要。从郭沫若读外国书的情形来看，从少年时间接地接触外国书（译作或国语书刊中介绍的外国文化），到青年时直接地接触外国书（外文书），除了教科书之类的必读书之外，大抵都属于兴趣性阅读的范畴。所谓兴趣性阅读，是受个人爱好和生命（心理）需要支配的自发性阅读。比如郭沫若从小养成的对诗歌的爱好，促使他在读外国书时，首先便对外国诗歌产生了强烈的感应。他偶然从同学处看到了泰戈尔的诗歌便产生了欣悦的感受，并引发了浓厚的阅读兴趣，或买或借，或读或抄，简直迷上了泰戈尔。对海涅、惠特曼、雪莱以及歌德、福楼拜等西方作家的喜爱情形大体也是如此。郭沫若初步接触教科书上的歌德、雪莱等西方作家的作品时，本来是以学习外语为主导目的的，但兴趣性阅读却将他本欲抑制的对文艺的爱好逗引出来并予以强化了。由此而来的出乎意外的收获着实丰硕，不仅得到了感情的自慰心理的调适、审美的愉悦、人格的塑造，更主要的还在于由此引发了郭沫若对世界文化的强烈关注：既对外国文学产生了浓厚的阅读兴趣，也对外国哲学、历史等文化现象产生了浓厚的涉猎兴趣。郭沫若曾自述道："我在求学的期间曾贪婪地追求过课外的读物：文学，哲学，社会经济等，与医学无关的著作我读了不少。这样的读书方式虽然是好像漫无目的，但其实也是为广义的学习。一个人的品格的养成，即所谓教养，和这种自由阅读是有深切关系的。"[1] 显然，对外国书籍广泛的阅读，使郭沫若刷新和丰富了自己的知识结构和文学观念，同时也为其创造性阅读活动奠下了坚实的基础。

郭沫若在创造性阅读方面与其他学人和作家相比，当属非常突出的一位。由兴趣性阅读往往可以导向创造性阅读。兴趣性阅读既有消闲、消费、自慰的一面，但也有积累、诱思及激发创造冲动的一面。这后者，在郭沫若早期的读书活动中也体现得相当突出。郭沫若由青少年时期的兴趣性阅读转向"为创作"而读书，有一个从非自觉到自觉的过程。长期的兴趣性阅读，使郭沫若的文学素养已经相当深厚，加之传统教育中的诗文传授，已为他能够真正投入创作活动、走上文学道路做了必不可少的准备。他曾说："五四运动前后，开始了我的初期的文学活动，因为在日本受资产阶级教育，与日本资产阶级文化一接触，便开始用新诗形式进行写作。"[2] 他还说："和这两位诗人（指泰戈尔、海涅——引者注）接触之后，我自然受了不小的影响，在一六、一七、一八几年间便摹仿他们，偶然

---

[1]　郭沫若：《我的读书经验》，载王锦厚编：《郭沫若轶文集》，四川大学出版社1988年版，第267—268页。

[2]　郭沫若：《答青年问》，《文学知识》，1959年5月号。

也写过一些口语形态的诗。"① 诸如此类的表述，表明身处外国文化氛围中的郭沫若，通过读外国书，产生了文学摹仿和创作的冲动，并逐渐向自觉的读书与创作相结合的人生阶段过渡。也正是由于具有这种读书导向创作的深切体验，郭沫若才有可能做出这样的经验总结："读外国作家的东西很要紧，无论是直接阅读，或间接地阅读负责的译文，都是开卷有益的。据我自己的经验，读外国作品对于自己所发生的影响，比起本国的古典作品来要大得多……但外国的东西也应该选择近代的作品，中世纪的东西和我们没有缘，倒是古代人类还很年轻的时候，愈邈远的倒好像愈好。希腊的叙事诗和剧诗，希伯来的《旧约》，印度的史诗和寓言，中国的《国风》和《楚辞》，永远是世界文学的宝库。"② 郭沫若在"为创作而读书"的自觉阶段，其阅读范围确如以上所述的，是以近代以来的外国书以及上古的外国书为主。也确如郭沫若所言，近代以来的外国书多能给人以"新鲜的启迪"，且与实际人生"有缘"，而上古文学作品"最贴切到了文学的本质"，奠下了永具文学魅力的文学原型。这种读外国书的体验，应该说与鲁迅读外国书的体验大同小异。鲁迅近于偏激地提倡读外国书而不读中国书，实在与郭沫若等人一样，其所表达的不过是"五四"那一代人最普遍的读书经验而已。这种读书经验属于开放和创新的时代，如今的我们对这种经验也有了感同身受的体会。

"为创作而读书"是目的性很强的阅读活动。这种阅读不应是生吞活剥地记诵，而应是化开溶解，巧妙地借鉴，这样的结果必然导向新的艺术创造，并往往会造成创作风格与所读之书（作品）的接近。郭沫若说过："在我自己的作诗经验上，是先受了泰戈尔诸人的影响力主冲淡，后来又受了惠特曼的影响才奔放起来的。"③ 从诗风的冲淡到奔放，也折映出诗人读外国书的"经过"和心灵上的共鸣，这种对应诚是耐人寻味的。除了整体创作风格与所读作品的对应或接近，也有具体写作技法上的对应或接近。比如《凤凰涅槃》中着意于诗句的定型反复，便受到了瓦格纳诗剧的影响，增强了诗歌的音乐化效果；郭沫若早年"身边小说"的抒情笔调，也烙印着他所读的日本"私小说"的影响痕迹。郭沫若在介绍自己"为创作而读书"的经验时还说：

---

① 郭沫若：《凫进文艺的新潮》，《文哨》，1945年第2期。

② 郭沫若：《如何研究诗歌与文艺》，《郭沫若全集·文学编·卷19》，人民文学出版社1992年版，第428页。

③ 郭沫若：《我的作诗的经过》，《文摘杂志》，1937年第1期。

……为了养成文艺的写作能力，我曾耽读过古今中外的一些名人的作品。这样的读书，自可以说是为创作而读书，但在这儿却有一个更狭义的经验，我想把它表白出来。

我自己在写作上每每有这样的一种准备步骤。譬如我要写剧本，我是先把莎士比亚或莫里哀的剧本读它一两种，要写小说，我便先把托尔斯泰或福楼拜的小说读它一两篇，读时也不必全部读完，有时候仅仅读得几页或几行，便可以得到一些暗示，而不可遏止地促进写作的兴趣。

别的朋友有没有这种习性，我不知道，但我感觉着这的确是很有效的一种读书的方法。①

郭沫若的这一"狭义的经验"确实道出了一种"很有效"的读书方法，能够直接为创作寻求触媒、灵感和镜鉴。这在郭沫若是一种"习性"，在许多作家那里大约也是一种少不了的"习惯"，不过，郭沫若在这里还只是交代了创作开手之前的阅读及其效应，实际在创作过程中穿插性的读书和创作初毕后的读书，都对创作活动本身易于产生一些影响：因读新书而有所增益、有所润色、有所修改，这对自己创作行为的最终完成总是有好处的。当然，对自己作品的修改也往往会带来一些遗憾，这多与作家后来读书的选择趋向狭隘相关。郭沫若一生常改己作（尤其是对早年作品），即与他"紧跟时代"的读书活动密切相关，惜乎常改不佳、多遗话柄，这其中的教训也是应当认真吸取的。

这种常改己作而未落好的"教训"，亦可视为郭沫若对自己以前作品的"误读"（即误释性阅读），但"误读"并不一定必然导致消极性的结果。在当今比较文化、比较文学研究领域，文化"误读"已成为许多国家学者共同关注的文化现象，并初步形成了值得重视的"误读"理论。受这种文化"误读"理论的启发，我们认为，在读书活动乃至广泛的异元文化交流过程中，受读书主体条件限制的

---

① 郭沫若：《我的读书经验》，载王锦厚编：《郭沫若佚文集》，四川大学出版社1988年版，第268页。

误释性阅读亦即"误读"现象是经常发生的，尤其在读外国书、接触外国文化时，这种"误读"更属司空见惯的事情。文化"误读"的情形非常复杂，尤其是异元文化或异国文化之间的"误读"，既不可避免地会造成文化隔阂、对立和误解，也会经由误读导向文化沟通、融合和新的文化创造。言及经由误读而导向文化沟通和创造，最典型最明显的例子是那些成功的优秀的翻译，好的译作都少不了再度创造。有学者指出："翻译作为一种以文本为基础的活动，毫无疑问首先是一种阅读行为，在这个阅读行为中，自然包含着两种意识的汇合：翻译家的意识和原书作者的意识。"① 郭沫若在阅读大量外国书的过程中，"两种意识"的汇合促使他产生了翻译的愿望。他虽然说过"翻译是媒婆，创作是处女"，其实他并不看轻翻译，自己从事翻译的时间也很长。尤其是早期从事文学活动时，既有创作，也有翻译。如他对《茵梦湖》《雪莱诗选》《鲁拜集》《少年维特之烦恼》《浮士德》等的翻译，倾注了自己大量的心血，相当成功地进行语言转换和审美风格的再造，形成了颇有中国特色的"风韵译"②。乐黛云曾指出："所谓'误读'，是指人们与他种文化接触时，很难摆脱自身的文化传统、思维方式，往往只能按照自己所熟悉的一切来理解别人。……"③ 这种基于自身文化传统而对外来文化的接受与再造，在郭沫若"为创作而读书"的活动中体现得非常鲜明，前此已有叙介。值得注意的还有，有时通过对他种文化的了解，也能够重新发现自己的文化传统。如郭沫若通过读朗费罗而看到了《诗经》的"美"，通过读泰戈尔而看到了《庄子》的"妙"，并由此激起他融通中外古今文化的灵思，投入到新的艺术创造活动中去，这些都当属于积极意义上的文化"误读"。

当然，毋庸讳言，由于受浪漫人格和生活迫压等原因的支配，郭沫若在读外国书的过程中，也存在着不少消极意义上的文化"误读"，无论是因何种缘故，郭沫若的那些马虎粗疏的阅读和率意想象性的表达，都势必会造成难以挽回的遗憾（这也是常受人攻击或批评的地方）。考察异元文化之间的"误读"，主要有两种易于趋向偏颇或"文化偏至"的情形。一是由于民族中心主义的文化观的影

① 乐黛云：《独角兽与龙：在寻找中西文化普遍性中的误读·序》，北京大学出版社1995年版，第67页。
② 郭沫若：《〈歌德诗中所表现的思想〉附白》，《少年中国·"诗学研究号"》，1920年第1卷第9期。
③ 乐黛云：《独角兽与龙：在寻找中西文化普遍性中的误读·序》，北京大学出版社2005年版，第67页。

响，对异元文化产生有意无意的偏见，它以贬低异元文化为基本特点；二是将异元文化想象得十分美好，予以理想化的"误读"，它以幻想式的抬高异元文化为基本特点。五四时期的"国粹派"和"西化派"，大抵就分别属于这两个方面。早期郭沫若不属于这两派，但又与这两派各有相通之处。尤其值得注意的是，无论对中国传统文化（书籍）还是对外国文化（书籍）的理想化、浪漫性的"误读"，在郭沫若这里都存在着，此可谓之为"双向误读"。如他对中国的先秦诸子文化、王阳明学说、明清小说等，对西方的泛神论、个性主义和马克思主义等，都时有浪漫性的误读现象发生（这种浪漫性的"误读"到后来转了方向或集中到了某个方面，有时竟蜕变成了肉麻的昏话）。应当承认，在郭沫若一生的文学、文化活动中，其"双向误读"的现象确是很突出的，无论在日常的读书活动中，还是在异元文化的比较中，积极意义与消极意义上的误读现象都普遍存在着，这很值得我们深入细致地加以研究。这里的札记姑且算是抛砖引玉，诚盼有同道者在这方面取得新的学术成果。

郭沫若避难中的读书与治学

在蒋介石"四·一二"叛变革命的事件发生之前 13 天，即 1927 年 3 月 31 日，郭沫若躲在第二十军党代表朱德的家中，奋笔疾书，写了讨蒋檄文《请看今日之蒋介石》，这便站到了蒋介石的对立面。接下来，郭沫若鉴于宁汉合流的残酷现实，又站到了汪精卫的对立面，于是去参加南昌起义，不幸起义归于失败。就在蒋介石意欲逮捕他并公开发布了通缉令的危险形势下，郭沫若实际已经开始了他的避难生涯。在他避难于上海的一段时间里，他曾染上了斑疹伤寒，几乎丧命，住进了一家日本医师开的医院，治了一个月才出院，后来便在家中休养，躺在病床上仍时常忍不住要读书、写东西。这时他读了一些马列主义方面的书，进一步强化了他对共产主义学说的信仰。由于风声越来越紧，周恩来等党的领导人便安排郭沫若到日本避难。上路前的一天晚上，为了逃避搜捕，郭沫若还住进了一家日本人开的旅馆。

次日，郭沫若登上了日本邮船"卢山丸"，从此开始了他长达十年的海外避难的生涯。

如果说在这之前的两年多时间里投笔从戎的郭沫若已很少读书，这并没有冤枉他。戎马倥偬，哪能安稳地放下一张读书的桌子？但避难来到日本，尽管也有苦寒的日子和刑士、宪兵的监视，甚至短暂地尝过铁窗的滋味，却毕竟在相当长的岁月里能够伏案读书，尽情地在书海中遨游了。这是塑造学者郭沫若形象的十年，平静的书斋生活和家庭生活虽然不尽符合郭沫若的才子性情，但却为其丰富多彩的一生增添了令人钦羡的光色和成就。没有这十年，郭沫若作为文化巨子的分量也许要轻许多。

　　避难初始不久，郭沫若便恢复了书生本色。到日本后首先找的日本文化人，便是内山完造先生曾介绍认识的日本大众文学作家村松梢风，由于他的热情帮助，郭沫若全家搬到了千叶县市川市居住。生活稍一安定，他的读书欲望便强烈起来。以后数月，通过各种途径去借书买书，为读书写书做多方面的准备。他开始广泛涉读文艺论著以及哲学、经济、历史等方面的书，尤其是中国古代文化典籍，引起了他浓厚的阅读和研究的兴趣。他试图运用辩证唯物论来研究中国传统文化及其历史，并与现实思考紧密结合起来，从而达到古为今用的目的。

　　大约在 1928 年七八月之交，郭沫若在东京的一家书店"渔猎"时，花了 6 个铜板买了一部日本版的《易经》。深入研读的结果，是从中发现了"刚柔相推而生变化"的宇宙发展观，发现了其中蕴含的唯物论及辩证法的思想。并联系当时的社会状况进行深入分析，仅用了 6 天时间，便写成了论文《周易的时代背景与精神生活》（后改题为《〈周易〉时代的社会生活》）。此文剥离《周易》素来被人蒙上的神秘色彩，从其语言符号的探析中窥见周代"社会生活的状况和一切精神生产的模型"，证明当时

"是由牧畜转化到农业的时候，牧畜还是生活的基调"，整个社会正处在"由原始公社变成奴隶制"的转型阶段。直到现在，夏商周历史断代的研究仍被视为学术界的大工程。郭沫若彼时的研究成果未必十分可靠，但他努力将自己习得的现代科学方法引入对古代典籍的研究，却是一种学者意识的自觉。从这个角度来看郭沫若这次于避难中的学术尝试，便会感到这次"二六"（6 个铜板，6 天读写）式的投入，诚是低成本、高效益。此文后来收入《中国古代社会研究》一书，成为其中的第一篇。而《中国古代社会研究》也成了他避难十年中推出的第一部学术论著。

　　随着研究古代历史和文化的深入，郭沫若愈益感到材料，尤其是第一手材料的重要性。他认为所据的材料不可靠，即使掌握了唯物史观，也很难得出科学的结论。基于这样的认识，郭沫若开始向图书馆、书店"进军"了。他到上野图书馆去寻书，幸运地查到了《殷虚书契前编》，当即借阅了；他前往一家专卖中国

古书的书店"文求堂"，去向店主人田中庆太郎请求帮助；又赖朋友相助，与东洋文库主任石田干之助联系，获得了阅览的机会。由于经济紧张，郭沫若买书不多，却勤于跑路，几乎每天都要从市川住地前往东京的东洋文库，阅读库藏的书籍，尤其是有关甲骨文和金文方面的著作。那时没有现在的复印和计算机设备，全凭笔记和脑记。尽管研究工作非常艰难辛苦，郭沫若却以惊人的吃苦精神和聪明才智，迅速地登堂入室，解开了许多历史与文化之谜。经过"昼夜兼勤的研究，昼夜兼勤的写作"，取得了丰硕的研究成果。郭沫若后来在回忆录中曾记下了他当时勤奋读书的情形："我跑东洋文库，顶勤快的就只有开始的一两个月。就在这一两个月之内，我读完了库中所藏的一切甲骨文字和金文的著作，也读完了王国维的《观堂集林》。我对于中国古代的认识算得到了一个比较可以自信的把握了。在这些书籍之外，我连带的还读到其它的东西，我读过安德生在甘肃、河南等地的彩陶遗迹的报告，也读到北平地质研究所的关于北京人的报告。凡是关于中国境内的考古学上的发现记载，我差不多都读了……"① 如此勤奋地阅读，加之国内一些朋友的惠寄资料，使郭沫若的研究得以顺利进行。尽管由于生活需要等原因，郭沫若也写了一些文学性的东西，译了一些外国的著作，但这些穿插都没有造成研究工作的中断。持续的努力，使避难期间的郭沫若写出了 15

册关于历史及文化方面的论著，平均一年一册半，这在那种岁月里该是多么难能可贵！这 15 册书是：《中国古代社会研究》（一册，1930 年上海联合书店出版），《甲骨文字研究》（二册，1931 年上海大东书局出版），《殷周青铜器铭文研究》（二册，1931 年上海大东书局出版），《汤盘孔鼎之扬榷臣辰香铭考释》（一册，1931 年北平燕京大学出版），《两周金文辞大系》（一册，1932 年日本文求堂出版），《金文丛考》（四册，1932 年日本文求堂出版），《金文余释之余》（一册，1932 年日本文求堂出版），《卜辞通纂》（四册，1933 年日本文求堂出版），《古代铭刻汇考四种》

---

① 郭沫若：《我是中国人》，《郭沫若全集·文学编·卷13》，人民文学出版社 1987 年版，第 365 页。

（三册，1933 年日本文求堂出版），《古代铭刻汇考续篇》（一册，1934 年日本文求堂出版），《两周金文辞大系图录》（五册，1935 年日本文求堂出版），《两周金文辞大系考释》（三册，1935 年日本文求堂出版），《先秦天道观之进展》（一册，1936 年上海商务印书馆出版），《殷契粹编》（五册，1937 年日本文求堂出版），《石鼓文》（一册，1939 年长沙商务印书馆出版）等。

郭沫若对中国古代历史、文化的研究所取得的这些成果，奠定了他在学术史上的重要地位。周恩来曾在《我要说的话》中强调指出，郭沫若在避难的"十年内，他的著译之富，人所难及。他精研古代社会，甲骨文字，殷周青铜器铭文，两周金文以及古代铭刻等，用科学的方法，发现了古代许多真实"①。应该承认，周恩来的这些评说是很中肯的。尽管郭沫若的研究成果并不是完美无缺的，但其总体的学术成就确非寻常，非一般学者所能望其项背。时闻有人攻击郭氏的学术研究，但有不少确乎出于成见，抑或人云亦云。试想一下，有多少人一经"避难"，就马上销声匿迹了呢？起码应该看到，郭沫若"避难"而不"避己"，他用勤奋的读书和相应的研究，证实了他自己的存在及其价值——他是一位真正的文化事业上的"创造者"！

---

① 王训昭，卢正言，邵华等编著：《郭沫若研究资料·上》，知识产权出版社 2010 年版，第 371 页。

郭沫若读女作家的作品

郭沫若与女性，在学界早已成为一个人们颇感兴味的话题，近年还曾于美丽的厦门开过这方面的专题性的全国学术讨论会，此前此后也都出现了数量可观的论文，谈郭沫若诗歌中的"女神"意象，谈其小说、戏剧者中的女性形象，谈他实际生活中的女性对他产生的许多影响，谈他于古今中外文化影响中形成的"女性观"及其变化等，话题范围非常广泛，或宏观，或微观，或纵横比较，或个案分析，所谈角度、方法也各个有异。然而，值得注意的是，人们似乎很少注意到郭沫若读女作家作品的情形，对郭沫若与女作家这样一个具体话题少有言说，应该视为是一种欠缺。既然是欠缺，就要有所弥补，这里虽不能就此于话题充分展开，但却可以初步接触这个话题，为有意深谈这个话题的有心人提供一点线索。

这里仅以介绍郭沫若对蔡文姬、陈端生两位女作家的阅读和研究的一些情况。

首先介绍的是郭沫若与蔡文姬。

郭沫若曾于 1958 年 12 月 31 日采辑《胡笳诗》各种旧本加以校订，成《蔡琰〈胡笳十八拍〉》，后发表于 1959 年 5 月 16 日《人民日报》。郭在原诗之后有几句说明性的文字，其中有盛赞此诗的话，并断言此诗确为文姬所作：

> 真是好诗，百读不厌。非亲身经历者不能作此。以不见《后汉书》或其它较古典籍，人多疑伪，余则坚信确为琰作。诗中多七言句，东汉谚语及铜镜铭文已多七言，正足见琰采取民间形式而成此巨作，足垂不朽。

说这样几句不能尽意，郭沫若紧接着便写了《谈蔡文姬的〈胡笳十八拍〉》一文，此文是篇长文，既详述蔡文姬的《胡笳十八拍》的不幸遭遇的种种情形，又阐明此诗"实在是一首自屈原的《离骚》以来最值得欣赏的长篇抒情诗。"为了证明自己的有关判断是正确的，郭沫若阅读了大量的古代典籍、文学史及论文，已经进入了"为研究而阅读"的层面。除了用史料说话，文中更着意于劝告读者去亲自读文姬的《胡笳十八拍》，或细心体味，或比较鉴别，就可以感到"非亲身经历者不能作此"。他说：

　　　　唐代的刘商也拟作了《胡笳十八拍》（见郭茂倩《乐府诗集》卷五十九），呆板得更不能相比。不怕不识货，就怕货比货。请大家把两种《胡笳十八拍》，连同杜甫的《同谷七歌》，读它们一两遍，便立见分晓。

　　郭沫若劝读意识的强烈，自然得之于他自己的阅读经验，他在文中又说：

　　　　务必请大家读它一两遍，那是多么深切动人的作品呵！那像滚滚不尽的海涛，那像喷发着熔岩的活火山，那是用整个的灵魂吐诉出来的绝叫……总之请大家认真读一读就可以体会得到。①

　　在这里，郭沫若陈述的"深切动人"的阅读经验其实也得之于长期的积累。他在幼年读《三字经》时就接触到"蔡文姬，能辨琴"的故事了。隔了半个多世纪，经过离乱之苦的郭沫若写出了历史剧《蔡文姬》。虽然该剧的本意是在为曹操翻案，但"戏"却主要由蔡文姬来演，她的命运，她的感情，她的才华，在郭沫若笔下得到了相当充分的展示。不仅如此，按郭沫若自己的说法，这个剧也相当充分地展示了他自己，因为"蔡文姬就是我！——是照着我写的"，"它有一大半是真的。其中有不少关于我的感情的东西，也有不少关于我的生活的东西"②。

　　可见郭沫若虽然并没有读过蔡文姬多少作品——本来就少有作品传世，但却是文姬难得的知音，既有同命运、同悲欢的深切认同，又有通过艺术（诗和剧）

---

① 郭沫若：《谈蔡文姬的〈胡笳十八拍〉》，《文学遗产》，1959 年第 254 期。
② 郭沫若：《〈蔡文姬〉序》，《郭沫若全集·文学编·卷 8》，人民文学出版社 1987 年版，第 3 页。

复活自我生命的共同追求。视此种情形，或可谓之为古今稀有的"作家之缘"。值得注意的是，郭沫若不仅写《蔡文姬》，而且爱谈蔡文姬，写成文章的就有《谈蔡文姬的〈胡笳十八拍〉》《再谈蔡文姬的〈胡笳十八拍〉》《三谈蔡文姬的〈胡笳十八拍〉》《〈蔡文姬〉序》《跋〈胡笳十八拍〉画卷》《四谈蔡文姬的〈胡笳十八拍〉》《五谈蔡文姬的〈胡笳十八拍〉》《六谈蔡文姬的〈胡笳十八拍〉》等，书信中也屡屡谈及，在观看《蔡文姬》（北京人艺）的首场演出时，郭沫若

更是非常激动，边看边流泪，并对坐在身边的曹禺说："《蔡文姬》我是用心血写出的，因为蔡文姬就是我。"①

如此执着的言说和激动的情态，应该说除了他已在字面上表达的意思之外，还有心灵深处潜微不显的"含意"存在。那里珍藏着属于郭沫若个人的"奥秘"：曾经拥有的情感和妻子儿女以及命运的沧桑变化，依然为其心灵所涵容，思念和回忆不能形诸公开的清纯文本，但却可以借他人之酒杯，浇自己之块垒，隐约朦胧之中，郭沫若仿佛又重新"生活"了一遍！

顺便提及，郭沫若在充分肯定蔡文姬作有《胡笳十八拍》时，又认为骚体的《悲愤诗》是后人假托的，尽管如此，也还不失为重要的史料。他的这一观点是否妥当，似乎还有必要予以深入的讨论。

其次介绍的是郭沫若与陈端生。

1961 年 5 月 1 日脱稿的《〈再生缘〉前十七卷和它的作者陈端生》，是郭沫若半年多来断断续续读《再生缘》多达三遍之后的结果。初读，是读的从北京图书馆借来的本子，尽管刊本错处颇多，但读起来津津有味，一有空闲就读，直到读完。后来托人买了同样的一部，趁往古巴访问之机，带在身边，有暇便读，还随手校改，但脱落太多之处则无法校补，于是希望能找到一部未刻前的抄本来校补。不久这愿望得以实现，在郑振铎捐给北京图书馆的藏书中即有一部完整的抄本。据此本，郭沫若审慎地给予了校补，交由中华书局准备出版，并撰《序〈再

---

① 曹禺：《郭老给予我们的教育》，《人民戏剧》，1978 年第 7 期。

生缘〉前十七卷校订本》①。郭沫若经过反复阅读、校订，认为陈端生所作的《再生缘》前十七卷有很高的艺术价值，后三卷为他人续补，拙劣少价值，故不予校订。据他的介绍，他是在1960年12月上旬接读金灿然送来的陈寅恪《论〈再生缘〉》一文后开始读该作的。他读了陈文，深感惊讶，便想弄个明白。一读之下，便深感这是一部值得重视的杰作，难怪陈寅恪会如此推崇这部作品，并为其遭受世人冷落而"怅望千秋泪湿巾"。陈寅恪的《论〈再生缘〉》写于1954年，几年过去，应者甚少，郭沫若尽管并非在什么问题上都赞同陈寅恪，但在对待《再生缘》及其作者上，二人却达到了惊人的一致，算是难得的知音！他不仅校订该作，还多次撰文探讨，其热情之高，正可视为是对陈氏意愿的响应与接续。有人杜撰说郭沫若在这个问题上如何驳难陈氏，意在指斥郭之学风，实系别有居心。

郭沫若在《序〈再生缘〉前十七卷校订本》中明确指出："《再生缘》之被再认识，首先应归功于陈寅恪教授。"在《〈再生缘〉前十七卷和它的作者陈端生》中也称誉陈寅恪《论〈再生缘〉》一文考证的详细，并表示"基本上同意他的一些见解"②。当然，作为一个有独立研究习惯和思考能力的学者，郭沫若不会满足于一般性地与陈寅恪唱和，也不会满足于自我着迷般的阅读经验，他要对有关的问题寻根究底，并确已有了一些新的收获。除了有关书信之外，他写下的文章主要有八篇，校订了原书，并编就陈端生年谱，所有这一切，都为深入研究《再生缘》及其作者陈端生打下了坚实的基础。

陈端生（1751—1796），是清代女作家，她从十八岁时便着手创作弹词《再生缘》，持续一生，亦未完篇，诚为心血之作。向来被视为民间文学，只在市井间有所流传。她也许怎么都不会想到，在20世纪中叶，有陈寅恪、郭沫若这样的大家出来为她张扬，给她及其《再生缘》以很高的评价。陈寅恪认为《再生缘》既是弹词，也是叙事性史诗，堪与西方任何史性作品媲美，其艺术水平不亚于杜甫。郭沫若基本赞同陈氏的这种评价，并认为《再生缘》叙事生动严密，人物形象塑造成功，心理描写细致入微，在这些方面，女作家陈端生的本领比之司各特、司汤达、巴尔扎克等也未逊多让，甚至是"更加难能可贵的"；《再生缘》是浪漫主义非常浓厚的长篇叙事诗，可与《红楼梦》并论，谓之为"南缘北梦"。

---

① 见1961年8月7日《光明日报》。

② 见1961年5月14日《光明日报》。

郭沫若对古代女作家蔡文姬、陈端生的高度重视，亦可视为文坛与学界的佳话，在这里有的是阅读的感动、创作的兴奋、研究的乐趣，这些也构成了老年郭沫若生活中的一个部分。在这里郭沫若在很大程度上是本色的，诚实的，可爱可敬的。他对中国文学史上分别出自两位女作家笔下的长篇抒情诗、长篇叙事诗的异乎寻常的钟情和研究，是很有意味的文化现象。倘从政治角度看，也许只能看到郭沫若在作某种应时的翻案文章，其实，郭沫若对蔡、陈及其作品的关注，既有重新认识女作家、重建中国文学史的意义，也有折射其丰富的"女性观"和复杂心境的作用。

论郭沫若的读书与翻译

郭沫若翻译介绍外国文学的活动是从五四运动前夕开始的。在之后长达数十年的翻译生活中，他译介了大量的小说、诗歌、戏剧以及马克思主义理论著作，在西方和东方文学翻译史上都有独特的贡献，因而成为中国现代翻译文学史上的早期翻译家之一。他地翻译方式，不同于现代翻译文学提倡者梁启超译介政治小说的"目的性翻译"，也不同于林译小说耳听口译式的"产业化翻译"。懂得德文、日文、英文和拉丁文的他，选择契合时代和自己思想气质的作品，从"读"出发，将阅读所带来的精神享受与个人的文学、艺术、政治追求相结合，创造性地翻译了一大批具有独特意义和价值的作品。本文即从郭沫若"读书"与"翻译"的关联性影响出发，择选其极具代表性的几部翻译作品进行片断式分析，进而简要梳理郭沫若的翻译活动，并从中获得有益的启示。

一、嗜读林译小说

在近代文学史上，林纾有着重要的地位。林纾（1852—1924），字琴南，精于古文，有很深厚的文学修养，所写诗文、小说亦多有爱国情怀的流露。尤其是他所翻译的欧美诸国小说，多达 180 余种，计 1200 余万言，影响很大，被时人称为"林译小说"，在清末民初广为流传，对后来崛起于五四文坛的鲁迅、郭沫若、茅盾、周作人、叶圣陶等人都产生过不可忽视的影响。尽管林纾后来成了著名的保守派，但他与别人合译的小说所发挥的积极作用却是不能抹杀的。曾经热衷于读林译小说的郭沫若在自传中即指出：

> 前几年我们在战取白话文的地位的时候，林琴南是我们当前的敌人，那时的人对于他的批评或许不免有一概抹杀的倾向，但他在文学史上的地位是不能抹杀的。他在文学上的功劳，就如梁任公在文化批评上的一样，他们都是资本主义革命潮流的人物，而且是相当有些建树的人物。[1]

此可谓不刊之论。

郭沫若最初读的是林译小说《迦茵小传》，不仅肯定了林纾那简洁的古文译笔，而且对小说的内容产生了浓厚的兴趣。尤其是女主人公迦茵的遭遇引起了郭沫若深切的同情，并为其悲剧命运潸然泪下，对美好的爱情产生了强烈的向往，亦曾坦言：

> 我很爱怜她（指迦茵——引者注），我也很羡慕她的爱人亨利。当我读到亨利上古塔去替她取鸦雏，从古塔的顶上坠下，她张着两手去接着他的时候，就好像我自己是从凌云山上的古塔顶坠下来了的一样。我想假使有那样爱我的美好的迦茵姑娘，我就从凌云山的塔顶坠下，我就为她而死，也很甘心。[2]

这种阅读过程中出于感动而形成的认同现象，很像有些青年人读《红楼梦》而自拟为宝玉、黛玉，在不知不觉中泄露出作为读者的郭沫若内心深处的隐秘——风华正茂的少年沫若对理想恋人的期待已从他对迦茵的移情中折射了出来。心中既有理想恋人的标准或范型，像郭沫若这样的才子自然不会轻易降格以求，委曲从俗。由此引发的对现实（包括包办婚姻）的种种不满，便会不断激励他去进行新的追求。

沫若读林译小说，在艺术上乃至翻译技巧上也领受了林氏的某种影响。如林

---

① 郭沫若：《我的学生时代》，《郭沫若全集·文学编·卷11》，人民文学出版社1992年版，第122页。

② 郭沫若：《我的学生时代》，《郭沫若全集·文学编·卷11》，人民文学出版社1992年版，第122页。

纾将兰姆的 *Tales from Shakespeare* 译为《英国诗人吟边燕语》(一般译为《莎氏乐府》),就使沫若很感兴趣,以为这种中国化的意译带有再创作的况味,这种译法对沫若后来的翻译似乎产生了实际的影响。沫若甚至还不无夸张地说道:

> 林译小说中对于我后来的文学倾向上有决定的影响的,是 Scott 的《Ivanhoe》(现通译为斯各特的《艾凡赫》——引者注),他译成《撒哈逊劫后英雄略》。这书后来我读过英文,他的误译和省略虽很少,但那种浪漫主义的精神他是具象地揭示给我了。我受 Scott 的影响很深,这差不多是我的一个秘密。我的朋友似乎还没有人注意到这一点。我读 Scott 的著作也并不多,实际上怕只有《Ivanhoe》一种。我对于他并没有什么深刻的研究,然而在幼时印入脑中的铭感,就好像车辙的古道一般,很不容易磨灭。[1]

尽管这里所说的"有决定的影响"、"是我的一个秘密"云云,略嫌夸张或以偏概全,但林译小说对郭沫若文学爱好、创作倾向产生了不可忽视的影响,则无论如何是应予承认的。

沫若说林译小说"是我所嗜好的一种读物",所读亦不限上述作品,这不仅合乎他自己的实情,而且也道出了他那一代学人的实情。如此说来,我们自然不应忘记林纾。

二、走向歌德

在中西文化碰撞交融的 20 世纪初期,郭沫若读到了许多西方思想家、文学家的著作,从中汲取了丰富的精神营养。其中最令他折服的一个人是歌德,他欣然地走向歌德,不仅喜读歌德的作品,而且激赏歌德并乐于通过评论、翻译将歌德介绍给中国人,尤其是那些追求人的解放和艺术解放的青年人。郭沫若与歌德的结缘,还需从他翻译歌德名著《少年维特之烦恼》开始。

熟悉中国现代文化史的人都知道,歌德名作《少年维特之烦恼》初入华土,

---

[1] 郭沫若:《我的童年》,《郭沫若全集·文学编·卷11》,人民文学出版社 1992 年版,第 123 页。

只探了一探头角，并未引起怎样的注意。1903 年，著名政治活动家和诗人马君武翻译了《少年维特之烦恼》的一个片断，读者见一斑而不知全豹，也许仅逗引出了某种窥探的兴趣。及至郭沫若于 1922 年初将其全本译出，并于同年 4 月由上海泰东书局印行，读者才得睹真容全貌，喜爱者遂蜂拥而起，酿成了一股持续很长时间的"维特热"。据有人统计，从 1922 年到 1932 年间，郭沫若译的《维特》成为当时名副其实的畅销书，由不同书店重印 50 次以上，被维特这个文学典型感动的读者成千上万，甚至有人径直将名字改为"维特"或效维特那样去情死。20 世纪 40 年代初仍有人特别指出：

> 郭沫若先生初期翻译的东西，在中国起了最大作用的，是《少年维特之烦恼》。因为当时社会是黑暗的，热情的青年，受不了那股冷气，无论在思想上，恋爱上，事业上，处处与青年人的理想背道而驰，维特的烦恼，成了大众青年的烦恼……①

可以说，《维特》成了导泄"烦恼人生"之积郁的艺术象征，不仅对旧时代里的青年有强烈的心灵触动，对任何时候的读者来说，只要人生的烦恼，尤其是情爱难酬的苦痛存在着，那么《维特》的动人魅力就仍会存在。

据郭沫若在 1922 年 1 月写的《〈少年维特之烦恼〉序引》介绍，他在此四五年前即读到了《少年维特之烦恼》，并想予以翻译，但因故拖至 1921 年 7 月，经友人劝嘱，才利用寄寓上海的机会进行翻译，可是暑期酷热，又遭蚊虫袭扰，屡犯疟疾，高热相继，时反时复，吃了许多药也难降病魔，这使《维特》译事进展得极为艰难缓慢。直到九月份郭沫若折返日本，白天到校上课，晚上挤时间赶译，这才一鼓作气将《维特》翻译了出来。虽然他自知草率之处难免，但总体上却很自信，觉得亲爱的读者对这部译作"不至于大失所望"。读者即使未读浪漫凄艳的作品本文，而只是阅读了沫若的这篇介绍《维特》特征、歌德生平及其创

---

① 艾云：《郭沫若先生的革命性》，《新华日报》，1941 年 11 月 15 日。

作《维特》的经历的《序引》，也会深深被其吸引、打动。其中所译的歌德写于《维特》卷首的那首诗，就够让人难以忘怀了：

青年男子谁个不善钟情？

妙龄女人谁个不善怀春？

这是我们人的至圣至神；

啊，怎么从此中会有惨痛飞迸？

可爱的读者哟，你哭他，你爱他，

请从非毁之前救起他的名闻；

你看呀，他出穴的精魂正在向你目语：

请做个堂堂男子哟，不要步我后尘。

《维特》译本初版问世后，一纸风行。郭沫若深为自己译了这部名著而高兴。他在《〈少年维特之烦恼〉增订本后序》中便介绍了他的这种高兴的心情，说他当时实在愉快得至少有三天是不知肉味的。但他也有痛心之处，一是书贾盗印大赚其钱而抽大烟、养小老婆，二是书印得一塌糊涂，错处太多，装潢粗俗。有鉴于此，在创造社出版部于1926年成立之后，郭沫若便决计修订译本，在装潢印刷上也尽力改进。结果，《维特》在其初版四年之后又"复活"了，以崭新的面貌呈现在读者面前，郭沫若在增订本后序中激动地写道："《维特》复活了！《维特》复活了！歌德如有灵，或许也要和我们同呼三声万岁。"

对《少年维特之烦恼》，沫若也是情有独钟。有人说，沫若一生都仿佛只是一位青年，青春型文化人格的利弊在他身上表现得非常充分。大概正是耽于对"青春"的留恋，郭沫若在译毕《维特》之后仍时或重读，并有常读常新的感觉。他在1942年重庆群益出版社出版的《少年维特之烦恼》的《重印感言》里，便写下了这样一些话：

好快！

这部书的译出也就20年了。

20年后的今天我又重读了一遍，依然感觉着它的新鲜。

一本有价值的书，看来总是永远年青的。

> 人世间，比青春再可宝贵的东西实在没有，然而青春也最容易消逝。
>
> 最可宝贵的东西却不甚为人所爱惜，最易消逝的东西却在促进它的消逝。
>
> 谁能够保持得永远的青春的，便是伟大的人。
>
> 歌德，我依然感觉着他的伟大。
>
> 为使人们大家更年青些，我决心重印这部青春颂。

当郭沫若的实际年龄逐渐增大，他对青春的留恋似乎更加强烈，他在重读《维特》时也更加珍视其中洋溢着的青春气息，在 20 世纪 50 年代中期，他在青春焕发中为人民文学出版社的《维特》重写了《小引》，把原作的浪漫主义改称为"现实主义"，又从中发掘出"反对封建制度"的现实意义。为了能够继续从《维特》中体味那浃骨入髓的"青春气息"，改口说一些名词，这在郭沫若来说，本不是多么困难的事情。

从翻译《少年维特之烦恼》开始，郭沫若就将歌德视为伟大的天才，人中的至人，认为自己所处的"五四"时代与青年歌德所处的时代都带有狂飙突进、破旧立新的特征，这种时代背景的相同促使他与歌德的心弦起了共鸣。不过，郭沫若虽然在 1922 年将《少年维特之烦恼》全书翻译成功。但早上两年前，他已对歌德的另一本巨著产生不可磨灭的兴趣。

1920 年初春的一天，已经翻译过歌德代表作《浮士德》第一卷（当时未出版）的郭沫若，与田汉同往太宰府观赏梅花。当他融身于大自然的美丽风光中的时候，情不自禁地高声朗诵起《浮士德·风光明媚的地方》。朗诵过后，还兴奋地喊道：

> 惠特曼呀，你的诗雄而不丽；海涅呀，你的诗丽而不雄。只有你哟，歌德！只有你的诗亦雄亦丽！我多么希望把你的诗全部找来痛读，一直读到口角流沫、声带震破！[①]

痛读歌德，确实是郭沫若读书生活中激动人心的一幕。他从 1915 年始读歌

---

① 姜铮：《人的解放与艺术的解放——郭沫若与歌德》，时代艺术出版社 1991 年版，第 1 页。

德，越读越多，越读越精，越读越读出了味道。

精读歌德必然导致对歌德的崇敬，并引起了对歌德的内模仿的心理冲动。就在沫若与田汉同游太宰府时，便模仿着魏玛那座歌德与席勒并肩而立的著名雕像，请摄影师照下了一张神气十足的照片，还情趣盎然地说道："歌德就在这儿，席勒就在这儿……"① 这种出诸年轻气盛的自诩，并非轻薄的游戏，而是一种非常真诚的师法文学巨匠之心态的流露。不久，沫若和田汉、宗白华便合出了《三叶集》，从中更细微地透露出"三叶"崇敬歌德、学习歌德的内心消息，在文坛上引起了一阵持续数年的"三叶热"，就像沫若译歌德《少年维特之烦恼》引起的"维特热"那样，对许多青年产生了深刻的影响。

后来，郭沫若依然与歌德结下了难解之缘，在研读歌德的时候，仍旧按捺不住内心的激动，仍旧想尽自己的力量将歌德译介给中国人。他在 1928 年终于将十年前译的《浮士德》第一部译稿补译、润色完毕，并很快得以出版；1942 年 8 月 28 日在重庆举行了纪念歌德诞生 193 周年的晚会，晚会上由沫若主讲《歌德的思想和艺术》，他将读歌德的心得体会坦诚地讲出，博得了大家热烈的掌声。在晚会快结束的时候，他还挥毫题词，认真地写了这么一段话，集中表达了他对歌德的认识：

> 歌德的才智的发展是多方面的，他不仅是文学家，而同时是政治家、科学家、思想家，在自然科学方面，他是进化论的前驱，他在人体解剖上曾经有所发现，在色彩学中有独到的研究，作为文学家时，他是德意志近代文学的开山，他的诗歌有好些是不朽的，他在文学中也是多方面的，不过他的小说和戏剧，用现代的眼光看来，不免是过去了，他值得我们学习的是他不断的努力和健全的博爱思想。②

郭沫若对歌德这样的在多方面都取得突出成就的人特别推崇，认为中国古代的孔子和歌德是世界文化史上两个难得的"球形的天才"。从一定意义上讲，郭沫若也可以被视为是一个"球形的天才"，尽管这"球形"不很巨大、不很圆满，

---

① 姜铮：《人的解放与艺术的解放——郭沫若与歌德》，时代艺术出版社 1991 年版，第 2 页。
② 1942 年 8 月 28 日郭沫若为重庆各界所举办的"歌德晚会"题词，见同年出版的《笔阵》第 8 期。

球面有些斑点和凹凸不平之处，但他所取得的多方面成就毕竟不是一般读书人所能企及的。他是文学家、历史学家、古文字学家、书法家、政治活动家，在诸多领域的成就之总和充分显示了一个读书人所能达到的人生高峰是何等的壮观！有人在相对的意义上称郭沫若是"全能冠军"，尽管他在某些方面有弱项；也有人称他是"百科全书式"的文化巨人，"社会主义时代的新中国的歌德"。这些说法都是比拟，不必计较其精确的程度，但从中可以感悟到，郭沫若从青年时代就开始读歌德，从而不断地走近歌德，在追求理想人生的过程中，"歌德"正昭示了一种相当完美的范型……它对郭沫若来说，是召唤，也是诱惑。

就在这种召唤和诱惑的过程中，郭沫若不断地努力着，去建构自己的丰富人生，并时时眷顾心中的歌德，在百忙中挤出时间读歌德、译歌德，在1947年5月，他终于译完了歌德巨著《浮士德》第二部，了却了30年来的一桩心事，同时与晚年歌德在心境上也产生了共鸣，还萌发了一种超迈"浮士德的乌托邦"的强烈冲动。虽然后来证明，郭沫若也曾身不由己地陷入了某种"乌托邦"之中，但他毕竟历尽劫难，看到了历史"新时期"的曙光。

三、读译《处女地》

1921年4月初，郭沫若在从日本回国的船上，第一次读了屠格涅夫的长篇小说《处女地》。当时他读的是德文本，书名为"Die Neue Genenation"，他译为《新时代》或《新的一代》。

与郭沫若同船回国的成仿吾，怀着同样的文学梦，毅然抛却在日本的学业，和郭沫若一起，想在上海滩上建起一座文学的丰碑。他随身带了好几本德文书，其中有两本屠格涅夫小说，以便在两天两夜的航海途中阅读。他和郭沫若同睡在条件艰苦的三等舱的一角，风浪很大，沫若不敢随便起身，怕晕船呕吐，而仿吾却不怕晕船，还时常起来到头等舱去照料他朋友的家眷。这样，孤独地躺在那里的沫若便顺手拿起了屠格涅夫的《处女地》，随随便便地读了起来。谁知读了不久，便深深地被吸引住了。这是一部很好的小说，他想。于是，几乎是废寝忘食地读下去，船到上海，他将这部长篇小说也细细地读完了。

他喜欢这部小说。但书是仿吾的，看完后便交还仿吾了。此后便拼命一般地去办《创造季刊》，写稿编稿印校发行等一大堆事情缠住了他，他不能悠闲地再去仔细捧读《处女地》了。但他没有忘记它，因为它已经深深地印在他心中了。加之成仿吾有时在看它，还提起一些话题与郭沫若讨论，这就更加深了他对这部小说的印象。当时沫若与仿吾有一种感同身受的共识，即与《处女地》的主人公涅暑大诺夫都感到相当亲切，仿佛有着同样的命运：都嗜好文学，又都轻视文学；都想亲近民众，又都有些高蹈的精神；都感到倦怠不满，但也都缺乏投入社会实践的勇气——都有些像"哈姆莱特"。

沫若说："我爱读《新的一代》这书，便是因为这个缘故。"① 也正是由于爱读，后来，当沫若与仿吾分别的时候，还专门向仿吾提出请求：把《处女地》一书给他，以便作"永远的纪念"。他带着《处女地》到了日本，遥念朋友，手捧故书，忆起一些讨论该书的情形，"一段怀旧的幽情"便袭上了心头。

1924 年 7 月初，郭沫若有暇重读《处女地》，兴味依然很浓，甚至起了翻译此书的念头。于是敢想敢干的沫若便马上投入到译事中去，花了四五十天的工夫，译成了题为《新时代》的长篇小说，1925 年 6 月由上海商务印书馆出版，署译者名为"郭鼎堂"，扉页题："这本译书献给我的朋友仿吾"。关于本书的翻译，译者在"解题"中说明：以德文本为底本，译成后又曾以英译本参证，德译有不妥处即依英译作了改正；尽可能对书中重要的典实和疑难处给予了注释，这些译注对读者理解此书会有所帮助；译事尽了心力，自己所不满意的是"重译"，希望在数年之内能有直读俄文本的机会；本书的出版得到了高梦旦、郑心南、何公敢等人的帮助，在此表示感谢。云云。

除了这些"说明"之外，郭沫若还于 1925 年 4 月 6 日写了《〈新时代〉序》，在介绍自己与《处女地》结缘的过程之后，重点评介了该书所体现出来的"社会革命的思潮"。郭沫若指出：屠格涅夫很清楚促成社会革命的政治和经济的条件，将马克罗夫写成偏重政治革命的激进派，将梭罗明写成偏重增加物质生产力的缓进派。而屠氏倾向于后者，遂在小说中写了马克罗夫式的失败，写了梭罗明式的小成，体现了修正派的社会主义思想。所以这部小说从思想倾向上看来，是带有消极性的。值得注意的是，从小说中展示的俄罗斯生活景观，中国读者很容易产生一种似曾相识的感觉——不仅生活的苦难多有相似之处，而且俄国的官僚、百姓也都与中国的官僚、百姓亦颇多相似之处。

---

① 郭沫若：《孤鸿——致成仿吾的一封信》，《创造月刊》，1926 年 4 月第 1 卷第 2 期。

从郭沫若的评介以及《〈新时代〉序》最后一句中，可以看出当时郭氏思想上的变化。他这句话是："我译成了这部书后，把我心中的'涅暑大诺夫'枪毙了。"[①] 这表明，郭沫若已经从文人式的或"哈姆莱特"的犹疑中摆脱了出来，坚定了他对中国政治革命的信念，并预兆着他要投笔从戎了。然而从此他是否从涅暑大诺夫式的犹疑，滑向了马克罗夫式的躁进了呢？熟悉郭沫若生平的人，大概是不难回答的。

四、选译《社会组织与社会革命》

郭沫若与马克思主义学说的结缘，起自"五四"新文化运动，那时马克思主义的传播已在郭沫若诗集《女神》中投下了星星点点的光影。此后渐有发展，到了1924年春夏之交，他对马克思主义学说已可以用"热爱"这个词来形容了。应该说，在此时他选择翻译日本著名马克思主义学者河上肇的《社会组织与社会革命》，便是他这种"热爱"促使的结果，并通过翻译，强化了这种"热爱"。而这种"热爱"既含有某种感情的因素，更含有一种理性的自觉。没有相当的认识上的积累，他不会选译此书；翻译此书过程中的译读、思考等，无疑也会反过来促进他对马克思主义认识水平的提高。他曾在《留声机器的回音》一文中说："思想是生活的指路碑。文艺家哟，请彻底翻读一两本社会科学的书籍吧。"[②]（当时多用"社会科学"代指尚须避讳的马克思主义）这其实是郭沫若自己的经验之谈。

郭沫若接受马克思主义学说主要是通过对日本学者的有关著译的阅读来进行的。他在日留学期间曾接触与阅读过福井准造的《近世社会主义》、河上肇主持的《社会问题研究》杂志等宣传科学社会主义的著作和刊物。这次选译河上肇的理论巨著《社会组织与社会革命》，沫若也正待在日本。他在1924年4月18日

---

① 郭沫若：《〈新时代〉序》，商务印书馆1925年版。
② 麦克昂：《留声机器的回音》，《文化批判》，1928年第3期。

寄给成仿吾的信中写道："半月以来只在译读河上肇的《社会组织与社会革命》，怕还要三个礼拜才能完工。"① 结果花了 50 多天的时间才译完。这么多天沉浸在河上肇的思想境界中，同时也势必引发他的许多思索，从而对清理、转变自己的思想起到了重要的作用。在 1924 年 8 月 9 日给成仿吾的信中便说明了这次译读之后的积极效应：

> 我译完此书所得的教益殊觉不鲜！我从前只是茫然地对于个人资本主义怀着憎恨，对于社会革命怀着信心，如今更得着理性的背光，而不是一味的感情作用了。……我现在对于文艺的见解也全盘变了。……今日的文艺是我们现在走到革命途上的文艺，是我们被压迫者的呼号，是生命穷促的喊叫，是斗志的咒文，是革命预期的欢喜。

又说：

> 以前没有统一的思想，于今我觉得有所集中。以前矛盾而不能解决的问题，于今我觉得寻得了关键。②

正是由于译读及其引发的思考解决了长期困扰自己的"思想问题"，郭沫若此后的人生道路也受到了相应的影响。他抛弃了研究生理学的志愿，最终割断了对医学的那缕"情丝"，决心今后"一方面仍旧继续着自己的学艺生活，而在另一方面从事实际活动"③。

这是一次相当慎重的人生选择。年龄已逾而立的郭沫若，经由这番人生设计，便以百倍的热情，投入到北伐的阵伍之中，投入到革命文学的大潮之中。有时以"实际活动"为主，有时则以"学艺生活"为主，有时又二者兼得，政文合一，从而展示了更加壮阔的人生画卷。纯纯的文学、纯纯的学术都如纯纯的少女，无疑都好、都妙，但却总难拥有那份世间罕有的崇高！郭沫若的人生画卷波

---

① 郭沫若：《郭沫若致成仿吾》，《创造周报》，1924 年 5 月 19 日第 52 号。

② 郭沫若：《孤鸿——致成仿吾的一封信》，《创造月刊》，1926 年 4 月第 1 卷第 2 期。

③ 郭沫若：《创造十年》，《郭沫若全集·文学编·卷 12》，人民文学出版社 1992 年版，第 207 页。

澜壮阔,给人一种舟行大海、机飞蓝天的感觉,尽管他也有儿女情长、花落惊心的纤细神经,从主导方面看他却追求崇高,抱负不俗。尤其是他经过这番人生设计之后,他的人生疆场一再有大幅度的拓展。为此,他后来说要深谢河上肇,深谢马克思,这的确是他的肺腑之言。

值得提及的是,郭沫若在1928年开始的避难岁月里,又曾集中地读过一批马列主义著作,这些著作有中、日、英、德等不同文版,如改造社出版的《资本论》和《马克思恩格斯全集》,希望阁出版的《马克思主义与哲学》,白杨社出版的《马克思论文集》,弘文堂出版的《原文对译唯物辩证法》,苏联出版的《唯物主义与经验批判主义》等,他还选译了马克思的《政治经济学批判》和《德意志意识形态》,更进一步在译读中深化了对马克思主义学说的理解。这不仅对他当时致力于建立中国马克思主义史学有重大的指导作用,而且对他后来在抗战中的政文并辉的人生,亦有照亮道路的积极作用。

五、最后的译著

如果说《李白与杜甫》是郭沫若一生中最后的著作,那么《英诗译稿》则是他的最后的译著。郭沫若一生著译甚多,著作等身对他来说绝非虚言。仅就其数量相对较少的翻译而言,从1916年开始翻译到1969年译《英诗译稿》,译著约有30余种,字数达300多万字。按说,在原本数量很大的译著上再添这么薄薄的一册,不会引起人们的注意,在总体上也未扩大郭沫若的翻译成就。但就是这本小小的译著,却透露出了晚年郭沫若“读书”方面的诸多信息:他为何会在“文革”中重操译笔?在读红宝书盛行的年头他为何耽读这些老外的抒情诗?他是在怎样的心境中读这些诗又是出于什么动机采取怎样的方式来译的?诸如此类的问题便引起了人们探询的兴趣。

《英诗译稿》所据原书为日本学者山宫允先生编选的日文版《英诗详释》,该书出版于1956年。山宫允先生将此书赠送给了郭沫若,也许只是一次偶然的文人馈赠,但郭沫若捧读而又给予翻译,却并非偶然的事情。郭沫若在1969年3月至

5月，一边细读《英诗详释》，一边有选择地翻译其中的诗作，译文就写在原书的空白处，有的诗译毕，还加添了译者附白。当时，郭沫若默默地但很认真地从原书60首诗中选译了50首，但未誊写，也不声张，悄然闲置一旁。直到1980年才由他的两个女儿郭庶英、郭平英整理出版，定书名为"英诗译稿"，并请成仿吾作序。成序指出郭沫若在译诗方面的历史性的贡献以及译诗手法的"高超"，同时也发出了这样的疑问："在他将近晚年的时候回到翻译这种短的抒情诗，虽然是出于偶然的原因，但是我们就不能从他的这种经历中得出某些可能的推理吗？"可惜，他接下来的回答却是："从他最后竟翻译了这样的抒情诗，是否至少他主张，不管你叙景或叙事，总要重视内在的节奏，并且最好有韵脚。"[1] 仿佛郭沫若仅仅在注意诗歌的形式，表现着某种关于诗的见解。这显然是一种很狭隘的"推理"。

山宫允《英诗详释》所选编的60首诗，都是世界上很有名的部分诗人的佳作，平易有趣而又轻盈剔透，是真正的美丽动人的抒情诗。郭沫若在"文革"正热闹、文学却荒凉的岁月选读这样的诗歌，固然有对其形式上的诗美的注意，甚至有消遣除闷上的考虑，但更重要的，则是他在译读的同时，体现出一种渴望开拓视野、眷顾外国文化的眼光。选择读什么，喜欢读什么，这对身处"文革"而"靠边站"的郭沫若来说，并不是个简单的、轻易的事情，当时，在无产阶级专政下继续革命的观念的支配下，一股大革文化命的凶猛浪潮，将文化虚无主义发挥到极致，对于既往的文化遗产，包括"五四"以来的文化遗产，除了可被"利用"的（如鲁迅）之外，大都采取了彻底否定的态度，于是造成了几乎只有红宝书及各种诠释文本可读的局面。感受着这股强烈的文化虚无主义风潮，郭沫若仿佛信鸽一样，早在1966年4月10日便主动放飞出这样的消息："拿今天的标准来讲，我以前所写的东西，严格地说，应该全部把它烧掉，没有一点价值。"[2] 这话从表面上看非常契合文化虚无主义，并实际上已被文化虚无主义者所充分利用。但这话是否别有隐意、别有苦衷呢？"拿今天的标准来讲"，就要烧掉郭沫若所写的全部东西，如果大家不这么认为，觉得郭沫若那么多诗文、小说、史剧、论著还有价值或有一定的价值，那么就会反问一句：这"今天的标准"是否出了问题？然而这里隐含的某种机敏和苦衷并未引起世人的注意，反而将郭沫若的话

---

① 成仿吾：《〈英诗译稿〉序》，上海译文出版社1981年版。

② 郭沫若：《向工农兵群众学习，为工农兵群众服务》，《光明日报》，1966年4月28日。

树为"自我革命"的样板，这种荒唐的一个直接后果，是将郭沫若逼入了十分尴尬的境地：要么随波逐流，要么逆流抗争，要么只能表里不一，相机应付。大抵说来，郭沫若采取的是后者。但这必然造成精神上的巨大痛苦，何况恶浪滚滚，郭沫若的两个儿子也相继弃世。苦闷既无由抒泄，便只好借他人之酒杯浇自己之块垒了。他对山宫允《英诗详释》的读译，主要便是出于这样的精神需要。

他译读着罗素·葛林的《默想》，吟味着"我不能让我尊严的人性低头/在那冰冷的无限面前跪叩/……我不能在无量数的星星面前低头/那无声的矜庄并不能使我投降。"他在译文后的附白中说："我自己也曾有这样的感觉，但不纯。"试想，当时年近八十的老翁在"默想"中吟味着这种拒绝摧眉折腰的诗句，该会有多少感慨啊！他译读着那些歌颂春天的诗，对"春之女神着素装"、"处处都有花树，都有女儿环舞"的美丽景象，又该会是多么向往啊！此时在他心里也许再次想起他译雪莱《西风歌》中的诗句：严冬如来时，哦，西风哟，阳春宁尚迢遥？然而他的企盼却不免显得迷茫，以他的高龄，更容易引起他对人生命运的感叹："人生越老，岁月越短/生命的历程似在飞换/……友人的谢世接二连三/胸中的伤痛如荼如炭"（妥默司·康沫尔《生命之川》）；"徐徐地悲伤地让他躺下/浑身都还带着荣誉阵地的血花俄们没刻一行字，没立一通碑/但只让他的光荣永远伴着他"（查理·渥尔夫《爵士约翰·摩尔在科龙纳的埋葬》）。从这些传达着悲哀、悲壮之况味的真正的诗句中，郭沫若体味到的是切切实实的心灵共鸣，远异于现实中那些空洞的豪言壮语。他尽管可以作许多表面文章去应付纷乱的骚扰，从而流露出令人困惑乃至厌憎的"庸人气味"，但他在虚饰的"超我"下面，毕竟还葆有真实的"自我"——他的最后一部译著《英诗译稿》，便是一个不朽的见证！

或许，郭沫若晚年能有暇陶醉在对外国好诗的译读之中，并唤起他早年对外国诗歌的那种广泛涉猎的记忆，是一种难得的幸福？他当时也许只为自己译读欣赏的译诗，终经他的女儿的整理，在新时期的春天里出版了。这对九泉之下的他来说，当是一个珍贵的告慰。

综观郭沫若一生的翻译活动，可以看出郭沫若非常重视翻译的"创造性"，强调翻译与创作的同一性，但他也曾在相对的意义上做了这样的形象区分：创作是处女，翻译是媒婆。他主张一位负责的有创造精神的媒婆，一定会以认真严肃的态度将健康美丽、情多意深的姑娘介绍给读者的。正是出于这样的"媒婆观"，郭沫若在自己扮演"媒婆"这一角色时，首先进行的便是通过大量阅读，去挑选那些优秀的"姑娘"（作品）作为译介的对象，他对那种随便抓一本洋书就译的"轻率媒婆"的乱点鸳鸯谱，十分反感，因此，他在选择译介对象的"高标准、严要求"方面，可以说还超过了同时代的鲁迅、茅盾等人。他所选择的文学原著，绝大多数都被历史证明是名家的名著，具有超越时空限制的艺术性，对艺术性差而仅有当下现实意义的一般作品较少顾及。他的慧眼识"姑娘"的本领使他成为读者普遍欢迎的"媒婆"，他不仅翻译了许多广受欢迎的诗作，而且翻译了不少优秀的小说、戏剧作品以及文艺论著。[①]

此外，郭沫若的翻译活动还具有以下特点：其一是时间跨度大，作品种类较多。他的译龄甚至与他的创作年龄相当，长达六十年，从最早的译泰戈尔、海涅等人的诗，到晚年译《英诗译稿》，贯穿了大半个世纪。他所译的东西涉及 7 个国家的诗歌、小说、戏剧、文艺理论和政治经济学说等许多方面，出书达 30 余种，总字数逾 300 万。其二是翻译态度严肃，所译多属精品或具有自己的鲜明特色。他慎于当"媒婆"，总在大量阅读外国原著的基础上，挑选出价值大、意义丰的作品从事翻译，同时强调翻译与创作的深度融合，显示出了郭译强调"风韵译"的个性风采（有人名之为"神韵译"）。其三是将翻译活动置于中外文化交流和比较的大背景上，注意发挥翻译的多方面的文化传播作用。他曾说："凡是世界上适合自己的最进步的东西，无论是精神的或物质的，我们都须得尽量的摄取。"[②] 他认定先进文化是全人类共有的宝贵遗产，理应积极地予以接受，由此也便明确了翻译的目的，不仅企望自己的翻译能够有益于广大读者，也企望自己在翻译中更深入地了解作品，从而对自己的独立创作活动产生积极的影响。

鲁迅曾将成功的译介者喻为普罗米修斯，取来天火，为人们带来温暖和光明，又大力提倡"拿来主义"。郭沫若的翻译实践证明，他就是现代中国文化史上的一位普罗米修斯，他在奉行"拿来主义"方面，取得了让人称羡的成就。得益其"译泽"的读者也许该向他说一声：

谢谢您这位出色的"媒婆"！

---

① 如《少年维特之烦恼》（歌德著）、《石炭王》（辛克莱著）、《茵梦湖》（施笃谟著，与钱君胥合译）、《新时代》（屠格涅夫著）、《战争与和平》（托尔斯泰著，与高植合译）、《日本短篇小说集》等外国小说；《法网》（高尔斯华绥）、《异端》（高尔斯华绥）、《约翰沁孤戏剧集》（辛治）等外国戏剧；《美术考古学发现史》（米哈亚力斯）、《近代美术史略》（米哈亚力斯）等文艺论著。

② 郭沫若：《"民族形式"商兑》，《中国文化》，1940 年第 1 期。

横眉冷对千夫怒，俯首甘为孺子牛

——论郭沫若与中国高等教育

高等教育是在完成中等教育基础上进行的专业教育，是培养高级专门人才的社会活动。作为国家教育体系的最高层次，中国高等教育的发展始于 19 世纪末 20 世纪初。1895 至 1898 年先后成立的天津中西学堂、上海南洋公学、浙江求是学院和京师大学堂被认为是中国近代大学的雏形。相对于西方历史悠久，发展完善的高等教育体制，中国的高等教育受国家、社会、革命等合力的影响，自兴起之日起就在理论、制度和实践层面上略显薄弱。令人称奇的是，虽处此种状况之中，但在 20 世纪中国社会、政治、经济、文化中崭露头角、有所成就的人，大都接受了较为完善的高等教育（包括留学生接受的海外高等教育），其中佼佼者，不仅受其裨益以至成就斐然，更与中国高等教育的发展联系密切。作为继鲁迅之后思想文化界旗帜的郭沫若，同鲁迅一样，长期以来"以自我牺牲精神创造性地从事创作，从事研究，从事教育，从事哺育新生代"[1] 的工作，为中国近现代高等教育发展付出了艰辛探索和努力，成为"我亦甘为孺子牛，横眉能对千夫怒"[2]

---

① 郭沫若：《郭沫若全集·文学编·卷17》，人民文学出版社 1989 年版，第 100 页。
② 郭沫若：《三味书屋（七律）》，载成都市图书馆编《郭沫若著译及研究资料·册2》，成都市图书馆 1980 年版，第 538 页。

式的实践型教育家。① 迄今为止，学术界对郭沫若与高等教育的关联性研究相当薄弱，本文在尊重历史事实的基础上拟对此进行一些初探。

一、郭沫若接受的高等教育

1. 国内教育

书香门第出生的郭沫若自幼年时就开始从家庭教育和书本知识中汲取营养。母亲为他开蒙，教他背诵古诗，给他上了"诗教的第一课"。六岁入私塾，早晚读经、对句，他逐渐掌握写作旧体诗的技巧，也增添了对文学的趣味。年龄稍长，优厚的家庭环境使他能够自由地出入学堂，接受新式教育的熏陶。1905 年，清王朝正式废除科举，与此前后，全国各地各种新式学堂多有创办。凭着少时优厚的家学基础，郭沫若在求学之路上一直名列前茅，先后入乐山高等小学、嘉定府中学完成了小学（初等）、初中（中等）教育。1912 年年末，已经二十一岁的郭沫若考入了成都高等学校理科，并于次年 2 月正式入校学习，自此拉开了他接受高等教育的序幕。

关于郭沫若入成都高等学校理科一事，历来多被人引用，几成定论。据查，最早出于郭沫若自著《五十年简谱》（以下统称为《简谱》），"岁暮、中学毕业，考入成都高等学校理科。留省未归"②。但除此之外，经笔者多方查找，并未寻见其他有关此校的只言词组，成都高等学校是否真的存在，或者又是何种类型、程度的学校，便也令人生疑。据《简谱》所记，郭沫若于 1912 年年末考入该校，在第二年春，即 1913 年，正式入校学习。在"解放前四川的高等学校"③ 名录中

---

① 教育家可分为多种类型，主要有理论型、实践型以及集理论与实践为一身的复合型。其中理论型教育家如叶圣陶、杨贤江、刘佛年、朱智贤、赫尔巴特、杜威等。复合型则相对较少，如孔子、蔡元培、陶行知。实践型教育家则有马叙伦、晏阳初、张伯苓、黄炎培、马卡连柯、苏霍姆林斯基等。郭沫若既在教育行政岗位上进行宏观的教育管理，又以学校主管的名义践行教育改革，还以教师的身份从事教学工作，并有自己的独到见解。他以实际行动对中国高等教育的贡献，正是其作为实践型教育家的最好注释。

② 郭沫若：《五十年简谱》，《抗战文艺卷》，1941 年第 6 期，第 390 页。

③ 详见《四川高等教育和中等专业教育年鉴》编辑委员会：《四川高等教育和中等专业教育年鉴 1949－1985·附一：解放前四川的高等学校》，四川教育出版社 1989 年版，第 590 页。

搜寻，发现仅有 1902 年创办于成都的"四川省城高等学堂"① 与郭沫若所记相符。证据如下：

第一，在《四川大学史稿第一卷》（以下统称为《史稿》）中，有郭氏民国元年（1912 年）下学期考入四川省城高等学堂正科二部九班求学的学籍记录②。第二，据肄业于该校的陆殿舆（陆松涛，1891－1990）回忆，"现科学院院长郭沫若先生那时名郭开贞，在二类九班读了一个学期。1913 年暑假，北洋军医学校在成都招生，他考上了，是年秋后便离开四川。他的成就固另有由来，不过和高等学堂也有这样一段小小因缘"③。此处的四川高等学堂正是四川省城高等学堂④。第三，郭氏所学为理科，而"根据清廷学部奏定章程和四川省城高等学堂的增订规划，四川省城高等学堂学科分为正科三类（正式实施时，改'类'为'部'）：正科一部（文科）：包括经学（主要为中国哲学）、政法、文学、商科。正科二部（理科）：包括格致（主要为数、理、化）、工科、农科。正科三部（医科）：包括医学"⑤。这是当时四川境内唯一一所与郭沫若和陆殿舆所记相符的高等学校。由此三点来看，郭氏中学毕业后就读的应是四川省城高等学堂。而郭沫若所说的成都高等学校，即当指此校，或者只是前者一种简便的说法。

事实上，四川省城高等学堂前身是四川通省大学堂，也是当时四川少有的几所高等学校之一。据《史稿》所载，"四川通省大学堂是光绪二十八年（1902 年）前后，四川总督奎俊奉旨合并四川中西学堂、尊经书院、锦江书院后组建的，校

---

① 在《四川高等教育和中等专业教育年鉴》中，为"四川省高等学堂"，但据收录于《四川大学史稿第一卷》总序之前的"四川省城高等学堂校印"照片确定，该校实际名称应为"四川省城高等学堂"。

② 详情可参考《四川大学史稿》编审委员会：《四川大学史稿·卷1》，四川大学出版社 2006 年版，第 34 页。

③ 陆殿舆：《四川高等学堂纪略》，载党德信总主编；马玉田，舒乙主编《中国人民政治协商会议全国委员会文史资料委员会编 . 文史资料存稿选编·卷 24》，中国文史出版社 2002 年版，第 790 页。

④ 在《史稿》总序之前收录有宣统元年（1909）入学的学生张颐（张唯识，1887－1969）毕业文凭原件照片。毕业证书抬头名称即为"四川高等学堂"，监督（校长）正是"四川省城高等学堂"的周翔（周凤翔，1811－1927），此外，证书颁发日期为皇帝纪元四六□九年十二月，证书正文中有"大汉宣告独立之年十二月"，即 1911 年 12 月。由此可以证明，直到 1911 年年底，四川省城高等学堂和四川高等学堂的叫法是通用的。

⑤ 《四川大学史稿》编审委员会：《四川大学史稿·卷1》，四川大学出版社 2006 年版，第 34 页。

址设在成都南较场尊经书院原址，它完全仿京师大学堂成例，是四川的最高学府"①，且有收录于《史稿》总序之前的"四川通省大学堂校印"照片为证。不久，"四川通省大学堂又改名为四川省城高等学堂，并由川督改发'四川省城高等学堂'关防"②，而此"关防"正是"四川省城高等学堂校印"（同有校印照片为证）。1912 年 1 月 25 日，"中华民国"教育部颁发《中华民国教育部普通教育暂行办法通令》，其中规定"从前各项学堂均改称为学校，监督、堂长应一律通称校长"③。此时统治成都的四川军政府也在民国正式建立之日就已表示接受南京临时政府领导，因此四川高等学堂依令改为四川高等学校在道理上是说得过去的。1916 年四川高等学校与四川高等师范学校合并，成立国立成都高等师范学校，延续四年的四川高等学校名称正式废止。因此，郭沫若 1913 年入校时的大学准确名称应是"四川高等学校"，此校正是现在的四川大学前身。而郭沫若在四川高等学校仅四个月的学习经历也成为他初识高等教育的开始。只是，天性放荡不羁的郭沫若在成都高等学校并不如意，除了对美国诗人朗费罗的《箭与歌》略有感悟与体验外，并无太多收获。

1913 年 6 月，入学不久的郭沫若决意离开成都高等学校。适逢天津陆军军医学校面向全国招收新生，或是因少时患病导致重耳的经历，或是为逃脱旧式婚姻的羁绊，抑或是郭氏自述，"那是因为医学校是官费，连旅费也不让你自己出一个钱，好借此以离开四川而已"④。郭沫若由此踏上了赴天津求学的道路。作为国内创办较早的医学高等学府，天津陆军军医学校的前身是北洋军阀袁世凯于 1902 年 8 月建立的北洋军医学堂。建校之始的总办由获得德国医学博士学位、被誉为中国军医之父的徐华清担任。为提高师资力量与教学水平，徐华清数次出国考察，聘请了日本陆军医院院长平贺精次郎为总教习，还先后邀请多名日德医学专家来校任教。民国初年该校改名为陆军军医学校，分为四年学制的普通医学科和五年学制的军医本科，面向全国招生，并设有附属医院，作为学生的临床实习场

---

① 《四川大学史稿》编审委员会：《四川大学史稿·卷 1》，四川大学出版社 2006 年版，第 31 页。

② 《四川大学史稿》编审委员会：《四川大学史稿·卷 1》，四川大学出版社 2006 年版，第 32 页。

③ "中华民国"教育部：《中华民国教育部普通教育暂行办法通令（第三十二号）》，《浙江军政府公报·法令》，1912 年第 17 期，第 2 页。

④ 郭沫若：《郭沫若全集·文学编·卷 11》，人民文学出版社 1992 年版，第 332 页。

所，由此教学逐步走上正轨。① 在经历初试、复试后，未等发榜，郭沫若便放弃就读，离开天津。究其原因，是他觉得"一座堂皇的军医学校竟没有一名外国教习，竟没有一位大有名声的中国教员，这还成什么学校呢?"② 尽管事实并非如此，打定主意要离开的郭沫若自是毫不犹豫，到北京投奔了正在做川边驻京代表的大哥郭开文，希望能够在大哥的帮助下，另谋生路。

当然，以现在的眼光来看，不管是成都高等学校还是天津陆军军医学校，两者在专业设置、学科建设、办学体制及发展状况来看，还难以确证为现代意义上的高等院校。但是，相较于清末民初的教育发展状况，这两所学校已然不是武继平所说的高中，而是具有现代高等教育性质的大学③。不过简单而言，郭沫若接受的国内高等教育是失败的，或者不客气地说，几乎为零。学制短暂和学科知识的非系统性使他仅仅跨入了高等教育的大门，却难以获得更多的知识和营养。此外，两校虽皆各地翘楚，但彼时教育部门的腐朽无能与科学教育制度、方法、理论的缺失在制约了高等教育发展的同时，也加倍招致了天性叛逆的郭沫若对国内教育的失望乃至厌恶之情。于是，离开天津、赴北京投奔大哥成为郭沫若当时的选择。随后，种种机缘巧合之下，赴京之初并无意留学日本的郭沫若竟获得了赴日留学的机会，而这一去，也使他在国内还未系统接受的，也极不成熟规范的高等教育告一段落，同时掀起了他留学教育的新篇章。

2. 留学教育

留学教育，作为国际教育最直接也最主要的表现形式由来已久。从文化传播学的角度来看，留学教育是不同文化之间由于异质性或发展中的差异性导致的交流活动，其作用在于优势互补，共同发展。中国人大规模赴欧、美、日等国留学始于清末，不同于一般意义上的相互交流学习，落后、贫弱的国家现状使得中国学生的留学运动表现出明显的单向性和明确的目的性，即学习各国先进的科学、

---

① 关于天津陆军军医学校的创办、发展、更名等历史沿革及学生实习和考试，毕业分配工作方法的详细内容可参考：魏国栋：《北洋军医学堂到陆军军医学堂历史沿革》，《河北理工学院学报（社会科学版）》，2004 年第 4 期，第 205—208 页；郭秉瑢：《从北洋军医学堂到陆军军医学校》，全国政协文史资料委员会编：《文史资料存稿选编·十六·军事机构（下）》，中国文史出版社，2002 年版，第 684—687 页。

② 郭沫若：《郭沫若全集·文学编·卷 11》，人民文学出版社 1992 年版，第 332 页。

③ 详情可参考：王敏、周曙光：《关于郭沫若弃医从文的浅析——与鲁迅对比的视角出发》，藤田梨那、魏建主编：《国际郭沫若学会第四届学术研讨会论文集（中文版）》，第 82—83 页。

技术、教育思想，以图自强。在经过晚清和民初数十年的发展后，留学队伍逐渐壮大，并在中国社会中形成了声势浩大但又相互抵牾的"留日派"和"欧美派"。两派因留学环境、思想内涵、文化心理、文化选择等原始差异因素所限，在形成之日起就在尖锐的冲突和对立中展开了对20世纪中国社会政治、文化、思想领导权的争夺。其中仅有史可证的"大仗"就有——"1922年胡适与创造社由翻译引起的一场笔战，1923年胡适与鲁迅等'整理国故'的争论，1925年梁实秋对现代中国文学'浪漫趋势'的批判，1925年'语丝派'与'现代评论'派的摩擦，1923年郭沫若与徐志摩由'泪浪滔滔'引发的冲突，1928年'创造社'与'新月派'的冲突，1928年鲁迅、郁达夫就鲁索问题对梁实秋的批判，1934年苏雪林对郁达夫、张资平的抨击，1929年鲁迅与梁实秋关于文学阶级性的笔战，1949年郭沫若对朱光潜、萧干的批判……"① 新与旧，激进与自由，进步与保守，革命与反动，两派在激烈的社会斗争中忽上忽下，忽左忽右。自身定位的失衡与角色的混乱使本就复杂的近代历史充满了歧义和不确定性，而历史的吊诡之处正在于此。最终，以激进的革命知识分子为代表的"留日派"最终走到了历史前台，在各种合力下占据了上峰，对辛亥革命乃至新中国成立后近百年的中国社会产生了深远影响，成为引领二十世纪中国发展走向的强大内核。

赴日留学作为近代留学运动的主潮，首开于1896年3月清政府选派唐宝锷等13人赴日本东京高等师范学校学习。"此后，中国留学生人数逐渐增加，1899年增至二百名，1902年达四、五百名，1903年有一千名。"② 截至抗战爆发前，在近四十年的时间内，就有近50000多名中国学生通过各种形式赴日留学。③ 究其根源，除了日本各项事业发展先进，交通便利，费用节省及文字习俗相似等社会、经济原因外，"在文化上，它从根本上表明了中华民族传统的'见贤思齐'

---

① 李兆忠：《喧闹的骡子：留学与中国现代文化》，人民文学出版社2010年版，第258页。

② ［日］实藤惠秀：《中国人留学日本史》，谭汝谦、林启彦译，生活·读书·新知三联书店1983年版，第1页。

③ 关于中国学生赴日留学总人数，历来多有争论，本文取日本学者实藤惠秀50000多人之说，参见［日］实藤惠秀：《附录三：有关中国留日学生的五个统计表·表1留日学生数》，《中国人留学日本史》谭汝谦、林启彦译，生活·读书·新知三联书店1983年版，第451页。此外还有如下文章对其进行了讨论：孔繁岭、申在文：《简论中国近代留日学生的特点》，《徐州师范大学学报（哲学社会科学版）》卷33，2007年第5期，第6—10页。［日］阿部洋：《向日本借鉴：中国最早的近代化教育体制》金光耀译，［加］徐美德：《中外比较教育史》（*China's education and the industrialized word：Studies in Cultural transfer*），朱维铮等译，上海人民出版社，1990年版，第111—116页。

的心理，同时，更直接地表现了 19 至 20 世纪之交的中国人民不甘被列强瓜分，极欲用人类新的科学文化知识装备自己，以图振兴的强烈愿望"①。更为现实的原因来自官方，不论是清政府 1904 年颁布《奖励游学毕业生章程》给予学成回国的留学生相当于科举考试中榜者的优厚待遇，还是在辛亥革命后，针对归国留学生实行的文官考试政策②，都使得"他们在由革命而诞生的中华民国临时政府及各省革命军政府中都占据了重要地位"③。政府的鼓励支持及社会各阶层对"海归"存在的"迷信"观念，学成归来的留学生质量虽参差不齐，但多在清末民初的国家社会中拥有较高的社会地位和丰厚的经济待遇。同时，与"欧美派"相比，声势浩大的"留日派"可谓"杂食"，当时日本大学几乎所有科目，如师范类（包括农业、工业、商业、采矿、铁路、蚕桑等）、军事类（包括陆军、海军、警察等）、法政类、医学类、理化类、体育类、美术类、音乐类等，皆有人习。至于对专业的选择偏好，正如王奇生所说，"清末留日学生大多学习法政和师范专业，归国后又多进入政界和教育界，因此对清季教育政策的制定影响较大"④。其中有的身居教育行政部门担任要职，有的创办并担任各类大学校长。他们在亲身实践中，介绍了先进的教育思想、理论、制度，在模仿日本教育体制的基础上，积极探索适合中国近代国情的教育模式，对中国近代高等教育制度的确立、教育理论的探索做出了重大贡献。郭沫若作为数万留日学生大军中的一员，初衷虽非教育，但留学十年的受教经历亦让他积累了足够的知识和阅历，对其日后从事高等教育事业做好了理论和实践准备。

1914 年 1 月，郭沫若如愿以偿抵达日本东京。为了能在半年内考上官费学校，不至于因钱财不足而被迫回国，他开始了一生中最勤勉的时期，"拼命地学日文，拼命地补习科学"⑤。至于所报考专业，亦如他在致父母的信中所说，"男

---

① 徐放鸣：《论人类历史上的留学运动》，《江海学刊》，2007 年第 1 期，第 169 页。

② 详情可参见：姜新：《评清末民初的留学生归国考试》，《史学月刊》2005 年第 12 期。武静：《清末留学生归国考试制度及思考》，《天津市教科院学报》2011 年第 1 期。

③ ［日］小岛淑男：《辛亥革命与日本大学》，《江苏师范大学学报（哲学社会科学版）》，2013 年第 39 卷第 2 期，第 1 页。

④ 此处"清季"当为"清末"讹误，为保引用原貌，暂不改动。见王奇生：《中国留学生的历史轨迹 1872—1949》，湖北教育出版社 1992 年版，第 264—265 页。

⑤ 郭沫若：《郭沫若全集·文学编·卷 12》，人民文学出版社 1992 年版，第 15 页。

来东留学，志向在实业及医学两途"①。1914 年 7 月，在不到半年的时间内，他顺利拿到官费，考入东京第一高等学校预备班②，仍然选择了医科，窥其心迹，如鲁迅入仙台医学专门学校学习西医相似，"认真是想学一点医，来作为对于国家社会的切实贡献"③，也是"我研究科学正想养成我一种缜密的客观性，使我的意志力渐渐坚强起去"④。

1915 年 7 月，郭沫若东京第一高等学校预科毕业后，于当年 9 月升入冈山第六高等学校⑤。该校在冈山市外，成立于 1900 年 3 月，分为一、二、三部，一部是文哲、法政、经济等科，课程主要有日语、历史；二部是理工科，课程有矿物、制图、数学；三部是医科，课程有动物、植物、数学。一部学制两年，其他三年。该校校风"颇重形式而持保守"，"教职各员间感情颇为惬洽，校友间颇少

交涉，情面亦可敷衍得过也"。⑥ 郭沫若入冈山六高后，与成仿吾同学，对文学的兴趣依然不减，读海涅、屠格涅夫等人的作品，开始接触王阳明及斯宾诺莎的著作，在以后很长的一段时间内成为王阳明和斯宾诺莎思想的忠实信徒，这为他稍后从事文学工作培养了良好的兴趣。

三年之后，郭沫若通过了冈山六高的各科考试，很快接到了九州岛帝国大学医科大学的免试入学通知书，与家人相伴，从冈山来到福冈，开始了帝国大学的学习生活。九州岛帝国大学设立于 1911 年，

① 郭沫若：《致郭朝沛、杜邀贞》，载黄淳浩《郭沫若书信集·上》，中国社会科学出版社 1992 年版，第 11 页。

② 日本教育界在中国留学生赴日后专门为其设立了预备班，一般为期一年，以供初来的留学生补习日语、数学和理化等基础学科，为日后进入日本高等学院做准备。其中专门招收中国留学生的预备学校有五所，分别为：东京高等师范学校、高等工业学校、千叶医学专门学校、山口商业学校和东京第一高等学校。因东京第一高等学校为东京帝国大学附属设立，相对而言，最为难考。

③ 郭沫若：《郭沫若全集·文学编·卷 12》，人民文学出版社 1992 年版，第 15 页。

④ 郭沫若：《论国内的评坛及我对于创作上的态度》，上海《时事新报》副刊《学灯》，1922 年 8 月 4 日。

⑤ 关于郭沫若在冈山读书的详细情况及考证，可参考：［日］名和悦子：《郭沫若在冈山》，《郭沫若学刊》2007 年第 1 期，第 10—19 页。武继平，《郭沫若留日十年》，重庆出版社 2001 年版，第 34—41 页。

⑥ 澄塘：《冈山第六高等学校介绍》，《郭沫若学刊》，1987 年第 2 期，第 128 页。

前身是成立于 1903 年 4 月的福冈医科大学，设立之初只有医科和工科，郭沫若就读的正是医科①。在九州岛的日子里，郭沫若不仅被贫困困扰，还需面对沉重的学业负担。据统计，郭沫若四个学年内有解剖学讲义、组织学、组织实习、解剖学实习等多达 32 门的必修课，每周的课时数量也是大得惊人②。此时的郭沫若只好苦苦支撑，以百倍的努力刻苦学医。然而事与愿违，即使想要刻苦学习以弥补自己生理上的不足，"但终因自己的听觉的不灵，做医生的希望是不能不抛弃的"③。

以文学为利器，拯救弱国子民的悲哀是鲁迅弃医从文的主要原因。与鲁迅主动放弃学医，改投文学不同，郭沫若是因生理缺陷——"双耳重听"而被迫放弃。放弃，是有悖自己初衷和父母殷切希望的，坚守又不知路在何方。据佐藤富子回忆，"有一天夜晚，我无意地窥探郭的房间，看他把听诊器放在自己的胸口，以耳努力的听诊，大约是听不清吧！这时我看见他有说不出来的痛苦表情，我真不知是向他感谢或是道歉的好，我感到脸上发热，我劝他不学习文学的热情，反而使郭苦恼了"④。在放弃与坚守之间，郭沫若或许经历了有生以来最大的一次犹豫和抉择，因身体残疾而产生的精神压力更是让他陷入了一种精神病态当中。这正是阿德勒所说的"当个人面对一个他无法适当应付的问题时，他表示他绝对无法解决这个问题，此时出现的便是自卑情结"⑤。生理缺陷使得肉体难以适应环境并与之协调一致，思想与肉体的裂痕在不可控中逐渐扩大，郭沫若陷入了巨大的精神痛苦中。好在，消除自卑最好的方法就是寻找一种新的优越感，让人在满足之间消除自卑带来的神经系统紧张，并且对个体来说，倘若取舍得当，残缺和局限往往能成为激发人的潜能和创造动力的内在动因。正如 S. 阿瑞提所说，"一种不是苛刻到能严重伤害人的精神的、适度的差别甚至比在绝对自由的情况下都能更加刺激人们去创造。"⑥ 文学，选择文学，郭沫若最终在文学的世界里找到了思想与肉体的平衡，自卑情结此刻已化为超越旧我，大步前进的动力。

---

① 关于九州岛帝国大学医科大学的命名和名称变迁，可参考武继平：《郭沫若留日十年》，重庆出版社 2001 年版，第 57 页。
② 详细参考武继平：《郭沫若留日十年》，重庆出版社 2001 年版，第 63—65 页。
③ 郭沫若：《郭沫若全集·文学编·卷 12》，人民文学出版社 1992 年版，第 166 页。
④ 佐藤富子：《我的丈夫郭沫若》，战时文化出版社 1938 年版，第 5 页。
⑤ ［奥］阿德勒：《自卑与超越》，黄光国译，江西人民出版社 2011 年版，第 45 页。
⑥ ［美］S. 阿瑞提：《创造的秘密》，钱岗南译，辽宁人民出版社 1987 年版，第 409 页。

1920 年 1 月郭沫若向校方提出病休申请，以此为契机，郭沫若初步迈上了弃医从文的道路。病休之后的郭沫若利用福冈留日学生较多的便利，与之联络紧密，写小说，作新诗，与张资平等热爱文学的留日学生出纯文学的同人杂志，以提倡国内声势浩大的新文学运动。留学日本，所学专业虽为医科，但郭沫若以一颗爱国之心积极投身于国内的各种政治、文化运动，先后发表各种诗作，其中诗集《女神》《星空》的陆续出版更是确定了他著名诗人的身份和地位。1923 年 3 月 31 日，在九州岛帝国大学医学部学习四年零七个月的郭沫若终于拿到毕业文凭，旋即离日回国。

　　九州岛帝国大学医科留学经历让他重新认识了自己，走上了一条文艺救国的新路。但是如果对他留学日本长达十年的受教经历进行一个全面而又审慎的评价，我们发现其结果似一个充满歧义的矛盾共同体，有成功也有失败之处。说其成功，是因为留学十年的经历与成长，让郭沫若在文学上成就非凡，正如黄健所说，"郭沫若留日学医十年，更多地则是关心文学，他从歌德、海涅、雪莱、惠特曼、泰戈尔等人本主义文学家身上，吸取了强烈的自由意识和反叛封建思想禁锢的勇气。"[1] 在这意识和勇气的指引下，他成为"五四"新文学运动的先驱者和革命文学的提倡者，在中国近现代革命、思想、文学运动中摇旗呐喊，成为继鲁迅之后的领袖式人物。这一切，都源于留日受教对他的影响。论其失败，以数年的时间、精力去学医，最后却弃医从文，虽然其中有身体缺陷、心理困惑、家庭牵连等多种原因共同作用，但客观来讲，着实有些遗憾。但最遗憾的不是这点，而是所有留日学生在接受日本高等教育后所普遍存在的精神困惑与缺陷。

　　留学运动作为一种文化传播过程，对"个体"意识具有强烈的重塑作用。与"欧美派"相比，"留日派"赴日时都属青年，在国内已经形成基本的世界观和价值观，对一般的人、事、物业已具备了基本评价能力。但是，文化环境的差异可以在潜移默化中改变一个人的思维模式、价值取向和行为规范，更会在相当程度上重构人的文化价值和政治取向，让人有一个新的文化选择。这也是为什么留学日本的青年学生，大都对日本文化有一种超于一般人的认同感和亲切感。同时，留学生因自身文化基因的制约，又不能完全融入彼种文化之中，而是在吸收与传

① 黄健：《留学日本与创造社小说家的生命意识》，《徐州师范大学学报（哲学社会科学版）》，2007 年第 33 卷第 1 期，第 1 页。

播之间增添了较多极富个人主观性的衍生物，这也正是留学生精神困惑的根源所在。因为留日学生大都志在日本先进的科学技术，因此在重理轻文的思想背景下，大多人存在此类问题："第一，思维方式上形而上学的缺陷。第二，理论方法上以偏概全的失误。第三，行为操作中民众观念的缺乏。思维方式上的缺陷导致了理论方法的偏失，理论方法上的不足，又引起了实际操作过程中的失误。"① 正如之前所说，同郭沫若一样，大量留日生回国从事教育后，成为此种外来观念的中介人，潜移默化中的贯彻与实施，使得促进国内高等教育和研究水平提高的同时，也留下了些许不良印记。

二、郭沫若从事的高等教育

20世纪中国文坛上的名人大家在接受完高等教育后，并不意味着教育生涯的结束，而是选择走进大学，进入文学传承的良性循环。作为国民教育的高级阶段，高等教育在选择师资时向来青睐于那些既有国内传统教育基础又具海外留学经历的精英知识分子。这也在舒新城所说"高等教育界之人员亦十分之九以上（据民国十四年东南大学、北京师大同学录），为留学生，全国重要事业无不有留学生在其中"② 内可见一斑。于是，在民国教育中，同胡适、鲁迅、周作人、茅盾、叶圣陶、梁实秋、老舍等现代文学史上的著名作家一样，郭沫若也走进了大学，身兼作家和大学教师双重角色。这对郭沫若来说，既进入了一种对自己认同和接纳的体制内，又有了稳定的收入、较高的社会声誉和流畅的文章发表渠道，更让他以教授者和管理者的身份正式认识到了高等教育的特点和规律，为新中国成立后管理和创办高等教育获得了理论基础和实践经验。不过，尽管郭沫若前期积累了丰富的高校任职与改革经验，但到新中国成立后，特别是在中国科技大学的教育实践上，受限于特定时代、政治氛围、国际形势及自身理论视野狭窄所带来的认识困境，他的教育实践也出现了一定程度上的定位混乱乃至偏颇错误。

---

① 王玉祥，丁三青：《近代中国的留学运动与社会近代化》，载江苏省徐州师范大学留学生与近代中国研究中心编、周棉主编《留学生与中国的社会发展·卷1》，中国矿业大学出版社1997年版，第247页。

② 舒新城：《近代中国留学史》，中华书局1929年版，第212页。

1. 初涉高校教职

1924 年 11 月，郭沫若回到了他最初从事文学活动的地方——上海。在之后的几年时间里，郭沫若以教为职，频繁地奔走于各个高校之间，此期成为从事高等教育的集中显现。大夏大学，正是郭沫若担任高校教师的第一站。

大夏大学建校于 1924 年 6 月初，是原厦门大学的 300 余位师生因学潮离校而在上海重新建设的一所综合性私立大学。郭沫若赴大夏大学任教，正是该校草创之际，各种专业学科，百废待兴，亟需各类教师、人才。1925 年 4 月，大夏大学聘请郭沫若去教授文学概论课，时间为每周两小时。文学概论课虽是文科课程，但医科出身的郭沫若依仗于系统学习自然科学知识的经历，试图用一种新的方法授课。"他想借助于近代医学、生理学的知识，从原始人或未开化人及儿童对文艺的表现讲起，追求出文艺的细胞成分，他认为文艺的总论当以'文艺细胞'之探讨为对象。这样讲完总论，再就诗歌、小说、戏剧等做些分论，以构成自己所悬想的'文艺科学'。"[①] 虽然学校布置的课程只有每周两小时，但为了能充分利用这有限的时间，郭沫若总是花费好几天的功夫去认真准备，以补充课堂知识，尽可能多的让学生学习。因为"当时大夏大学没有藏书，所以他每天常常跑到北四川路的内山书店去借阅或者立读"[②]，而大夏大学给郭沫若的工资实在太低，远难维持他一家的温饱。迫于生活的压力，郭沫若不得不辞去了大夏大学的教职，另谋生路，他的第一次高校教职生涯无果而终。

好在当时郭沫若已在文坛有所"文名"，从大夏大学出走之后，正值中华学艺社筹办学艺大学，聘请他为文学系主任和筹办委员，赋闲在家，无以为生的郭沫若自然答应了。再入教职的郭沫若本想办好学艺大学，发展高等教育，培养新文学人才。1925 年 9 月学艺大学举行的开学典礼上，担任文学系主任的他作为教师代表发表了充满豪情壮志的入学演讲。事与愿违，一面从教以传道授业解惑，一面著文以参加国内的文艺、政治论争，郭沫若一些批评国内政局、阐述文艺观点的文章引起了学艺大学内一校董的不满，万般无奈之下，他只好辞职回家。辞去学艺教职不过数日，广东大学（今中山大学）代理校长陈公博聘请郭沫若去做该校的文科学长。在征得广东大学的同意后，郭沫若与郁达夫、王独清一起共赴

---

① 蔡宗隽：《郭沫若生平事略》，时代文艺出版社 1985 年版，第 45 页。
② 蔡宗隽：《郭沫若生平事略》，时代文艺出版社 1985 年版，第 45 页。

广州，开始了他第三次高校教职生涯。初入广州，郭沫若就对日后将要进行的改革计划表现出沉稳的态度和坚定的信心。正式担任广东大学文科学长后，郭沫若大力整顿文科学院，在中国现代教育史上开启了一场史无前例的改革运动。

高等教育改革一直是世界各国教育改革的重中之重。如何使高等教育在现代化建设中充分发挥作用，以实现适应社会发展需要，促进学生全面发展的目标则成为改革的持续关注点。19 世纪 70 年代美国哈佛大学对高等教育课程选修制的发现和重视，标志着高等教育课程改革的理论与实践进入了现代化阶段。其中的两大措施：教学评价体系注重看待教师个人素质、教学中的行为表现，学分制改革则以选修制为灵魂。两者对提高教师质量、课程质量具有积极的引导作用，成为 20 世纪高等教育发展史上的里程碑式事件。殊不知，早在 20 世纪 20 年代，以教为职的郭沫若就已正式开始教学评价体系的探索。

当时的广东大学分为文、理、法、农、医五科，其中文科设中国文学、英国文学、史学、哲学、教育学五系，及高师的文史、英语、社会三部。郭沫若担任的文科学长相当于今天的人文社科学院院长。此时建校不久的广东大学因时局动荡及当政者缺乏教学管理经验，学校各项工作混乱不堪。论其程度，自郭沫若所说"且查本学期之课程，其凌乱杂沓，实在令人有难言之痛。中等学堂之科目，滥竽大学，商业学校之薄记，充乘文科，以致选课者每多人数三名，而讲授者则复笑话百出"① 的描述中可见一斑。为祛除弊病，立志高远的郭沫若决定改革，随后提出了一套文科课程选修体制改革方案。在事先得到校长的同意和肯定后，经过深思熟虑的郭沫若在 4 月 20 日正式发出通知："对于所有功课，一律从新改选，改选结果，如有必修科目停开时，将来有重开机会，可以再行补修，如无重开机会，本学期中所有必修科目之学分，可以如数核减。"② 此项改革方案，独特之处主要有两个：一是肯定学生对所选课程深入认识后做出的实时评估和自我判断，二是以重选课程的方式停开那些无用、无聊、无稽的课程，从而对任课教师形成压力，迫使其在开设、讲授该课程时认真严肃，求新求变。通过此项改革，高校可以调整教学指导思想和办学方向，提高学生的学习兴趣和学习效果，更为直观的是，可以精确呈现任课教师的教学效果和课程质量，了解课堂内外存在的

---

① 郭沫若：《郭沫若致褚民谊信函两件》，《郭沫若学刊》，2005 年第 1 期，第 1 页。
② 张志强、陈家新：《〈广州民国日报〉有关郭沫若在广州的报道》，《郭沫若学刊》，1989 年第 3 期，第 72 页。

优缺点，以便对教师进行考察和鉴别。这正是现代高等教育教学评价体系的精髓。郭沫若作为教育家的杰出之处正在于此，一项关乎高等教育发展的改革试行方案在近百年前就已由他率先实施了。但改革总是充满坎坷，也终要面对诸多的困难和矛盾，这项史无前例的改革从一开始就遭到了部分教师的反对和阻挠。虽然代表学生利益的学生联席会议对课程选修改革持认可和肯定态度，但广东大学内 26 名文科教师的集体罢课，也着实让郭沫若紧张了一把。但他并未妥协，而是据理力争，改变策略继续斗争，最终在国民政府的支持下宣告胜利。教学评价体系探索也成为郭沫若高等教育改革的成功实践。

改革选课制同时，郭沫若还实施了其他一系列措施，力图将广东大学的文科教育作为典范建设，也希望中国高等教育发展走向正轨。为达到此项目标，他先驱逐陈腐守旧的前清翰林出校，聘请大批左派教授，开展新式教育，继而积极支持学生运动，拥护北伐，开展革命。在广东大学高师部应届毕业典礼上，他曾对学生说道："只是大家毕业后，都要跑到社会里面去，在社会里头，无论做什么事情，一定要拿革命的手段，努力为群众利益前途奋斗，才算是好的。"[1] 这正是郭沫若作为文科学长，培养人才，发展教育的目的所在。但在新中国成立后的很长一段时期内，受限于当时的国内外政治经济环境，郭沫若在创办高等院校及兼管教育期间，继续坚守革命思维建设高等教育，特别是在对以中国科技大学为代表的高等学府带来巨大发展的同时，也给新中国成立后的高等教育带来了一些不良的影响。

2. 管理和创办高等教育

新中国成立后，科教文卫事业全面发展，各项事业百废待兴，其中作为重中之重的高等教育更是提上了国家教育事业的发展日程。此时的郭沫若承担着繁重的领导工作，仅在教育方面，先后担任文化教育委员会主任、中国科学院院长、中国科学院哲学社会科学部主任、历史研究所第一所所长等职。虽为国事所累，但他仍然心系教育事业，为《人民教育》创刊号题词；出席全国第一次高等教育

---

① 郭沫若：《在本校高师部十五年班毕业典礼会演讲词》，载王锦厚等编《郭沫若佚文集 1906－1949：上》，四川大学出版社 1988 年版，第 162 页。

会议开幕典礼；作关于中国科学院方针任务的报告；参加中央文学研究所的开学典礼……这一时期，郭沫若从事实际教育工作的时间不长，却为高等教育付出了辛勤的劳动，培养了一大批文化教育工作者，同时制定了一些有关高等教育的法律法规，为中国的高等教育发展做出了自己的贡献。

与管理高等教育分不开的，是郭沫若创办高等教育的经历。其中最重要的，正是1958年在他的倡议和领导下，创建了中国科学技术大学（以下简称中科大）。中科大是在毛泽东提出"我们的教育方针，应该使受教育者在德育、智育、体育几方面都得到发展，成为有社会主义觉悟的有文化的劳动者"[1] 的号召下创办起来的，而尽快填补新兴技术学科方面的空白，为国家培养急需的尖端科技后备人才正是其创办的现实原因。作为该校的首任校长，郭沫若反复强调按照社会主义教育制度办学，而"三纲""五化"[2] 的办学方针正是"苏联模式"指导下的具体实践。为创建中国科学技术大学，郭沫若实行了多种具有鲜明社会主义特色的政策和措施。然而在高等教育的发展道路上，有成功的经验也会有失败的探索，郭沫若的教育实践的复杂之处正在于此。

创建大学，郭沫若首先关注的是师资力量与办学条件。为了解决这类问题，在郭沫若的倡导下，当时的国内顶尖研究机构——中国科学院各所系对中科大实施对口援助，安排各类名家到中科大授课。据统计，仅是建校初期，科学院每年到校讲课的科研人员就达300多人，华罗庚、钱学森、吴有训、赵九章等一大批享誉盛名的专家学者更是亲自登台为学生授课答疑，及时把国内外最新的科研理念及技术传达给学生。这使得中科大自成立之时起，就以雄厚的师资力量、先进的科研设备走上了急速发展的快车道。各类名师大家轮番上阵，必然会引起不同学术观点之间的交流碰撞，这也是中科大从创建之日起就因浓厚的学术论争气氛名噪一时的原因。此时对自由民主、兼容并包等学术主张的支持与提倡就成为郭沫若践行高等教育的重要理念。他曾说："民主与科学，在本质上并不是两种对立的东西，科学的思维与方法用之于实际生活的处理便成为民主。"[3] 基于对民主与科学的信仰，郭沫若对不同学

---

① 毛泽东：《关于正确处理人民内部矛盾的问题》，载中共中央文献研究室编《毛泽东文集·卷7》，人民出版社1999年版，第226页。

② 三纲：政治挂帅，党的坚强领导；勤工俭学、教学、研究和生产劳动相结合；抓尖端科学技术、为国家建设服务。五化：思想马列化、生活工农化、组织军事化、教学集体化、技能多面化。

③ 郭沫若：《郭沫若全集·文学编·卷20》，人民文学出版社1992年版，第68页。

术观点之间的论争，从不强加干涉，反而给他们提供同时展示的舞台，供学生自己评判研究。华罗庚、关肇直、吴文俊三人就因观点不同而被学校特别安排同时给学生们上课。不同学术观点、学术思想能够自由发展，与中科大民主科学的学术氛围息息相关，更与郭沫若提倡民主自由的教育思想联系密切。

但是，高等教育建设不是凭空起高楼，缺乏长远规划和行之有效的师资引进办法，仅凭校长郭沫若的"名人效应"去"招师引资"的方法很快就显示出后劲不足的弊端。建校初始效果显著的"全院办校，所系结合"办学方针也因时局动荡而被搁浅。1969 年，中科大因政治和战备考虑全校迁移安徽合肥，可隶属于中国科学院的骨干科学家们却大多没能随学校下迁。很多学科因缺乏教师指导而发展缓慢，甚至中断招生，这给本就因袭苏联办学模式而存在很多弊端的中科大造成了发展困境。此外，郭沫若任校长时，还先后担任过中央人民政府政务院副总理兼文化教育委员会主任、全国人大委员会副委员长、中国文联主席、中国科学院院长等行政官职。已六十七岁高龄的他，还办理国家行政事务，参加各种会议，进行国事访问交流，其繁忙程度可见一斑。仅以 1958 年为例，据笔者不完全统计：郭沫若出国进行国事访问，参加国际会议等 26 次；在国内参加各种会议，访问和其他计 45 次；接见外宾，接受国内外记者采访等 29 次。若以时间计算，郭沫若本年内近三分之二的时间都在从事各种行政活动。[①] 可是如此频繁的公务活动，基本上没有一件与中科大的发展建设有联系。因此，严格意义上说，郭沫若并不是一位合格的校长，至少在时间上，他没有贡献更多。

"勤奋学习，红专并进"是郭沫若在中科大第二届新生开学典礼上的发言题目，也是当时复杂政治形势下的特定产物。同其他高校一样，"政治挂帅"成为中科大坚持社会主义方向和中共领导的制度保障。不得不承认的是，在社会主义建设初期，以"又红又专"为目标培养国家建设者，对强化学生的爱国情感，激发学习兴趣，发展落后的社会经济，乃至维护社会政治稳定都有积极作用。因此，在郭沫若倡导鼓励下，科大学生以"勤俭办学，艰苦朴素，红专并进，团结

---

① 详情可参考：王继权，童炜钢编：《郭沫若年谱》，江苏人民出版社 1983 年版，第 205—251 页。

互助"为校风，立志继承"抗大精神"，实行勤工俭学，积极投身生产、社会实践，为自身发展、国家建设贡献了自己的力量。但从更高层面来看，高等教育本身是一种国际化、人类化的社会活动，它培养的人才不仅要为服务于本国家、本民族，而且也要为整个人类社会的发展进步而有所贡献。因此，高等教育要培养人才，不仅要加强思想政治教育，而且要注重人才的全方面、多领域、综合性发展。但重视思想政治教育要有相对的界限和明确目标，在加强思想政治教育的同时，绝不能轻视青年知识分子的民主法制、个人素养、思想道德教育，更不可以让大学生在紧张的思想政治斗争中迷失自我，忘记学生的首要使命和任务，从而造成荒废学业，损害社会主义国家行政制度、社会秩序、法制体系、文化传统以及成千上万人的尊严与生命的严重后果。

正如之前所说，建立中科大是为了满足国家的新兴高科技人才需要，因此在"三纲""五化"的办学方针下，"苏联模式"成为现代高等院校系统建设的唯一参照。其结果是，具有几十年发展历史的综合性大学变成了文理区分明显的专业技术型大学。以中科大为首的高等院校因之产生了文理对立、轻视文学教育的"重理轻文"倾向。这也导致大学教育中教育功利化，人文精神缺失现象异常普遍，因而给之后的高等教育发展造成了十分严重的后果。

我们知道，人文学科的教育目的，在于人文精神的培养与传承。教育功利化会驱使社会各界盲目地从实用角度审视大学教育。在适应论和工具论的支配下，大学教育的精髓和本质被慢慢遮蔽，学生在实践中走向了狭隘，丧失了对教育本质的思考，渐渐沦为物质社会的附庸和奴隶。同时，人文精神的缺失导致人类的全面发展理想难以实现，结果是人缺乏思考现实、批评现实、引领现实的精神和能力，变成了缺乏自我意识的机器。毫无疑问，受大环境影响的中科大在培养人才方面同样面临此类困境。因此，作为一校之长的郭沫若就从自己的亲身经历出发，尽力加强学生的文学教育，重视其人文精神的培养，试图做出改变。在具体实践中，郭沫若首先强调基础知识的培养，在将基础知识分为思想、科学与语文三个方面后，大力加强学生中外文学知识的学习。他曾对学生说："譬如你们将来要著书立说或者讲学座谈，总要能说会写，才能把你们的学识传播给别人。外国的科学家，特别是法国科学家，每每长于文笔。我们中国的科学家，似乎有点两样，往往不善于写作。我觉得，这是缺点。我建议：我们年轻的科学家应该懂点文学，而年轻的文学家应该懂点科学。"① 此外，对日语、德语、英语都有掌握的郭沫若还要求学生一定要在基础课程学习之外精通一到两门外语，以满足日常工作学习及阅读外国作家作品的基本需要。郭沫若对文学教育的重视虽难彻底改变教育功利化与人文精神缺失的发展困境。但在感知经典作家、作品基础上实施的文学鉴赏教育，依然具有促进学术研究、培植文化品格、获得审美情趣、提升人文精神的开创性作用。郭沫若想要培养的，就是那些既掌握广泛专业知识、多元文化素养，又具备多种发展潜能以及和谐发展个性和独特创造性的复合型人才。况且，集医学文学知识于一身，对历史、考古、文学、科技都有独到见解的郭沫若正是复合型人才的楷模。这种实践和探索也是对以高层次、专业化、技术化为特征的大学培养模式的冷静思考，并对日后的高等教育发展理念多有启发。遗憾的是，郭沫若在此问题上的想法实践虽有颇多可取之处，但为时代环境所限，作为校长的他并无太多行之有效的持续性政策。仅凭口头号召与一时兴起，郭沫若在短期内绝难改善中科大长期存在的发展弊病。这也成为新时期困扰中国高等教育健康、合理、可持续发展的重大问题之一。

3. 加强国际教育

国际教育是指超越国家之上的全球范围内的教育，出国留学正是国际教育最主要也最直接的表现形式。作为早期国际教育的直接受益者，郭沫若更是明白加强国际教育对于建设新生的社会主义中国的重要性。新中国成立之初，受国内外政治、经济环境的影响，新中国奉行"一边倒"的外交策略，倒向以苏联为首的社会主义阵营。从 1951 年开始到 50 年代末，中国政府与苏联、东欧等社会主义国家在留学教育、科技、文化上进行了极其广泛的交流与合作。"其中，刚是派出留苏的学生达 7000 人、生产实习人员 8000 人之多。"② 虽未有直接的材料显示郭沫若在国际教育中发挥了哪些具体的作用，但作为国家领导人的他依然在自己的行政岗位上付出了努力和心血。其中，从他密集参与教育访问和主持国家间的科技、教育合作可见一斑。如赴朝鲜参观金日成大学，接受该校希望派中国学生去学习的邀请；接见德意志民主共和国教育代表团团员、德国统一社会党中央科学部部长，并就加强中德两国科学院的科学合作问题进行交谈；与波兰科学院代

---

① 丁毅信：《郭沫若在中国科技大学的办学思想与实践》，《高等教育研究（武汉华中工学院）》，1987 年第 2 期。

② "刚是"当为"光是"的讹误，为保原貌，暂不改动。李智：《文化外交——一种传播学的解读》，北京大学出版社 2005 年版，第 159 页。

表，在两国科学合作协议和科学合作协议一九六一年执行计划上签字……除此之外，为加强中国与他国文化、教育交流，郭沫若被匈牙利科学院、波兰科学院、罗马尼亚科学院、苏联科学院等多国授予名誉院士的头衔，而这对于促进国际教育发展，加强各国留学生的交流互动都起到了积极的作用。但国际教育毕竟是一种全球性活动，只重视对苏联等社会主义国家的教育交流，必然忽视对西方国家的学习和借鉴，长期比例失衡，单向度的汲取营养只能导致先天不足，而这对于培养具有国际视野、一流知识能力的高等人才是极其不利的。

笔者以为，作为文化名人的郭沫若不仅是一位文学家，还是一位实践型教育家，他对中国高等教育的发展做出了切实努力和重要贡献。中国的高等教育事业之所以能在数十多年的时间里取得重大发展，正是一代代像郭沫若这样的教育人共同努力的结果。但是高等院校作为人类创造知识文化的重要场所，作为高级专门人才的培养基地，自然有其自身发展的内在规律。郭沫若的时代，我们无法奢求高等学校成为纯粹探求高深专门知识，产生新思想、新知识的策源地，更无法让科学的、先进的现代高等教育制度成为人人遵守的最高法则。时代的困惑、个人的局限，让中国高等教育在取得巨大成果的同时也饱受挫折，几近沉沦。对于郭沫若，我们也不能苛责，因为他毕竟从自己的亲身实践出发，以饱满的热情和坚定的信念为探寻适合中国国情的、能为社会主义经济建设服务的高等教育之路，做出了有益的尝试和积极的努力，当得起"教育家"这样的称谓。正如邓小平在郭沫若追悼会上的悼词所说，"他长期从事科学文化教育事业的组织领导工作，扶持和帮助了成千上万的科学、文化、教育工作者的成长，对发展我国科学文化教育事业作出了不可磨灭的贡献。"①

---

① 邓小平：《在郭沫若同志追悼会上的悼词》，《人民日报》，1978 年 6 月 19 日第 2 版。

作为文学教育家的郭沫若

　　郭沫若作为中国现代文学史乃至整个现代文化史上的风云人物，其身份总是在顺应历史跃动和政治突变的基础上发生修正、改变。从五四时期以《女神》开一代诗风，肩扛浪漫主义大旗的文学青年，到北伐时期投笔从戎、金戈铁马的革命军人；从20世纪30年代埋首故纸、潜心研究古代社会历史的学术大腕，到20世纪40年代新民主主义文化战线的一代旗手；从新中国成立后新政权内声名显赫的政治、文化官员，到20世纪60、70年代政治运动袭来时随波逐流却又委曲求全的落寞老人……20世纪云波诡谲的政治斗争，瞬息万变的时代风云似历史晴雨表一般，逼真地印现了郭沫若在时代选择、历史见证之下的自我调整与改变。正所谓变不离常，人生角色的转移置换，意味着更加广阔的知识领域，更加丰富人生阅历的获得与更新。常变常新又使得郭沫若在失去某些文化个性和历史魅力的同时，却在其他方面获得很多新的东西。文学创作、历史研究、文字考古、书法艺术、教育教学、新闻出版、政治外交，诸多领域的混合与交融，多种学科的建树与成就，早已使郭沫若与时代风云息息相关的一生超越了普通作家研究的寰臼，而具有了一种由个别到一般，由局部到整体，由单一到开放的视角来解读现代中国、现代中国人、现代中国文化与现代中国社会某种精神"密码"的可能。

　　纵观近九十年的郭沫若研究，涵盖领域之广泛，解读视角之独特，审视问题之深刻在将研究推向纵深的同时也为各类专家学者的探索与发现积累了许多宝贵经验。作为文学家、思想家、革命家、书法家、政治家的郭沫若频繁地出现在我们的研究视域中。可是，对郭沫若多种脸谱的解读与探讨，虽非局限于文学史、革命史、思想史等角度，但全人视境的缺乏终究使得各类研究有所忽视和遗漏，以致很难全面观照其在20世纪中国社会中的价值和地位。因此，从文学教育史出发，肯定郭沫若教育家的身份，着重探讨其与文学教育的诸种关系，就有了可供实施的可能。

一、研究郭沫若与文学教育关联的意义

邓小平同志曾在郭沫若追悼会上说："他长期从事科学文化教育事业的组织领导工作，扶持和帮助了成千上万的科学、文化、教育工作者的成长，对发展我国科学文化教育事业作出了不可磨灭的贡献。"[①] 国家层面的表彰既是对他所作努力的肯定和赞扬，更是对其教育家身份的官方认可。初等教育、中等教育、高等教育、职业教育、性教育、心理教育、留学教育、国际教育……郭沫若在近九十年的生命历程中发光不止，奋斗不止。而这其中最重要的，则是郭沫若对可以唤醒审美感觉，陶冶情操，完善人格修养，并对普通个体体验、感悟生活与提高文化素养有着不可替代效用的文学教育的探索。

同中国古代文学史的发展演进一样，现代文学的发生，除却文学本体的渐进演变及文化的、政治的、世界的、本土的，现实的、历史的多种合力作用外，具有现代意识、现代思想的"现代人"对"现代"的提倡才是各种形式的文学运动、文艺论争、文学创作迅速发展、嬗变的根本原因。然而，"现代人"的产生并非直接源自某种社会形态的突变或断裂，而是教育，特别是文学教育施加影响的结果。与其他教育不同的是，文学教育的核心价值之一是精神立人。对精神立人的提倡不仅是对人的生命价值的肯定，也是人之为人的本质力量的表达与彰显。正如袁振国先生所说："文科是主观感受的表达，是内心情感的流露，是个人见解与智慧的展现。文科教育的真正价值在于获取这种感受，体验这种情感，理解这种见解，转换这种智慧，最终形成自己的丰富的精神世界。"[②]

想要探讨文学教育与现代人、现代文化、现代社会的诸种关联，只需粗略观

---

① 邓小平：《在郭沫若同志追悼会上的悼词》，《人民日报》，1978年6月19日第2版。
② 袁振国：《教育新理念》，教育科学出版社2002年版，第62页。

察中国近现代史。从中我们不难发现，在 20 世纪中国社会、政治、经济、文化等领域崭露头角，有所成就的人，大都接受了较为完善且系统的文学教育。其中佼佼者，不仅受文学教育裨益以致成就斐然，更与中国文学教育的发展联系密切。郭沫若作为继鲁迅之后思想文化界的旗帜，同鲁迅一样，均以独特的感悟、实践，长期以来"以自我牺牲精神创造性的从事创作，从事研究，从事教育，从事哺育新生代"[①] 的工作，并为创建文学社团，培养文学新人，发展文学教育付出过艰辛的探索和努力，成为"我亦甘为孺子牛，横眉能对千夫怒"[②] 式的杰出文学教育家。此外，郭沫若与文学教育，强调的不仅仅是他从或隐或显、形形色色的文学教育中汲取营养，最终成长为伟大文学家的艰辛历程。同时着重考察的是在此基础上反向出发，充分了解、分析郭沫若为文学教育做出的贡献与努力。正如鲁迅在"立人立家立象"之"新三立"[③] 上的文学实践和毕生求索，郭沫若与文学教育关联也具有了广阔内涵——以文会友、身体力行，影响、培养新青年；从事文学教育工作，建构现代人文素养；作序提携、著书立说，重视文学教育。郭沫若受文学教育之益以至成就斐然，但为文学教育所做更是影响深远。双向的互动使得郭沫若在得到与付出中寻找到了平衡的支点，也使文学教育作为一种赖以传承的人文精神获得了延续的可能。

可以肯定地说，从文学教育史出发，在将郭沫若作为"现代人"的基础上，结合作家传记研究、人生学研究、文化研究等既定范畴，肯定郭沫若的教育家身份，进而从文学发生学、文学发展学、文学传播学、文学影响学及教育学、心理学等角度入手，详细探讨郭沫若如何通过文学教育成为文学个体或集成文学家群体，如何接受学校、家庭、社会之中的文学教育生成具体的文学文本和文学现象，如何在丰富的生命体验和自我感触下形成独特的文学素养和文学能力，如何从事文学教育，推动自身乃至师长亲友的进步和文学、文化的社会历史演进，如何通过文学文本的阅读、欣赏和评论重构自身知识结构……以上种种，也正是我们关注郭沫若与文学教育研究的关键所在。

---

① 郭沫若：《雄鸡集·体现自我牺牲的精神》，《郭沫若全集·文学编·卷 17》，人民文学出版社 1989 年版，第 100 页。

② 郭沫若：《三昧书屋（七律）》，载成都市图书馆《郭沫若著译及研究资料·册 2》，成都市图书馆 1980 年版，第 538 页。

③ 详细参见：李继凯：《略论鲁迅的"新三立"和"不朽"》，《鲁迅研究月刊》，2013 年第 9 期。

综上，我们认为郭沫若与文学教育的研究意义有以下几点：

第一，已有近九十年历史的郭沫若研究成果显著，且涵盖领域已十分广泛。仅以目前来看，形形色色的研究论著多将郭沫若定位于文学家、革命家、思想家的位置，进而着重从文学史、革命史、思想史等宏大的国家、民族叙事角度关照郭沫若在 20 世纪中国文化中的价值和地位。但是从文学教育史出发，肯定郭沫若的教育家身份，特别是对与其文学生涯息息相关的文学教育经历则关注较少。因此，在结合作家传记研究、人生学研究、文化研究等既定范畴基础上，发掘郭沫若与文学教育的关联就有了可供实施的可能。这正是文学教育视域下郭沫若研究的基石所在。

第二，价值重估与呈现是随着时代转移而不断变化的，墨守成规、以偏概全已然不能适应这个时刻变化的社会。同时，经济全球化与多元文化并存的社会现状也使得文学、文化研究超脱了单一维度，而向多维、多元的共存、共生状态转化。在思潮、作家、作品研究中，以跨领域、跨文化为特色的文学研究方法的创新，使得新领域的开拓，新知识的发掘成为深化认识，去除偏颇，关注当下的利器。因此，考察剖析郭沫若与文学教育的关联史实，不仅要以客观、全面、准确的态度，运用社会历史批评方法"知人论事式"地了解两者之间的诸多关联，而且要从文学发生学角度对郭沫若如何走上文学之路、从事文艺创作等隐藏在客观行为之下"基因密码"进行深层解读，进而还原一个更加接近于现实真实的郭沫若。

第三，"精神立人"作为文学教育的根本价值之一，是文学教育在实践意义上的重要旨归。21 世纪的中国社会时刻变革、突飞猛进，人类匆忙的脚步显示了追求物质满足的奔波和辛苦，但是人文精神的缺失也昭示了这个时代的疲弱与无力。通过文学教育实现受教者对生命价值的关注肯定，不仅是对人本质力量的彰显，也是人文关怀的集中表达与终极体现。因此，研究郭沫若与文学教育，不仅是从教育角度重视文学教育，更多的是寻求化解文学教育的当代危机，进而彰显隐藏在传统之下的现代人文精神。

二、文学教育的概念、内涵与发展

文学教育，"指的是教育者与受教育之间，经由文学文本的阅读、讲解与接受，丰富情感体验，获得审美愉悦，培养语文能力，进而传授人文知识、提高文化素养、陶冶精神情操的一种教育行为"①。作为一种教育实践活动，文学教育注重以文学文本选读为基础，培养、养成文学主体的思想理念。但从教育史、文学史乃至整个社会发展史的角度来看，文学教育的范围并不仅限于此。宏观视域下的审慎观照，让文学教育的概念、内涵获得了广义的延伸和拓展，使其不仅成为需要感性、理性紧密结合的艺术性教育，更成为一种超越于文本阅读和国家教育体制之上的具有社会形态属性的精神活动。它的范围已经超越了学校和课堂，涉及家庭、社会与自我，泛指与文学有关的所有教育生产实践活动。

学校文学教育作为国家教育体系的组成部分，是文学教育的最主要表现形式。从儿童开蒙时"人之初、性本善"的文学熏陶，到孔子"不学《诗》，无以言"的诗教修养，再到当今"大学语文"及中文系"文学史""文学理论"等课程，学校文学教育的历史折射出社会文化的发展演进。纵观学校文学教育，从培养目标来说，不仅是奴隶制、封建制社会下维护王权世袭、思想统一与统治稳定的政治行为，也是培养伦理型人才、促进文化发展的重要举措。从教育内容来说，有商代"六艺"之中的"礼、书"教育；也有始于春秋、兴于秦汉、延续清末的儒家经学教育；更有以《三字经》《千家诗》《唐诗三百首》《声律启蒙》《唐宋八大家文钞》《古文辞类纂》等为代表的开蒙启智、作诗谱韵、属词对句的文学素养教育。从教育方法来说，有孔子"不愤不悱，不启不发"②的启发式；《学记》"道而弗牵，强而弗抑，开而弗达"③的导喻并重式；张载《经学理窟》"教之而受，虽强告之无益。譬之以水投石，必不纳也"④的因材施教式；也有棍棒严师，不打不成才的体罚惩戒式。由此而观，学校文学教育作为文学教育事业的重中之重，对教育者、受教育者、教育制度、教育思想等方面均产生了重要影响。

著名教育家马卡连柯说过，"父母对自己的要求，父母对自己家庭的尊敬，父母对自己一举一动的检点：这是首要的和最基本的教育方法"⑤。家庭文学教

---

① 郭英德：《中国古代文学与教育之关系研究》，北京大学出版社 2012 年版，第 1 页。

② 孔子：《论语·雍也》，载国学整理社《十三经注疏》，1935 年版，第 2482 页。

③ 孔子：《礼记·学记》，载国学整理社《十三经注疏》，1935 年版，第 1523 页。

④ 孟宪乘：《中国古代教育文选》，人民文学出版社 1979 年版，第 255 页。

⑤ ［苏］马卡连柯（Makarenko, Anton Semiohovich）：《马卡连柯全集·卷4》，耿济安译，人民教育出版社 1957 年版，第 400 页。

育作为学校教育的补充，虽然无法保证教育时间、教育内容的连续与完整，但却是文学教育的常态。一个人出生后，首先要面对家庭成员，适应各具特色的家庭环境。不管是父母、兄弟等直系亲属还是与之有关的其他家庭成员，他们的教育背景、教育内容及教育方法及其与之有关的一举一动，都会"言传身教"式地影响儿童原始文学印象、文学感触及文学素养的形成。此外，家庭成员、亲友长幼之间的互教互学、互相切磋，既使文学教育的施受双方都参与了文学活动，也在无形中整体上提高了家庭成员的文学素养和知识技能。因此，"家庭作为一种独特的教育场所，为长辈与晚辈之间和同辈之间的文学教育，提供了生动活泼的情境"①。

自觉的终身学习作为自我教育的独特形式，是个人阅读、研修、创作的集中表达。在此过程中，受教者除了注重获取因兴趣与内心情感需要所决定的认知结构与文化心理，更重要的是为了领悟独特的生命体验与生命感触。不同于学校教育，自我文学教育的本质在于受教者与施教者的身份混合与重叠。因此，受教者通过阅读书籍报刊等形式，汲取文学营养，参模写作技巧，从而获得一种独特的阅读审美体验，就成为自我文学教育的方法与手段。

宏观来看，具有多重形态与特色的文学教育所注重的，已不单是某种具有"技能训练"性质的知识获取，而是一种以春风化雨、潜移默化为手段的审美感受和文学意义的自主性建构。学校文学教育、家庭文学教育、自我文学教育，多重教育活动的组织、实施与展开共同推动了个人文学素养的提高与整个社会文化的发展。但是，文学教育是一个双向互动的过程，文学教育的接受者在一定的现实条件下也会变成实施者，而厘清郭沫若与文学教育复杂关系的重要性正在于此。

至于文学教育的发展，据《周礼·春官》记载，早在五帝时期，就已经产生了初始形态下的学校——"成均"。文学教育的始发却比此更早，形成了原始社会、奴隶社会和封建社会三种社会形态类型。原始社会作为文学教育的早期萌芽阶段，注重的是以口为言、以书为文的言文教育。至奴隶、封建社会，政治、经济、文化的持续发展，单纯的口耳相传、临摹记事已很难满足王朝统治者为维护社会稳定和统治秩序的人才需求，古文教育作为言文教育的升级版，应运而生。

---

① 郭英德：《学而不厌：明清成年女子的家庭文学教育》，《社会科学研究》，2009 年第 2 期。

到了近代①，国家内忧外患，民族疲弱不堪，文学教育到此经历了一场翻天覆地的变革。新旧时代的交替为古老的中国送来了可资改变与重生的动力——新器物、新技术、新制度、新思想的持续撞击潜移默化地改变着人们的思维与想象。近代文学教育在帝国主义和封建主义的双重侵袭、困扰下，显现出同近代社会性质相近的特征。因此，具有近代资产阶级性质的新式教育共同体，混合着延续千年的封建主义特色，渐渐地浮出了历史地表。改变总是在不经意间发生，新式教材、课外读物的增加，教育方法的改革，新式学校的创建，教育政策的制定，留学热潮的兴起。文学教育通过不同以往的形态、手段影响着各阶层受教者的教育状态，并在一定程度了决定了中国现代文学的发生，甚至整个 20 世纪中国社会的发展走向。新中国成立后，在社会主义教育体制的制约下，文学教育逐渐呈现出正规化、程序化、实用化的特征。语言、文学分科教育的具体实践，与学理讨论性质的文学教育价值方法的探索，共同促进了文学教育的深入发展。

三、郭沫若文学教育家身份的确证

从中国现代教育发展史的实践来看，各个时期内为文学教育做出贡献，堪称文学教育家的大师、名人层出不穷。因郭沫若特殊的身份背景、学术实践及社会活动而将其也定义为文学教育家，可能会招致质疑，这也在意料之中。诚然，相对于蔡元培专注大学教育并以哲学为突破点的教育改革实践，郭沫若以"红专并进"为指导思想建设中国科技大学，显得略有不当；相对于胡适以《白话文学史》为蓝本证明白话文学教育的合法性，郭沫若一生并未有关于文学教育、文学史的专著出现；相对于叶圣陶凭借小说、散文、诗歌等多种文学艺术载体建构"美"与"爱"的文学教育观，郭沫若有关文学教育的只言词组显得颇为零散……但是，这些并不能够成为我们否定郭沫若文学教育家身份的理由。

作为文学教育家，郭沫若的价值与独特性并不体现在一本或几本教育理论专著上，也不体现在几句教育名言警句上。它所发掘的是郭沫若接受文学教育的滋养成长为一代文学大师的艰辛历程，也是在此基础上反向探究，充分了解郭沫若为文学

---

① 按照张隆华的分期，近代文学教育是指 1840 年到 1949 年这一历史阶段。详情可参考张隆华：《中国语文教育史纲》，湖南师范大学出版社 1991 年版，第 139－144 页。

教育做出贡献与努力的教育实践。我们常说，文学作为人类文化生活的重要组成部分，既是个人独特的心灵感受和精神活动，又是整个社会文化和社会生活的直观反映。因而从郭沫若接受的文学教育来看，它不仅是文学知识获取与延续的方法手段，更是体现受教者知识水平、理论涵养、审美情趣的独特路径。对郭沫若来说，接受文学教育实质上就是一个与学校、家庭、自我等诸多方面发生联系的过程。不过，虽然郭沫若在学校文学教育、家庭文学教育与以阅读为体验的自我文学教育中获得了文学知识，奠定了理论修养，提高了审美情趣，也在一种形式、内容、方法的多方位建构中形成了具有现代属性的知识分子人格，但是，我们也应该清醒地认识到郭沫若在此过程中的缺点与不足。不管是因父母溺爱而产生的各种逃学、罢课以及公开与教师作对等恶劣行为，还是以自我毁弃的方式对抗传统文学教育的敌对态度，接受过较为系统文学教育的郭沫若很难与一个全面、统一、和谐发展的时代新人形象毫无裂隙地对照吻合。因此，从事实出发、客观实际地说明郭沫若在接受文学教育过程中的得失利害更是完善郭沫若与文学教育关联的重要一翼。

接受文学教育是知识积累的开始，也是现代知识分子具备独立性和话语权的开始。对于郭沫若，在接受文学教育之后从事文学教育就成为他独特文学教育经历的具体实践。双向的互动使得郭沫若在接受与从事之间寻找到了平衡的支点，也使人文精神在文学教育中获得了延续的可能。不管是以社团、报刊为媒介的变相支持，还是通信、著文、交友的直接体现，不管是其人其作进入语文教材的被动获取，还是以教为业的从教经历，郭沫若在一种多元、系统、全面的施教经历中完成了文学教育的主体实践。但是，正如接受文学教育阶段的优劣混杂一样，郭沫若在从事文学教育中也受多种因素干扰，以致丧失了文学教育者的清醒，遮蔽了文学教育的精髓与本真。这从他以自身名望引领社团、报刊却对文学青年产生误导，作品进入文学教材又陷入"两极阅读"泥潭，任职高校又受苏联教育政策影响而使得自身定位出现混乱的具体实践中可见一斑。

纵观其上我们不难发现，同为文学教育家，郭沫若在其接受和从事文学教育中走出了一条与众不同的文学教育之路。当然，郭沫若的时代，我们无法奢求其接受的文学教育应如何的规范、合理、正确，也无法奢求其从事文学教育应如何的系统、全面、科学。时代的困惑、环境的限制、个人的局限在郭沫若身上都有集中的显现。但以尊重历史实践和历史真实的眼光来看，郭沫若依然堪称一位杰出的教育家。

论郭沫若接受的文学教育

文学作为人类文化生活的重要组成部分，既是个人独特心灵感受和精神活动集中映现，又是整个社会文化和社会生活的直观展示。文学教育作为文学生成与延续的方法手段，自然与诸多方面构成了相互影响又制约的对应关系。不管在传统社会还是现代社会，对于受教者来说，接受文学教育实质上就是一个与学校、家庭、自我等诸多方面发生联系的过程。至于郭沫若，接受学校、家庭与以阅读为体验的自我文学教育不仅使其获得了文学知识，奠定了理论修养，提高了审美情趣，更使他在一种形式、内容、方法的多方位建构中形成了具有现代属性的知识分子人格。但客观来讲，不管是因父母溺爱而产生的各种逃学、罢课以及公开与教师作对的恶劣行为，还是以自我毁弃的方式对抗传统文学教育的敌对态度，郭沫若在文学教育的影响下并没有成为一个全面、统一、和谐发展的时代新人，这也是我们阐述问题时无法回避的。

一、学校文学教育

从世界范围来看，原始社会末期菲得利岛上的"青年之家"，公元前 3500 年两河流域的学校遗址，以及公元前 2500 年埃及宫廷学校的出现，已经在时间跨度上充分证明了学校教育的漫长历史。[①] 学校教育的作用，正如布迪厄所说："在

---

① 详细可参考刘新科：《外国教育史》，武汉大学出版社 2012 年版，第 7—16 页。

特定时期形成的某种思维模式都无一例外地应该从学校教育体系中寻找根源——只有学校教育体系的实践活动可以塑造、发展这些思维模式，形成整整一代人的思维习惯。"① 中国原始形态意义上的学校——"成均"，早在三千多年前的五帝时期就已经产生。对学校教育本质和重要性的认识，宋代的欧阳修曾经说过："夫欲民之暴者兴仁，智者无讼，在乎庠序以明教化。"② 至于近现代，郑观应所说"学校者，造就人才之地，治天下之大本也"③，蔡元培"大学者，囊括大典，网罗众家之学府也"④，则在具体内涵上阐明了学校教育的本质特征和重要使命。文学教育，是学校教育的最主要形式。它的产生，在将文学教育从单纯物质生产为主的人类活动中分离的同时，也将其演进为一种独特的精神生产活动。这不仅使精神生产化为人类生产活动的重要一面而变得系统化、专业化，更在相当程度上促成了文化的创造、传播与接受，成为人的"生命的生产"。与世界上其他国家有所不同，中国学校教育的独特之处就在于，它是一种以文学教育为基础，着重培养人的文学修养和道德情操的独有文化形态。因此狭义来看，学校文学教育的内容，正如罗兰·巴尔特所阐释的那样："'文学'就是课堂上所教的那些东西。"⑤

尽管学校文学教育的内容与形式在各个时代不尽相同，但对受教者来说，教师、教材、教法、学制等主导因素，仍然是决定文学受教者程度高低优劣的关键所在。同中国现代文学史上的诸多名人大家一样，郭沫若接受学校文学教育的时间跨度较大，既有清末蒙学私塾教育的基础，又有民初新式学校教育、海外留学教育的积累。如同一枚蓬勃生长的种子，处在受教阶段的郭沫若从不同阶段的学校教育中吸取知识和养分，在新与旧、开放与保守、进步与落后的教育环境中进行着激烈的反抗与融合。

---

① ［法］皮埃尔·布迪厄（Pierre Bourdieu）：《知识场域和创作计划》，载麦克·F·D·扬（Michael F. D. Young）主编《知识与控制——教育社会学初探》，谢维和、朱旭东译，华东师范大学出版社 2002 年版，第 236 页。

② ［宋］欧阳修：《欧阳修集编年笺注·卷4》，巴蜀书社 2007 年版，第 496 页。

③ ［清］郑观应：《盛世危言》，华夏出版社 2002 年版，第 88 页。

④ 蔡元培：《〈北京大学月刊〉发刊词》，载张汝伦编选《蔡元培文选》，上海远东出版社 2012 年版，第 320 页。

⑤ ［英］特雷·伊格尔顿（Terry Eagleton）：《二十世纪西方文学理论》，伍晓明译，北京大学出版社 2007 年版，第 199 页。

1. 传统私塾与新式学校内的知识积累

私塾，是宗族、家庭或教师自己设立的教学场所，私塾教育作为中国传统教育的代表历史悠久。以士子阶层为教师，传统私塾教育因其文化心理的稳定性和封建社会的制度制约性而显示出极大的私人领域性质。但新式学校，作为现代教育的一般组织形式，在众多知识分子和市民阶级参与后，在文化理念与组成形态上具有了哈贝马斯所说的公共领域特征。于是，从私人到公共，郭沫若从传统私塾教育到新式学校教育的变化经历，影响了其教材、教师、教法和学制的使用，并对他文学兴趣的培养，文学素养的熏陶乃至文学创作、文学活动至关重要。

郭沫若出生的年代虽值私塾教育实行晚期，但积淀已久的私塾文化传统如同原始文化基因，依然或多或少地影响了郭沫若。蒙学作为传统私塾教育的代表，则是郭氏文学教育的初始。蒙学教育，是对幼儿启蒙教育的统称：即一般意义上的识字教育、生活教育、道德教育和知识教育的综合。主要目标在于培养儿童识字、认字、书写能力，养成良好的日常生活习惯与生活技能，进而具备基本的伦理道德准则与明辨是非能力，掌握基本文化常识。那么要想详细了解郭沫若所受的学校文学教育影响，首先应该从其使用的文学教材谈起。

正规意义上的教材，又称教科书，是为一种可供选择和阐释"经典"的文本。郭沫若蒙学教育阶段使用的教材，也属于教科书的一种。此类蒙学教材，又称为蒙养书、蒙学读物、蒙书等，大体上可分为教育内容、教育功能、学习程度三类①。郭沫若接触蒙学教材，始于其四岁半入私塾之时。他在《我的学生时代》中说，"发蒙时读的书是《三字经》，司空图的《诗品》，《唐诗》，《千家诗》。把这些读了之后便读《诗经》、《书经》、《易经》、《周礼》、《春秋》和《古文观止》。"② 蒙学时代学习此类文学经典，多以文法为中心，以教师评点为手段，再辅助以繁复的细读与品味，目的皆为提高儿童的写作能力。只不过，私塾教育以维护封建伦理道德、稳定社会秩序为先导目标，蒙学教材的使用虽然也着重培养学生识字、阅读、写字和作文能力，但对幼童来说，不管是学习内容还是学习方法，都不啻一种残酷的折磨。正如郑振铎先生所说，蒙学教材是"以严格的文字

---

① 详细可参考陈黎明，邵怀领：《古代蒙学教材的分类》，《河北师范大学学报（教育科学版）》，2011年第5期。

② 郭沫若：《我的学生时代》，《郭沫若全集·文学编·卷12》，人民文学出版社1992年版，第7页。

的音韵的技术上的修养来消磨'天下豪杰'的不羁的雄心和反抗的意思，以莫测高深的道学家的哲学和人生观，来统辖芒无所知的儿童"①。

1901年清政府废除科举制度，传统私塾教育随之迎来了一次大的改革。仅从教学内容与教材的选择上就与之前有很大不同。郭沫若曾说："庚子过后，家塾里的教育方法也渐渐起了革命，接着便读过《东莱博议》《史鉴节要》《地球韵言》，和上海当时编印的一些新式教科书。"② 若以编印时间来说，《东莱博议》《史鉴节要》《地球韵言》等几种蒙学读物都算不上新，那么郭沫若所说的上海的新式教科书到底是哪一类教材呢？通过搜寻与比对，我们发现，1902年由愈复、丁宝书、杜嗣程、吴眺等人手编，上海文明书局印刷发行的七册《蒙学课本》的可能性最大。该套教材的内容包括自然科学、中外地理、历史等板块，原则上以浅入深编排，并按要求附有图画和文法书。七册中前三册是初等小学国文，第四册是儿童故事，第五册是古代寓言，第六册是叙事文，第七册是议论文。全书编排得当，条理清晰，出版发行后就被定为通用教科书。③ 除了正规教材，得益于郭沫若两位大哥外出求学的裨益，"甚么《启蒙画报》、《经国美谈》、《新小说》、《浙江潮》等书报差不多是源源不绝的寄来，这是我们课外的书籍"④。新式科教书和课外读物的使用让年少的郭沫若呼吸到了新鲜的空气，也接触到了新的知识，这对他启发心智，增强文学素养产生了巨大影响。

1906年，十五岁的郭沫若考入了嘉定府乐山县开办的高等小学。相对于明清之际的传统书院，高等小学至少在体制上具备了现代教育特质，因此也算是郭沫若接受新式教育的开端。只是初创时期的现代学校教育基础异常薄弱，各项规章制度不完备导致课程极其零乱，但也有一些课程让郭沫若受益匪浅。据他回忆："在小学堂里新的东西没有受到什么教益，但旧的东西如国文、讲经、地方掌故之类，却引起了我很大的兴趣。"⑤ 此外，高等小学中的郭沫若还学习了诸如

① 郑振铎：《中国儿童读物的分析》，《文学》，1936年第7期，第1页。
② 郭沫若：《我的学生时代》，《郭沫若全集·文学编·卷12》，人民文学出版社1992年版，第7页。
③ 详细可参考李伯棠：《小学语文教材简史》，山东教育出版社1985年版，第21—22页。
④ 郭沫若：《我的童年》，《郭沫若全集·文学编·卷11》，人民文学出版社1992年版，第43页。
⑤ 郭沫若：《我的学生时代》，《郭沫若全集·文学编·卷12》，人民文学出版社1992年版，第9页。

《王制》《今文尚书》《浮生今文尚书》等课本，为他以后从事古代学术研究奠定了坚实的基础。因此，学校文学教育中教科书的选择和使用也是衡量儿童接受文学教育深浅程度的因素之一。

诚然，教科书不仅"是课程的中心环节和学校教育的重要载体"①，更是郭沫若获得启发，开拓眼界，提高文学积淀与涵养的重要途径。不过，改变虽在发生，但政局的动荡不安使得各种新政废举不定，教育改革的频繁直接导致了新式书局与旧式学堂等多种教科书的重复出现。据不完全统计，仅在庚子事变到辛亥革命爆发前的数十年时间内，就有几十本全国通用或区域性的语文教材，其中鱼龙混杂，泥沙俱下者可想而知。因而客观来说，具备新思想、新观点的新式教科书虽然影响了郭沫若的知识结构与思维方式，但相对于延续了数千年的儒家经典来说，新式教科书的实际影响确实有限。

教师作为教学活动的组织者和参与者，在学校教育中占有极其重要的地位。教师教学能力的高低、教学方法的好坏以及教学内容的选择会极大地影响学生的学习兴趣和学习成绩。正如郭沫若所说："在我年青的时候，只要老师好，我对那门功课就喜欢搞，老师一不好呢，就讨厌那门功课了。"② 教师既是个人成长过程中的塑形者，同时也是一种社会文化的引领者。因此，如尼采所强调的，"能尽早获得一位良师乃是有福的，现代人无师自通之'天才'崇拜纯属某种迷信，因为没有人可以毫无师法且不经指点却成为'天才'"③。纵观郭沫若接受学校教育的过程，不管是私塾教育中的开蒙先生，还是高小、中学中的教师教员，仅有姓名可查的就有数十位，其中对其影响颇深者亦属众多。

沈焕章，郭沫若的首位塾师，也是旧学教育阶段对郭沫若影响最深的一位。沈焕章是清末廪生，学识渊博，教育严格，为人也正直善良。沈先生对郭沫若的文学教育始于其四岁半之时。同那时代的大多数人一样，内容主要集中于传统文化知识的灌输，即经学属对为主的旧学训练和诗词歌赋为主的古典文学熏陶。白天读经，夜晚读诗，每隔三天还有一次诗教课，在沈先生的严格教育下，天资聪

---

① 侯定凯：《译者序》，载［美］M. 阿普尔（Michael W. Apple），L. 克里斯蒂安·史密斯（Linda K. Christian-Smith）《教科书政治学》，华东师范大学出版社 2005 年版，第 1 页。

② 郭沫若：《郭沫若书信集（下）》，中国社会科学出版社 1992 年版，第 82 页。

③ 李克寰：《尼采的教育哲学——论作为艺术的教育》，桂冠图书股份有限公司 2011 年版，第 49 页。

慧的郭沫若在少年时即打下了坚实的旧学基础。但是，为人正直善良的沈先生虽然对学生亲切和蔼，体贴爱护，但他推行的依然是封建性质的教育，因此，"笋子炒肉"式的体罚也让年少的郭沫若饱受折磨。教育家陶行知先生曾经说过："体罚是权威制度的残余，在时代的意义上说，它已经成为死去的东西；它非但不足以使儿童改善行为，相反地，它将儿童挤下黑暗的深渊。"① 从这一点上来说，体罚式教育虽然在表面上完成了师生双方的教育任务，但却摧残了儿童的天性，恶化了本应和谐统一的师生关系。值得庆幸的是，沈先生虽然饱受旧式教育思想的侵袭，但在1905年清政府废科举、建学校实行教育改革后，他也适当地改变了教育内容与教育方法，在做对子、试帖诗的基础上引入了数学、东西洋史、修身、国文等新式教育内容，也不再使用惩罚措施教导学生了。这引起了郭沫若的极大称赞，以至于在多年后谈起时还说："象他那样忠于职守，能够离开我见，专以儿童为本位的人，我半生之中所见绝少。"②

此外，在郭沫若离开私塾进入正式学堂，也就是接受正规新式教育后，在小学、中学阶段也接触到了多名教师。其中有教他们乡土志，并在详细讲解嘉定县城附近的名胜古迹基础上，配合以历代文人的吟咏诗词加以分析了解的易曙辉先

生；也有为他们读经讲经，以《王制》《今文尚书》《浮生今文尚书》为经学教本的帅平均先生；还有借他书籍浏览，使他对今文经学产生关注的黄经华先生。诸位教师的培养与爱护不仅让郭沫若形成了良好的学习习惯，还对他在学术研究道路中精神品格的养成影响巨大，以致受益终身。

不管是传统私塾还是新式学校，选择课堂教学内容是儿童接受文学教育的首要。因此，对日后成为文学家的郭沫若来说，详细探讨其接受的读经、读诗、属对、作诗训练则很有意义。在郭沫若记忆中，对经、诗的学习贯穿其童年始终。从发蒙时读的《三字经》等少儿读物，到年龄稍长时的"五经"经典，再到入嘉定中学时的《左氏春秋》《今文尚书》，以经诗为主的学习内容影响了他最初的文学感

---

① 陶行知：《陶行知教育文集》，四川教育出版社2007年版，第484页。
② 郭沫若：《我的童年》，《郭沫若全集·文学编·卷11》，人民文学出版社1992年版，第45—46页。

知。对大部分受教者来说，此类教育在本质上是人生教育，即让人在文学感知中具备完善的人格修养，成为知行合一、经世致用之才。不过，受限于年龄与智力水平，少儿读经、读诗，注重的是经典诵读基础上的文学熏陶，而非对经典文本的细致阐释与解读。因此了解中华民族的优秀文化传统，奠定国学基础，提高自身的文化素质及文学修养，乃至陶冶情操就成为郭沫若读经、读诗的最大收获。但是与传统教育相比，现代教育的科学合理之处就在于教师教育方法的规范与明确：即根据儿童的心理特征和认知规律，采用一种由表及里、由浅入深的方式方法，使学生稳步提高获取知识的水平和能力。而郭沫若所在的"绥山山馆"却以一种不切实际的过高要求让他在读经之中饱受痛苦。据郭沫若回忆："发蒙读的是《三字经》，甚么'人之初，性本善，性相近，习相远'这样很暧昧的哲学问题，撇头撇脑的就搁在儿童的头上，你教他怎么能够懂？你教他怎么能够感觉趣味？"① 由此可见，虽然经诗教育让少年郭沫若收获很多，但违反教育规律和教育科学的内容方法也让他承受着很大的精神压力。

属对教育则是经诗训练之外的一个重要补充。张志公在《语文教育论集》中说："传统语文教学采用了一种符合汉语汉文特点的、有一定科学性的、综合的语文基础训练——属对。"② 属对，现在俗称"对对子"，就是以实践的形式把构成诗词主体的词类、词组、声调以及逻辑关系综合考虑，着重培养学生的文学意识和思维敏捷性。郭沫若接受属对教育，在其发蒙两三年之后，"起初是两个字，渐渐做到五个字，又渐渐做到七个字以上"③。好在郭沫若天资聪慧，还因以"打虎"二字对出沈焕章先生出的"钓鱼"一题赢得过夸奖、称赞。不过，属对教育虽然对学童日后作诗、作文影响显著，但其严格的要求也使得初学蒙童在掌握此项技能多有力不从心之感。死活句子，实字虚字，声调平仄等都属于作对时所必须考虑的因素。对郭沫若来说，"因为连说话都还不能说条畅的小孩子，那里会能了解甚么虚实平仄，更那里能够了解甚么音律对仗呢？"④ 因而他将此项学习

---

① 郭沫若：《我的童年》，《郭沫若全集·文学编·卷11》，人民文学出版社1992年版，第37页。

② 张志公：《张志公语文教育论集》，人民教育出版社1994年版，第114页。

③ 郭沫若：《我的童年》，《郭沫若全集·文学编·卷11》，人民文学出版社1992年版，第40页。

④ 郭沫若：《我的童年》，《郭沫若全集·文学编·卷11》，人民文学出版社1992年版，第40页。

称为"诗的刑罚"也就自然可以理解了。实际上，学童属对训练只是一种知识感悟与积累的认知过程。字词短句的锤炼，做对字数的增加终究是为了锻炼与提高学生作诗为文的能力，并使其养成斟酌字句的良好习惯。因此，虽然属对教学枯燥乏味，很不受郭沫若的喜欢，但是对于正处受教状态下的蒙童来说，接受此类文学训练却十分必要。

在识字、写字、阅读、属对教育达到一定程度后，作诗就成为旧式文学教育的高级阶段。同时，作诗又是作文的基础，而不管是封建教育制度下的科举选拔，还是新式教育下的统一考试，学生作文水平的高低都是衡量个人学识高低深浅的重要标准，其重要性自然不言而喻。由少到多，由简到繁是学习作诗的一般原则，因而只有严格遵循儿童不同发展阶段的思维想象特点和语言表达能力，作诗教学才能切实鼓动学生的兴趣和自信，致使学生敢想、敢说、敢写。《山村即景》据说是郭沫若最早的一首诗："屋角炊烟起，山腰浓雾眠。牧童横着笛，村老卖花钿。"全诗以一种儿童的视角描绘了一幅洋溢着浓郁自然风情的山居美景，用词造句之间充满了童趣。只是，试作旧诗虽然表现了郭沫若认识世界的思维能力，但不合规律的教育方法则在相当程度上损害了他的求知欲望和动力。但这并不能成为郭沫若表达不满，并以一系列的逃学、罢课以及公开与教师对抗等恶劣行为对旧式教育进行抵制与反抗的借口。在此，抛开此等行为的动机不论，仅从郭沫若的自述来看，自恃于家境殷实，父母溺爱的他向来就不是一个踏实的守规矩者。就算置于当下，纵使学生的认知、理解能力较强，教师的知识系统陈旧，更新较慢，学生也不能以逃学、罢课甚至公开与教师对抗等极端形式激化矛盾。郭沫若少年求学阶段屡遭开除而被迫转学的经历，也从另一角度证明了其求学时期的任性与盲动。因此，从传统视角与现代教育标准这两种层面上来讲，郭沫若都不是一个好学生。

2. 留学海外所获得的科学品格与文化人格

与传统教育相比，新式教育在形式、内容、方法上都具有无可比拟的现实优越性。其中，留学教育作为国际教育的独特载体由来已久，并成为新式教育最直接也最重要的表现形式。从文化传播学的角度来看，留学海外是不同文化之间因异质性或发展中的差异性所导致的交流活动，其作用在于促进文化间的优势互补，共同发展。中国人大规模赴欧、美、日等国留学始于清末，不同于一般意义上的相互交流学习，落后、贫弱的国家现状使得中国学生的留学运动表现出明显的单向性和明确的目的性，即学习海外各国先进的科学、技术、教育思想，以图自强。至于所学专业，与"欧美派"相比，声势浩大的"留日派"可谓"杂食"，当时日本大学几乎所有科目，如师范类（包括农业、工业、商业、采矿、铁路、蚕桑等）、军事类（包括陆军、海军、警察等）、法政类、医学类、理化类、体育类、美术类、音乐类等，皆有人习。而在如此众多科目中，尤其以学习师范、法政、军事的人最多。不过，无论学习专业为文科还是理科，受时代影响的日本高等教育体制均显示了其重视文学教育的特性。因此，先习医学，后转文学的郭沫若在文理两科培养模式的混杂与交融下，获得了独特的科学品格与文化人格，并对他以后文学创作与文学教育的实施产生了重要影响。

郭沫若接受留学教育，始于1914年1月（时年23岁）。是时，一心出国的他在大哥郭开文的资助下首次离乡，远赴日本求学。"拼命地学日文，拼命地补习科学"[1]，在经历一生中最勤勉的半年时间后，郭沫若终于如愿以偿，考取了官费留学生。其后，他在1914年7月，考入东京第一高等学校预备班[2]；1915年（24岁）秋第一高等学校预科毕业后，升入冈山第六高等学校[3]；1918年6月（27岁）通过冈山六高的各科考试，接到了九州帝国大学医科大学的面试入学通知书，与家人相伴，从冈山来到福冈；1921年1月（30岁）向校方提出病休申请，初步迈上弃医从文之路；1923年3月31日（32岁），拿到九州帝国大学医学部的毕业文凭，旋即离日归国。

郭沫若从1914年到1923年，基本上浸染于日本的留学教育中。从开始学习医科到最终选择文学，郭沫若人生道路上的巨大转折与此阶段的成长经历密不可分。那么，郭沫若在留学海外接受日本新式医学教育的过程中，都接受了哪些具有西方现代教育特色的科学知识与文学知识呢？这些知识的学习对其科学品格的养成、文化人格的塑造及文学创作又产生了哪些独特的影响呢？

---

① 郭沫若：《我的学生时代》，《郭沫若全集·文学编·卷12》，人民文学出版社1992年版，第15页。

② 日本教育界在中国留学生赴日后专门为其设立了预备班，一般为期一年，以供初来的留学生补习日语、数学和理化等基础学科，为日后进入日本高等学院做准备。其中专门招收中国留学生的预备学校有五所，分别为：东京高等师范学校、高等工业学校、千叶医学专门学校、山口商业学校和东京第一高等学校。因东京第一高等学校为东京帝国大学附属设立，相对而言，最为难考。

③ 关于郭沫若在冈山读书的详细情况及考证，可参考〔日〕名和悦子（Etsuko Nawa）：《郭沫若在冈山》，《郭沫若学刊》，2007年第1期，第10—19页。武继平：《郭沫若留日十年》，重庆出版社2001年版，第34—41页。

郭沫若留日初始，志在学习实业及医学两途，最终选择医科，窥其心迹，如鲁迅入仙台医学专门学校学习西医相似，是"认真是想学一点医，来作为对于国家社会的切实贡献"①，也是为了"研究科学正想养成我一种缜密的客观性，使我的意志力渐渐坚强起去"②。在此意识推动下，郭沫若系统地接受医学、生理学及生物学知识，这也成为他确立科学品格与科学思维的知识前提。1915 年入冈山第六高等学校后，郭沫若即开始逐步接触，并在思维习惯上慢慢接受了具有科学、理性精神支撑的西方现代医学知识。在冈山期间，他系统地学习了动物、植物、数学等课程。随后在九州帝国大学的四年里，又必修了解剖学讲义、组织学、组织实习、解剖学实习等总数多达 32 门的医学专业课程。此外他除了认真听取日本国内医学研究佼佼者的教导，还有幸倾听了当时世界顶尖科学家，如苏联著名生理学家巴普洛夫、世界著名物理学家爱因斯坦的课程与学术演讲，并阅读了一大批与现代医学、科学有关的理论书籍。正如郭沫若所说："我学过医，使我知道了近代科学方法的门径，这些，对于我从事文艺创作，学术研究，乃至政治活动，也不能说是毫无裨补。"③ 一系列的医学学习经历成为郭沫若获取科学知识的初始，而建构于全新知识体系基础上的科学品格又与其接受的文学教育相结合，共同对他从事文学活动、文艺创作产生了重要影响。

首先，对文学创作内容的影响。我们知道，郭沫若在日本留学期间就曾创作过《骷髅》《叶罗提之墓》《喀尔美罗姑娘》《月食》等多篇小说。作为初为文时的代表作品，这些小说在内容上无一例外都与梦境有关。而郭沫若对梦境的形成、本质、构成等基础知识的掌握则来源于他的独特医学经历。郭沫若的梦境理论知识，源于奥地利精神病理学家弗洛伊德。他在《批评与梦》中对梦的理论阐释颇为认同，并表现出了极大的兴趣和热情。此后，他又不止一次地运用诸如精

---

① 郭沫若：《我的学生时代》，《郭沫若全集·文学编·卷 12》，人民文学出版社 1992 年版，第 15 页。

② 郭沫若：《论国内的评坛及我对于创作上的态度》，《郭沫若全集·文学编·卷 15》，人民文学出版社 1990 年版，第 226 页。

③ 郭沫若：《我怎样开始了文艺生活》，载王锦厚编《郭沫若佚文集》，四川大学出版社 1988 年版，第 258—259 页。

神病态理论、斑疹伤寒等流行病理论①进行创作与批评，将医学与文学研究、历史研究紧密结合。其次，对以医学为代表的现代科学的学习，还对郭沫若尝试建立文学理论体系产生了影响。其中最直接的体现，应是他试图建立一个基于现代医学，特别是以生理学知识为理论基石的"文学理论基础"构想。按照郭沫若的想法，该文学理论基础分为两部分，其中总论部分又按章节分为文艺的创作过程、感应过程与进化过程。关于文艺的创作过程，"郭沫若首先追求出文艺的'细胞'成分。据他了解，这不外是由于外在条件所激起的'情绪'，这种'情绪'的波动就成为'节奏'，这种'节奏'的复合，就产生了创作。作品产生了，这种'节奏'就传达给读者，读者有着同样的反射，于是这就有了文艺的感应过程……"②"细胞""情绪""节奏""反射"等医学用语的使用，相当程度上揭示了郭沫若关于文学理论建构与近代医学、生理学知识关系的思考。甚至于此后的很长一段时间，郭沫若都十分看重以此种方法作为指导思想，建构自身文学理论体系的重要性。最后，对文学本质问题的影响。文学到底是什么？对此问题的解答，嬗变而多思的郭沫若并没有一以贯之的答案。例如"文学是苦闷的象征"借用的是深受弗洛伊德影响的日本文艺理论家厨川白村《苦闷的象征》中的阐释；而"生命是文学的本质"则吸收了博格森的生命哲学理论。此外，不管是"文学是反抗的象征"，或是"文学的本质是情绪的表现"，郭沫若在建构此类文学理论框架时，无一例外地吸收了医学或自然科学的概念与理论。

另外，留学日本的郭沫若在接受医学教育的同时，又接受较为完善的外国文学教育。对于此段经历，郭沫若在《我怎样开始了文艺生活》中有过一段详细的记载："日本人教外国文的宗旨是注重在读，用以接近参考书，写和说话是他们所不注重的。教授方法极其蛮干，略通发音和文法，便拿很高级的文字来做读物。我学德文时，主要就是读的歌德的作品，这是很不合理的教授法。但这种教授法，对于我却发生了一个与目的相反的影响。这把我决心抛弃的文艺倾向又挑

---

① 如郭沫若创作的话剧《虎符》中，运用精神病态理论将姬行自刎时，由于过度刺激而在头脑中出现的魏太妃、信陵君的头像与故事情节相结合，在论文《〈红楼梦〉第二十五回的一种解释》中，从自身经历与掌握的关于斑疹伤寒的医学知识入手，科学而又有力地考据出贾宝玉、王熙凤生病的原因很可能是因为感染了斑疹伤寒。

② 屈天泽：《论医学活动对郭沫若文学活动的影响》，载中国郭沫若研究学会《郭沫若研究》，文化艺术出版社1988年版，第208页。

拨煽动了起来，而且使旧文艺和新文艺深深的结合了。"① 受时代局限，"当时，日本的教育不重视启发，而是'灌注主义'教育"，而这对郭沫若来说并不是一件轻松事。1915 年在冈山六高的郭沫若虽然对日本教育方法略有抱怨，但在新旧知识的结合中，又对外国文学发生兴趣，继而从痛苦的被动式教育中解放出来，达到了真正的豁然贯通。于是，歌德的《少年维特之烦恼》《浮士德》，斯多姆的《茵湖梦》，泰戈尔的《新月集》《园丁集》，惠特曼的《草叶集》，外国文学的独特滋养与中国古代的王阳明、朱舜水、陶渊明、庄周、庾信的交融混杂共同丰富了郭沫若的文学维度。不期而遇的交流与融合让各种文学思想、文学流派进入郭沫若的文学世界，从而在无形之中大大提高了他的文学修养与文化品格，并且有力地推动了他从事文学创作的倾向。

留学海外所接受的医学教育，是郭沫若科学品格建构的首先和关键。它以一种崭新的姿态和形式迅速填补了郭氏的知识空白，并在一定程度上促进了知识结构的更新与变异。同时，使其浸染传统特色的知识认知结构融合了现代科学的元素与因子，在内心深处将科学、理性的认知态度与方法赋予了强大的精神力量与思辨思维。当然，与鲁迅一样，郭沫若学习自然科学的动机，并不同普通的自然科学家一样在于纯粹的科学研究。他对现代科学思维方法与科学精神的确认与择取有着强烈的人文关怀与文化渴望。因此，学习现代医学，建构科学品格，不仅从知识层面改变了郭沫若的文化心理结构，还让他在创作实践上获取了全新的理论资源与文学素材，成为其文化人格建构内容中的一项重要组成部分。

二、家庭文学教育

家庭教育作为社会教育的组成部分，会影响家庭成员的受教程度、教育背景以及成员的个体存在方式。同时，与具有公共空间属性的学校教育相比，家庭教

---

① 郭沫若：《我怎样开始了文艺生活》，载王锦厚编《郭沫若佚文集》，四川大学出版社 1988 年版，第 257 页。

育可以在一种相对封闭的空间内，最大限度地满足求知个体的精神追求与艺术向往。这往往是古往今来的有学之士获得文学启蒙，展示人生才华，实现自身价值的必然路径。因此，家庭文学教育的实施与接受就成为受教者获得文化教养，增强审美追求的主要途径与直接显现。至于家庭教育的实施形式，正如之前所说，父母、兄弟或其他家庭成员之间的言传身教，家庭成员之间的互教互学，互相切磋，都会对儿童原始的文学印象、文学感触及文学素养的形成产生重大的影响，并在无形中提高家庭成员的文学知识素养。

1. 优劣并举——郭沫若父母的文学启蒙

郭母杜邀贞极具中国传统人文主义特色的文学熏陶教育，成为郭沫若"诗教的第一课"。具有启示价值的家庭熏陶，让他感受到了文学世界的瑰丽与神奇，更让他从幼年时期就养成了喜爱文学的特别爱好，并对其之后从事文学创作，走上文学活动道路产生重要影响。

郭沫若的母亲姓杜，名邀贞，又名荪福，1875年10月（清咸丰七年）出生于黔省开州城内（今贵州省开阳县）。其父杜琢璋（1814年—1857年），壬子年间进士，曾任黄平州知州。郭母本是官宦人家，生活富足，只因苗人叛乱，其父杀身殉国。她后随一乳母逃离贵州，颠沛流离于各地，并与1862年嫁入郭家，成为郭沫若父亲郭朝沛的妻子。[①] 杜邀贞少时受时局所限并未受过任何正规教育，但却凭借天生的聪慧识得了很多字，甚至能够达到"读弹词、说佛偈"[②] 的程度。据王锦厚先生考证，郭母还对诗歌有独特的爱好，其中偏爱"唐宋人所写的向往宁静、幽邃生活的诗词"，"歌颂大自然的诗词"，"'通禅悟'，带哲理的诗词"。[③] 母亲的喜好与诵读使得郭沫若自幼年时起就与古典诗词结下了不解之缘，并成为他获得原始文学印象的源泉。郭沫若对此也有深刻而又客观的认识，他曾说："我之所以倾向诗歌和文艺，首先给予我以决定的影响的就是我的母亲。……在我有记忆的二三岁时她已经把唐人绝句教我暗诵，能诵得朗朗上口。这，我相信是我所受的诗教的第一课。……从中外的史实来看，凡是有成就的诗

---

① 关于郭母杜邀贞的详细资料，可参考郭沫若的《祭母文》《先妣事略》。
② 郭沫若：《祭母文》，载王锦厚编《郭沫若轶文集》，四川大学出版社1988年版，第332页。
③ 王锦厚：《郭沫若和唐诗》，《郭沫若学刊》，1990年第2期，第1页。

人或文艺家，大抵有嗜好文艺的母亲。"① 此外，郭母还常常引导郭沫若欣赏民间文艺，诸如讲故事、教民谣、听圣谕、看影戏之类的家庭文娱活动，就成为郭沫若继诗词诵读之外获得文学素材的一项重要补充。无论是四川民谣《月儿走》及《月儿光光》② 音律上的朗朗上口，还是变脸、影戏表演的高深莫测，民间歌谣与民间艺术特有的文化内涵、民俗意蕴与劝学励志主题不仅让郭沫若在娱乐中获得了文学、语言、文化常识，还为他日后从事文学创作提供了丰富的民间养分。另外，郭沫若的父亲郭朝沛、三叔祖郭明祥、大伯父郭朝沂也都曾经进入学校接受过正规学校教育。也因如此，郭家虽非名门望族，但也凭借几代人的辛勤努力在当地略有资财。郭家"'子孙贤，族乃大；兄弟睦，家之肥'及'祖宗虽远，祭祀不可不诚；子孙虽愚，经书不可不读'"③ 的古训也促使郭朝沛在子女的教育问题上不敢懈怠，而是以百倍的辛苦与努力支持郭沫若诸兄弟接受教育。

郭母耳濡目染式的诗词熏陶加上郭父毫不懈怠的坚定支持，郭沫若自小就对诗词为主的文学作品产生了特别爱好。对王维、孟浩然、杜甫、李白等人诗歌的独特选择与喜好，让他加强了诗学修养上的感性认识，并影响了日后"诗的本职专在抒情"的诗学本质观的确立。不过，郭沫若父母虽然在行为示范、经济保障上为文学教育的实施提供了强大支持，但受时代所限，其中又有一些缺点与不足限制了家庭文学教育的扩大与完善。

第一，关于教育内容。现代教育认为，"人的发展，是一种多层次多因素的发展。首先一个层次是个体的发展，包括生理和心理两方面；第二个层次是生理和心理的发展，又分别包含多种因素；第三个层次的每一个因素（体、智、德、美）又各有各种因素组成"④。因此，家庭文学教育应注重儿童阅读欣赏能力、语言表达能力及审美感知能力的综合培养，这就使得教育内容表现出丰富的多样性与灵活性。仅以阅读教育为例：韵律丰富的儿歌、意境优美的诗句、生动感人的

---

① 郭沫若：《如何研究诗歌与文艺》，《郭沫若全集·文学编·卷19》，人民文学出版社1992版，第426页。

② 两首皆为四川民谣，其中《月儿走》全文为：月儿走，我也走，月儿叫我捉烧酒。烧酒到好吃，月儿不拿给我吃。《月儿光光》全文为：月儿光光，下河洗衣裳，洗得白白净净，拿给哥哥穿起上学堂。学堂满，插笔管。笔管尖，尖上天。天又高，一把刀。刀又快，好切菜。菜又甜，好买田。买块田儿没底底，漏了二十粒黄瓜米。

③ 郭沫若：《祭母文》，载王锦厚编《郭沫若轶文集》，四川大学出版社1988年版，第333页。

④ 王道俊，王汉澜：《教育学》，人民教育出版社1989年版，第113页。

故事、想象奇特的童话以及主题鲜明的儿童电影、戏剧全部都可以成为阅读材料，以提升儿童的感受、认知、欣赏、创作、审美能力。对比来看，郭沫若从父母处收获的教育内容就略显单调。唐宋诗词、民谣、故事等虽然在一定程度上丰富了文学知识的获取，但文学材料的陈旧与滞后已然难以适应少年愈来愈强的求知欲和好奇心。同时，受时代环境及父母知识构成、阅读喜好等主客观因素的限制，匮乏的教育内容与单调的教育方法还是制约了郭沫若综合能力的培养。第二，关于教育方式。郭沫若父母实行的文学教育是我国古代泛文学教育的沿袭，重视诵读与书写训练成为衡量家庭文学教育成功与否的重要指标。在此思想指导下，不管是"书读百遍，其义自现"的经典认知，还是"熟读唐诗三百首，不会作诗也会吟"的俚词俗语，多读和熟读就成为密切联系语言教育和文学教育的坚实纽带。但问题在于，郭沫若父母实行的读写教育多半是基于感性体验上的泛泛而读。在缺乏科学理论指导的前提下，合理读写方法的缺失与读写材料的非系统化又使得此类教育方法只能停留在原始发展阶段，终究无法上升到诸如启发式教育、感知式教育的先进行列。第三，关于教育目的，中国古代文学教育将教化作用放置于诗文教育首位。其中有"春风风人，夏雨雨人，寓教于诗，寓道于文是也"①的教化实施，还有"读书教化，所以明人伦也"②的教化目的。在诗文教育中，施教者多通过人伦道德的情感感化，以潜移默化、和风细雨的方式具体实施延续了两千多年的儒家伦理教化。但从发展的眼光来看，教育的教化目的在于培养合乎时代主潮，顺应社会主流价值观念的时代新人，而不是郭沫若父母所推崇的封建家族的接班人与虚伪"仁义道德"的拥趸者。况且以事实而言，仅从郭沫若少年时代曾经有过的"嫖娼挟妓、搞同性恋、酗酒闹事、自暴自弃的不良行为"③来看，郭氏父母所秉持的教化目的已经显示了失败。这在证明封建家庭教育无力感的同时，也让我们很难将接受了文学教育的郭沫若与一个全面、统一、和谐发展的时代新人形象毫无裂隙地对照吻合。

2. 旧学与新知的双重启发——郭开文的文学影响

郭开文，号橙坞，生于 1878 年，少时即接受了完整的私塾教育，省垣东游

---

① 梁玉敏：《新课程改革教育背景下的小说教育研究》，四川大学出版社 2008 年版，第 56 页。

② 王显槐：《语文教育创新导论》，武汉大学出版社 2004 年版，第 26 页。

③ 陈俐：《郭沫若与少年中国学会同乡同学关系考》，《新文学史料》，2007 年第 4 期，第 180 页。

预备学堂毕业后即赴日留学，后肄业于东京帝国大学法学科。郭开文较郭沫若年长十四岁，性格豁达浪漫，对诗文、书法皆有一定的研究和造诣。在新旧教育的双重合力下，郭开文形成了既开放自由又保守落后的思想形态，但其中趋时附新、容易接受新事物的一面又对郭沫若的成长起到了关键作用，成为启发他旧学

与新知融会贯通的重要助推力。郭开文对郭沫若启蒙与影响程度之深，远非片言只语即能完全概述。郭沫若对其兄的称赞与感激也并非礼仪形式下的客套之辞。在郭开文生前他就在不同场合与多本著作中多次提及："除父母和沈先生之外，大哥是影响我最深的一个人。"① 当郭开文 1936 年病逝之后，远在日本的郭沫若为了表达对兄长的怀念与感激之情，特地在自己所编的《豕蹄》一书中写道："我之有今日全是出于我的长兄的摘培，不意毫未报答便从此未能再见了。"② 这其中蕴含的真情可想而知。

郭开文的旧学功底十分扎实，不仅爱好诗词，还擅长书法，因此对郭沫若自然也寄予了较高的期待与要求。据吉川幸次郎所记，郭沫若曾对他说，"我回忆起幼年时期，哥哥是清朝的古代语言学者，崇拜段玉裁，因此要我背诵《六书音韵表》"③，还"教我们抄《说文部首》，读段玉裁的《群经音韵谱》"④。正如之前所说，此类朴学教育的艰难晦涩程度已然超越了少年郭沫若的认知能力与理解范围，因而，学习新知识并没有让他产生丝毫的快感和愉悦，反而让他痛苦不已。但不可否认的是，郭开文的坚持与严厉并非一无所获。郭沫若在饱受严格旧学训练折磨的同时，也打下了扎实的古文学基础，这对他之后走上文学研究之路，并在古文字学、考古学以及中国古代社会史的研究中建树颇丰，起到了积极的推动作用。

思想开放趋新的郭开文不仅重视郭沫若旧学知识的培养，更重要的是在他开

---

① 郭沫若：《我的童年》，《郭沫若全集·文学编·卷 11》，人民文学出版社 1992 年版，第 51 页。

② 郭沫若：《豕蹄·后记》，不二书店 1936 年版。

③ ［日］吉川幸次郎（Yoshigawa Kōziro）：《追悼郭沫若》，香港《大公报》，1978 年 6 月 17 日。

④ 郭沫若：《我的学生时代》，《郭沫若全集·文学编·卷 12》，人民文学出版社 1992 年版，第 8 页。

眼看世界，接受了新思想、新知识的熏陶后，转而推动新学的推广与普及。其中促使家塾教育方式改革、购买新书籍供弟妹学习的经历更是让郭沫若受益终身。郭沫若曾经回忆说："新学的书籍就由大哥的采集，像洪水一样，由成都流到我们家塾里来。"[①] 新书籍新颖的内容、进步的思想伴随着新知识、新技术的提倡源源不断地冲击着渴望新知的郭沫若。阅读内容的改变不仅开阔视野，启发思维，让少年郭沫若对旧中国有了一个虽然模糊片面但却全新的认识，还培养了他积极探求新事物、独立思考的能力。自此，进化、改革、革命等进步的思想观念在郭沫若的脑子里深深扎根。对保守、落后的激进批评和对开放、进步的急切渴望在与文学这个独特载体契合后，年轻的郭沫若已然扬起时代的风帆，航进了文学新知的海洋。

只是，郭开文虽然多角度、长时间地助力于郭沫若获取文学新知，还对他赴日留学深造提供了资金与精神支持，但视文学为小志的郭开文也曾数次阻碍郭沫若从事文学活动及创作文学作品。其中，郭沫若曾将创作的小说《牧羊哀话》和诗歌《怨日行》寄给大哥希望他可以帮助修改，或者发表。但事与愿违，素来支持自己的大哥"写信来责备了我，说我正在求学，不应该沾染文墨上的事情。……我的小说，他一字不易地又给我寄回来了"[②]。而当郭沫若受到国外泛神论思想启发，意欲写《庄周评论》一文时，怎料还未动笔，却又受到郭开文的责备。不过对此我们也不必苛责，郭开文劝弟弟务实业、求功名以报效国家的要求正体现了"19世纪－20世纪之交的中国人民不甘被列强瓜分，极欲用人类新的科学文化知识装备自己，以图振兴的强烈愿望"[③]。只是，从器物到技术，再到制度思想，像郭开文一样急切渴望自强而具有强烈爱国意识的传统知识分子，在追求中国社会现代化的进程中很难在短期内形成一个先进的、统一的发展共识，这也是中国知识分子在传统社会裂变之际的最大遗憾。

---

① 郭沫若：《我的童年》，《郭沫若全集·文学编·卷11》，人民文学出版社1992年版，第42—43页。

② 郭沫若：《我的学生时代》，《郭沫若全集·文学编·卷12》，人民文学出版社1992年版，第63页。

③ 徐放鸣：《论人类历史上的留学运动》，《江海学刊》，2007年第1期，第169页。

三、以阅读为体验的自我文学教育

学校、家庭的熏陶培养是受教者接受文学教育的主要形式，但时间空间上的制约与受教过程的不可复制直接导致了上述两类教育形式难以常态化。因此，通过何种方式、手段为补充，以满足学校、家庭文学教育弱化后产生的空白，就成为受教者延续文学教育，乃至进行终身教育所必须思考的问题。在此，以阅读为体验的自我文学教育作为个人自觉终身学习的独特表现，就成为展示自我认知结构与文化心理，获得审美感触与生命体会的直接补充。

1. 郭沫若的阅读喜好与总类

个人的阅读与研修，是受教者实行自我教育的独特方式。不同于学校、家庭教育中施教者形象的真实立体，自我教育中的施教者形象呈现出明显的虚拟化特征。所谓施教者形象的虚拟化，"指的是在个人阅读与研修的学习过程中，受教育者——即阅读者和研修者——所面对的不是实体性的教育者，而是虚拟性的教育者——书籍"①。而从另一个角度来说，"文学教育成功的标志之一就是受教育者接受文学教育后是否愿意继续在课外和走出学校之后尚能进行'自为'的文学教育，具有文学阅读的兴趣、能力和方法"②。因此，受教者与施教者角色的混合与重叠在模糊了两者身份界限的前提下，构成了自我文学教育的精髓。在此过程中通过阅读书籍报刊等文学读物，汲取文学营养，参模写作技巧，进而获得独特的阅读审美体验，就成为自我文学教育的方法与手段。

郭沫若看书很注重方法，自谓"一找到门径，差不多只有一两天功夫，便完全解除了它的秘密"③。关于阅读，他自有其独特的选择与品味。杂、多、广成为他读书的最主要特色。阅读兴趣的广泛多样成功地激发了他的学习动机与欲望，还成为他持续进行自我文学教育的知识来源与思想保障。因此，要想全面、立体地了解个人阅读对郭沫若文学教育的启发与作用，就要系统、客观地梳理其文学阅读的内容与类别。

---

① 郭英德：《中国古代文学与教育之关系研究》，北京大学出版社 2012 年版，第 310 页。

② 鲁定元：《文学教育论》，华中师范大学博士学位论文，2005 年，第 141 页。

③ 郭沫若：《我是中国人》，《郭沫若全集·文学编·卷13》，人民文学出版社 1992 年版，第 363 页。

首先是对古典书籍的阅读。钱潮作为郭沫若东京一高时的同学，在回忆他们日本留学期间的学习生活时说道："他从小就养成了勤学的习惯，求知面颇广，'既文既博，亦玄亦史'，打下了牢固的国学基础。他对战国诸子，赋、诗、词、曲，都有相当造诣。"[①]战国诸子，赋、诗、词、曲，《离骚》《史记》，对古典书籍的喜爱与兴趣是郭沫若嗜"读"如命的直观呈现。蒙学时代父母的濡染教养、塾师的正面引导则是此类兴趣养成的绝大诱因。对传统知识、古典书籍的追求与热爱让郭沫若充实了知识体系、扩展了思想蕴涵。多读、好读的求知天性又使他在刻苦繁复的学习、阅读、研修中获得了精神与灵魂的双重满足。此外，读《西厢》《西湖佳话》《花月痕》《红楼梦》等古典小说；读《庄子》《荀子》《韩非子》《汉书》《史筌纲要》等子、史名典；读《唐诗》《宋词》《楚辞》《文选》等诗歌、散文；读《尔雅》《说文解字》《群经音韵谱》《声律启蒙撮要》等文字、音韵与训诂辑要；读《宋元戏曲考》《殷墟书契考》《殷商贞卜文字考》等学术名著以及"东洋文库"[②]中所有甲骨文与金文研究的著作。在漫长的学习生活中，郭沫若不仅将阅读古典书籍作为获得新知的基础与源泉，更当成了一种排遣寂寞忧伤、获得精神抚慰的生命存在方式。此外，在古典书籍的熏陶与父母塾师的严格教育下，少年郭沫若拥有了"相当好的旧学根基，尤其重要的恐怕还在于懂得了勤谨向学的道理和方法，养成了较好的学习习惯"[③]。这对他日后吟诗作词，通彻古典、现代诗歌，研究古代史、古文字学都打下了坚实的基础。

其次，对新式书籍、报刊的接受。新意识的萌发，新知识的获取，新思想的形成自然离不开新式书籍与报刊的启迪。因此，对新式书籍与报刊的渴望充实了郭沫若的少时求学记忆。得益于清末科举废除后教育体制改革与大哥郭开文的全力供给，郭沫若不仅改换了格致、地理、地质、数学、东西洋史等新式教科书，还读到了诸如日译著作《经国美谈》《猪仔记》和梁启超所译的《意大利建国三杰》等课外书籍。教科书作为教学目标实现的客观载体与此类课外读物相得益

---

① 钱潮口述，盛巽昌整理：《回忆郭沫若在日本的学习生活》，载王训昭《郭沫若研究资料》，中国社会科学出版社 1986 年版，第 532 页。

② 东洋文库是日本的一家私人图书馆，位于市川市小石川区，由日本财阀川崎兄弟 1917 年建立，内收大量中国珍本古籍以及关于中国地方志书、县志、府志的新旧书籍。1928 年郭沫若避难日本期间，为写《中国古代社会研究》一文，曾在一两个月的时间内，读完库中所藏的一切甲骨文字和金文的著作。

③ 李继凯：《才子的书缘——郭沫若的读书生活》，中原农民出版社 1999 年版，第 3 页。

彰，以一种全新的视角共同建构起阅读者的思想内涵，并成为开拓眼界、获得知识的重要来源。此外，在新思想、新文艺的发展进程中，新式报纸杂志作为传播新知、开拓视野的重要媒介阵地，同样受到郭沫若的青睐。其中倾向于思想进步的，有王韬1874年在香港创办的《循环日报》，彭翼仲1902年在北京创办的《启蒙画报》，留日学生孙翼中等人1903年在东京创办的《浙江潮》，由邓实主编，章太炎、陈去病撰稿，1905年创刊于上海的《国粹学报》；倾向于新文艺、新创作的，有梁启超1902年创刊于日本横滨的《新小说》，1918年创办，由张东荪、宗白华主编的《时事新报》副刊《学灯》。于是，不管是对拿破仑、俾斯麦的无限敬仰与爱慕，还是对中国百姓被骗做猪仔的悲伤与愤恨，抑或是对玛志尼、加富尔、加里波第等仁人志士的歌颂与崇拜，具有资产阶级民主思想和新文学启蒙色彩的新文学读物如潮水般涌向求知似渴的郭沫若。对它们的阅读与接受，逐渐颠覆了郭沫若的传统信仰，进而在思想层面上确立了全新的文化结构与认知心理。这最终促使他完成了知识系统的更新与转型，成为日后创造新小说、新诗歌的理论基石与思想源泉。

最后，对译书与外语书籍的广泛涉猎。译书和外语书籍作为传递新知、承载文化、启迪思想的实体媒介对20世纪中国社会文化的发展作用显著。渴求新知的文化先驱与建设者在开眼看世界后，为满足对世界先进文化的向往与渴望，在文化界掀起了阅读译书与外语书籍的"新时尚"。紧贴时代的郭沫若自然不会放弃追寻新潮，严复翻译的《天演论》《群学肄言》，林纾翻译的《迦茵小传》《茶花女遗事》《撒克逊劫后英雄略》等具有现代文化、思想、情爱观的翻译作品迅速走进郭沫若的阅读视野。不过，依照德里达的解构主义翻译理论，晚清翻译文学因受译者文化传统、学术背景、思维方式的制约，其翻译行为"无论在主观上还是客观上都只是对原文的误读，即一种流动的、变形的、偏离式的阅读"①。这类将作品变成一种基于自身语言特色、审美品位与文化风格的"再创造文本"在"林译小说"中表现得最为明显。受此限制，郭沫若虽然也从译书中获得了全新的认知与感悟，以至于多年后依然记忆犹新，但传统文化教育的制约与翻译作品精神实质上的缺憾使得郭沫若对西方文化的吸收与借鉴万难彻底全面。好在赴日留学不久，因为日本高等学校的学制要求与自身外语水平的提高，郭沫若的外文

---

① 吴春梅，魏家海，张万防：《翻译研究概论》，外语教学与研究出版社2012年版，第70页。

阅读行为进入了全新状态。从最开始的日语教科书到后来的德语、英语书，对外语书籍的步步深入让郭沫若在贪婪的阅读与感知之中品味到了其中的美与真。至于阅读外国文学名著而产生的乐趣与收获，郭沫若曾在给友人的一封信中说道："读名人著作确是要事，欧美名家作品最能启发人性灵。"① 因此，在数十年的求学生涯中，郭沫若详细阅读过泰戈尔、海涅、惠特曼、雪莱、歌德、福楼拜等具有世界成就的文学大师。这成为他愉悦身心、调节心理、塑造人格的关键。更为重要的是，在对世界进步文化予以强烈关注后，郭沫若丰富了认知结构与文化心理，获得了关于新文学、新文化的独特审美感触与生命体会。

2. 阅读体验的教育效果

对儿童来说，阅读作为一种综合性的认知理解行为，是思维、想象、记忆、表达的立体整合，"有助于培养儿童观察模拟、理解分析、预期猜测阅读信息，以及自我调适、表达讲诉等各种阅读能力"②。阅读认知的终身性、持续性特征，又使得它产生的教育效果复杂多样。因之，详细梳理探讨阅读给人带来的，诸如文史知识、写作技巧、综合素养、感受体验等具有个人属性的教育效果，也就显得十分必要了。

首先，阅读有助于提高郭沫若的知识构成及创作能力。阅读方式与传播媒介的变化虽然在一定程度上改变了阅读情境，但对读者来说，个人文学阅读所展现的独特魅力与困难疲劳程度并未因此而大幅度削弱。正如美国著名传播学者梅罗维茨所说："即使对有文化的人来说阅读也是一项辛苦的工作……为了阅读这些词，你的眼睛必须经过训练。"③ 郭沫若读书，虽也是一种辛苦的工作，但却有他自己的方法。

他曾说："我读一切诗——不仅是诗，便是一切的古书——都是不用注的，万不得已时只以备字意的参考。……古人的见解我只用批评的态度去采决它。"④ 创

---

① 郭沫若：《郭老谈诗的一封信》，《星星》，1982 年第 4 期。

② 颜晓燕：《实施整合的早期阅读教育的必然性与途径》，《学前教育研究》，2011 年第 12 期。

③ ［美］梅罗维茨（Joshua Meyrowitz）：《消失的地域：电子媒介对社会行为的影响》，肖志军译，清华大学出版社 2002 年版，第 78 页。

④ 洪为法：《我谈国风》，《创造日汇刊》，上海书店出版社 1983 年版，第 47 页。

造性的阅读方式使得郭沫若忠实地承继着"尽信书则不如无书"的治学传统。怀疑、批评的阅读方式与源于兴趣爱好的阅读品味相结合，在让人感到疲劳的同时，却极大地提高了读者的文史知识与学识修养。此外，郭沫若还在未能成篇的《我的著作生活的回顾》中提及阅读对他文学创作的影响。其中泰戈尔、海涅之于他"诗的觉醒"；惠特曼、雪莱之于"诗的爆发"；歌德、瓦格纳之于"戏剧的发展"；福楼拜尔、屠格涅夫、斐理普、柔尔·鲁纳尔之于"小说的发展"成为他走向文学道路的基石。不管是阅读古书时产生的无限感慨与同情，还是阅读新书与外国书籍时的吸收与借鉴，郭沫若在自我启发与感悟的阅读学习中奠定了深厚的旧学基础，创建了多元的思维体系，也获得了全新的知识构成。至于创作技巧的提高，则直接源于郭沫若"为创作而读书"[①]的阅读经验。"为创作而读书"虽然是一种狭义的读书经验，但却对创作速度、技巧的培养影响显著。他曾说："譬如我要写剧本，我便先把莎士比亚或莫里哀的剧本读它一两种，要写小说，我便先把托尔斯泰或福楼拜的小说读它一两篇。"[②] 以读书为始，进而在思想品格、审美倾向、体裁风格上启发引导创作行为，郭沫若在五四文坛上脱颖而出。只是，此种阅读方式多见效于天资聪慧、头脑敏捷之人。对大多数人来说，以功利性驱使的阅读行为，多以技法、感情、风格等表层知识的模仿借鉴为目的，很难创作出具有自身特色、独特见解与思想内容深度的啼泪泣血之作。

其次，阅读有助于提升郭沫若的综合素养与个人能力。于个人而言，读何种类型、内容的书既可以影响读者知识体系的建构，也会决定其综合素养与个人品格的生成。郭沫若多、杂、广的阅读方式与文学造诣上的巨大成功，则证明实情确实如此。他曾表示："我在求学期间便曾贪婪地追求过课外的读物：文学，哲学，社会经济等，与医学无关的著作我读了不少。这样的读书方式虽然是好象漫无目的，但其实也为广义的学习。一个人的品格的养成，即所谓教养，和这种自由阅读是有深切关系的。"[③] 自由阅读作为阅读方式的一种，既强调选择阅读材料时的自由与多元，又注重自由、开放的思维品格。自由的鉴赏、自由的品位、

---

① 详细参考李继凯：《才子的书缘——郭沫若的读书生活》，中原农民出版社 1999 年版，第 54—70 页。

② 郭沫若：《我的读书经验》，载王锦厚编《郭沫若佚文集》，四川大学出版社 1988 年版，第 269 页。

③ 郭沫若：《我的读书经验》，载王锦厚编《郭沫若佚文集》，四川大学出版社 1988 年版，第 267—268 页。

自由的解读，不受规矩、模式限制的想象往往能够在出乎其外、入乎其内的超然之中开放出更加艳丽的思维之花。这也是郭沫若能够在文学、史学、古文字学、书法、教育等诸多领域都有显著成就的关键。此外，"阅读文字意味着要跟随一条思路，这需要读者具有相当强的分类、推理和判断能力。……读者还要具有评判能力，要对不同的观点进行对比，并且能够举一反三"①。因此，阅读在锻炼思维想象，增强学习技能，改善语言表达上效果显著。凭借阅读而增强了自身文学素养的郭沫若在自由阅读体验中，尽享着文学生活的独特魅力，感悟着大千世界的万象浮华。

最后，阅读有助于丰富郭沫若的个人体验与文化人格。阅读作为实施文学教育的基本方法，可以有效地作用于阅读者的语言感知、审美、内心感受能力。同时，阅读又是文本的二次阐释，对其中的多义性与不确定性的感知正是读者的最大收获。对好诗的体验，郭沫若曾用"strain（曲调）""melody（旋律）"以及"欢乐底源泉，陶醉底美酿，慰安的天国"等词语给与过极高的评价。② 独特的感受领悟与流露的自然情感让郭沫若迷醉其中，难以自拔。在此，郭沫若对诗歌等经典文学作品的阅读已不是普通人基于兴趣的消闲、自慰，而是在透彻的观照与感应中，获得了精神体验的强烈共鸣。叶圣陶曾说："文学这东西，尤其是诗歌，不但要分析地研究，还得要综合地感受。所谓感受，就是读者的心与诗人的心起了共鸣，仿佛诗人说的正是读者自己的话，诗人宣泄的正是读者自己的情感似的。"③ 当此类情感体验在内心深处扎根并生长延续后，超脱了世俗羁绊而浮游于天地物我之外的郭沫若获得的并非是心灵的沉寂与平和。恰恰相反，他在一种火山爆发式的激烈表达中，显现了对自由解放、阔达不羁等文化人格的追寻，对毁灭重生、大破大立等文化裂变的渴望。真切的感受，真实的情感，郭沫若从自身的生命感受、生活积累和生存体验出发，在内心的碰撞、交融中，在与文本的心灵对话中获得了独特的生命体验与文化品格。

---

① ［美］尼尔·波兹曼（Neil Postman）：《娱乐至死》，章艳译，广西师范大学出版社 2004 年版，第 67 页。

② 郭沫若：《郭沫若致宗白华》，《郭沫若全集·文学编·卷5》，人民文学出版社 1992 年版，第 13 页。

③ 叶圣陶：《略读指导举隅·前言》，《叶圣陶语文教育论集》，教育科学出版社 1980 年版，第 29 页。

通过对郭沫若与文学教育的关联研究，可以发现作为文化名人的郭沫若在教育领域也有着相当广泛的接触、探索及实践。不管是接受学校文学教育、家庭文学教育还是以阅读为体验的自我文学教育，郭沫若在一种全方位、立体化的环境下完成了文学知识的积累与文学素养的提高，终成一代大师。当然，郭沫若的时代，我们无法奢求其接受的文学教育应如何的规范、合理、正确，我们也无法奢求其从事的文学教育应如何的系统、全面、科学。因为时代困惑，环境限制，个人局限在郭沫若身上都有集中的显现。在此，从事实出发、客观实际地阐明郭沫若在接受文学教育过程中的得失利害便是价值所在。

论郭沫若从事的文学教育

作为延续文学知识的手段，从事文学教育就成为郭沫若作为教育家的重要表现。与普通的教育工作者相比，具有独特生活阅历与教育体验的郭沫若在从事文学教育的过程中表现出了鲜明的个人特征。不管是以社团、报刊为媒介的变相支持，还是通信、著文、交友的直接体现，不管是其人其作进入语文教材，还是以教为业的从教经历，郭沫若在一种多元、系统、全面的施教经历中完成了文学教育的主体实践。但是，郭沫若在从事文学教育过程中也受多种因素的干扰，以致遮蔽了文学教育所应有的精髓与本真。这从他以自身名望引领社团、报刊却对文学青年产生误导，作品进入文学教材又陷入"两极阅读"泥潭，任职高校又受苏联教育政策影响而使得自身定位出现混乱的具体实践中可见一斑。

一、社团活动、报刊编辑与文学教育的二元互动

中国现代文学的发生，离不开文学社团和文学期刊的参与。它们的兴起、演化和发展作为团结作家群体，凝聚青年分子，促进文学创作繁荣的重要力量，开辟了 20 世纪中国文学的历史新纪元。诚然，文学社团作为一种有独特美学追求和统一文学理想的作家集合体，离不开大量支持者的拥护与回应，因而拥有可以发表自身文学作品的文学报刊就成为文学社团形成文学力量，造就文坛声势、影响的标志。同时，文学社团与文学期刊在长时间的合作与编辑中形成了鲜明的文学主张、文学风格与艺术追求。在其发起人和主体成员的推动下，会对社团成员

与报刊读者群产生一种有力的文学影响和号召力量，这正是社团、期刊施展文学教育的独特显现。对郭沫若来说，不管是赴日留学期间加入各类文学团体，还是回国之后为促进新文学的发展而组建社团、创办报刊，其实践文学教育的方式繁复多样。其中通过发表作品阐释自身文学理念，有意识、有目的地发现、培养、支持文学青年，编辑出版新人作品，并向那些有着共同文学追求、志向趣味的文学爱好者宣传自身的文学主张和思想理念，郭沫若在一种独特的情境中完成了文学教育实践。但是，郭沫若早期社团活动和报刊编辑实践受限于社会政治环境与文学理论水平，其以自身名望引领的社团及报纸期刊的文学论争及批判活动，又在很大程度上误导了众多追随于他的文学青年，进而消耗了进步文学力量，误伤了新文学阵营，对新文学的发展产生了消极影响和错误导向。

1. 社团活动和报刊编辑实践

具体说来，郭沫若组建的第一个文学社团应是五四赴日留学期间，在日本福冈创办的爱国文学社团——夏社。夏社因为组建时正值夏日，且首次会员活动又是在一位夏姓同学家里举行，因而得名如此。夏社组建同时，与社团同名的社刊《夏社》也在郭沫若等人的努力下创办开来。作为夏社颇为积极活跃的社员，郭沫若的任务委实不轻，"自己执笔，自己写钢板，自己油印，自己付邮"① 的繁重工作让郭沫若渐渐熟悉了报刊的编辑程序。《夏社》的主要任务是翻译发表日本国内报纸杂志上鼓吹侵略中国的言论与资料，其中并未有太多关于文学教育的内容，但却是郭沫若从事文学社团活动和报刊编辑的首次实践。

《夏社》存在时间只有一两个月，此后，郭沫若还热心支持创办过《黑潮》《学艺》杂志。《黑潮》是 1919 年 8 月创刊于上海的爱国刊物，发表有郭沫若的《同文同种辩》《抵制日货之究竟》《箱崎吊古》《风》等诗文专论，集中表达了郭沫若的早期爱国主义思想。《学艺》则是中华学艺社 1917 年 4 月发行的一份综合性学术刊物，多刊载人文、哲学、社会科学与自然科学文章，以"研究真理，昌明学艺，交换知识，促进文化"② 为宗旨。郭沫若

---

① 郭沫若：《凫进文艺的新潮》，《文哨》，1945 年第 1 期，第 2 页。
② 《中华学艺社社章》，《学艺白号纪念增刊》，1933 年第 11 期。

在《学艺》发表《艺术的象征》《湘累》《月光》《洪水时代》等文章的同时，还加入了该社，成为中华学艺社中的一员，与诸社友共同致力于进步文艺的推广。同时，1916 年创刊于日本东京的综合性杂志《民铎》也成为郭沫若发表诗文创作的又一阵地。而对文学之于教育关系初步探索的《儿童文学之管见》一文，就发表在《民铎》杂志的第二卷第四号上。1921 年 1 月下旬，郭沫若在与成仿吾、陶晶孙、郁达夫等人联络协商后，印制了属于自己的第一份同人文学杂志 Green，这正是前期创造社会刊《创造季刊》的前身。1921 年 6 月，与文学研究会相对应的创造社在日本东京正式成立，郭沫若、郁达夫等人自然成为创始期的元老。创造社的成立，为一大批喜爱浪漫主义文艺，而又倾向于社会革命的知识青年提供了可以依凭的坚实依靠。郭沫若亲自办刊，先后于 1922 年 3 月 15 日出版发行了《创造季刊》，1923 年 5 月 13 日出版了《创造周报》，7 月 21 日出版了《创造日》。三份刊物均以传播新思想、促进新文学为宗旨，其上登载多篇郭沫若诗歌、小说、历史剧及评论，极大地影响了阅读群体的期待视野、艺术追求与审美原则，成为郭沫若实施文学教育的最好证明。此外，三份报刊的出版发行还为众多文学青年提供了发表作品、评论，表达文学观念、思想的途径与场地，成为促进新文化发展，培养文学青年的舆论阵地。此后，郭沫若不仅借助于自身的"文名"和力量，热心帮助《孤军》[①]《长虹》[②]《洪水》[③]《鹃血》[④] 等报刊出版印制，还在其上发表大量文章，将文学创作与社团活动、报刊编辑实践紧密结合，为社会培养了众多文学青年，有力地支持了新文化运动及民主主义革命。

抗日战争爆发后，郭沫若为响应抗日救亡的宣传需要，创办了《救亡日报》，并主动担任报社社长。当《新华日报》成为革命宣传的新闻阵地后，又不遗余力的给予关心、支持与爱护，为抗日宣传做出贡献。此时的郭沫若虽然已立志做党的喇叭、人民的喉舌，发表作品也多是支持抗战，反对落后的政治性、革命性文

---

① 国家主义派主办的刊物，由陈慎侯策划，1923 年在何公敢主持下出版的小三十二开本杂志。郭沫若在该刊物上发表了《前进曲》（歌曲）、《孤军行》、《留别日本》（现代诗）、《哀时古调》（古体诗）等多篇作品。

② 1925 年"五卅"运动后，在上海的四川同乡会在郭沫若的帮助下由梁溪图书公司出版发行。

③ 1925 年 9 月，由周全平等人创办于上海，郭沫若在上面发有《资本主义与盲肠炎》《穷汉的穷谈》《文艺家的觉悟》《新国家的创造》等文章。

④ 1926 年 8 月 1 日，由四川革命同志会创办于广州，郭沫若在上面发表的文章有《革命努力的普及与提高》。

章，但他依然没有忘记对青年文学刊物的支持。在致《东线文艺》①编者的信中，郭沫若说道："我所诚切希望的倒还是你们尽量的做，多做些记录，多写些报告吧……少出主张，多看事实；少发感情，多加分析……抓着便写！这便是使文艺活动展开的一个秘诀。"②解放战争开始后，创建由《救亡日报》改名而成的《建国日报》就成为郭沫若的又一任务。此后，主编《中原》杂志，支持上海的《周报》《民主》杂志，在《文汇报》改革过程中开辟了包含有"新教育""新思潮""新文艺"等六个全新栏目，并对"一群爱好进步的青年朋友用自己的力量来经办的学习事业"③的《青年学习》题写刊名。郭沫若革命时期的报刊编辑实践成为他从事文学教育活动的重要一面。新中国成立后，郭沫若兼任了文化教育委员会主任，借此便利继续支持发展文化事业。其中1950年亲笔为《人民教育》创刊号题词："教育必须为人民大众服务，提高新国家主人翁——工农阶级的文化水平。"此后，又相继为《北京文艺》题词："善于利用人民大众所喜闻乐见的形式，来进行新民主主义的文化教育，提高人民大众的文化水平和爱国情绪。"为《边疆文艺》题词："普及为基础，百花齐放蕊，万众一条心。"此时的郭沫若虽已身处高位不再从事具体的报刊编辑活动，但却始终关注文化事业，积极促进新中国文学教育发展。

2. "创造社时期"文学教育的成功与偏颇

创造社时期，是郭沫若在报刊编辑实践中从事文学教育的集中体现期。在创造社诸人的全力合作下，《创造季刊》《创造周报》和《创造日》的相继出版为郭沫若提供了实施文学教育的途径和平台。朱光潜曾说："在现代中国，一个有势力的文学期刊比一个大学的影响还要更大、更深长。"④相对于大学教育的长期性、贵族化特征，现代期刊以其特有的出版方式和传播速度集中展现了创办者与社群成员之间的文学理念、审美风格。从现代传播与大众传媒的角度来看，对现代期刊的接受与认可就成为期刊阅读群体获得文学知识，提高文化素养，延续文学精神的主要途径。因此，对郭沫若来说，不管是栏目设置与办刊宗旨的开创实

---

① 《东线文艺》创刊于1940年3月1日，仅出一期即消失，由江西上饶东线文艺社主编，编者有殷梦萍、张煌，此信最早出现在该刊的创刊号上。

② 郭沫若：《郭沫若书信集·上》，中国社会科学出版社1992年版，第466页。

③ 章伯钧：《发刊词》，《青年学习》，1946年第1期，第1页。

④ 朱光潜：《论小品文》，《朱光潜全集·卷2》，安徽教育出版社1987年版，第426页。

践，还是自己与他人文学作品的发表评介，郭沫若在青年读者的狂热崇拜与求知渴望中实践着文学教育。作为创造期刊的主要编辑人，郭沫若曾说"文化的建设在个人不外是自我的觉醒，在团体不外是有总体的统一中心之自觉，而唤醒这种自觉的人，构成这种统一中心的人，编辑杂志者要占一大部分"①。因此，如何在报刊编辑中展示一国的文化动态，建设自我与团体的文学自觉就成为创造社诸人确定创造期刊栏目设置与办刊宗旨的重要参考。

先从栏目设置来看，《创作季刊》主要有创作、评论、杂录三大板块；《创造周报》也有创作、杂论、翻译、批评、信件、答辩等多重栏目，《创造日》亦与其大致相同。三者共有的独特之处正在于文艺批评和评论专栏的设置与建设。相对于文学研究会以文学创作为主的发展模式，郭沫若等创造社成员多重视文学批评，以期提升阅读群体的文学观念与批评品格。从《创造季刊》第一卷第一期的《少年维特之烦恼序引》开始，郭沫若与创造社同人连续发表了多篇评论与论战的文字为自己的文学作品和文学理念张目，并以此推进新文学发展。到了《创造周报》，批评家们又以"要打破从来的因袭的样式而求新的生命之新的表现"② 为己任，将"消极的批评工作"③ 作为建设新文学的重中之重。诚然，创造前期的批评家们虽受帮派意识而显示出较为明显的历史局限和偏颇。但其在批评中以自身理论实践为准绳直指了新文学中潜藏的现实弊病。况且，还在自觉意识的推动下全力阐释文学批评的基本原理与科学体系，并以一种"反权威的颠覆精神与创造精神"④，在青年读者中做了建构现代文学批评体系的积极尝试。当然，国民文学的建构离不开众多文学青年的支持与拥护，因而"专供新近作家发表创作及交换知识之用"⑤ 的办刊宗旨，有力号召了文学青年从事文学创作。这也让众多有志于此的文学青年获得了创作经验，增长了文学知识，在交流与互动之中相互学习，取长补短。

作为前期创造社的组织人与撰稿者，郭沫若以丰厚的作品展示了自己在文学方面的独特才情。不管是以诗歌创造开一代诗风，还是以小说文本加速现代文学

---

① 郭沫若：《郭沫若书信集·上》，中国社会科学出版社 1992 年版，第 277 页。
② 郭沫若：《我们的文学新运动》，《创造周报》，1923 年第 3 期。
③ 梁实秋：《通信二则》，《创造周报》，1923 年第 13 期。
④ 张勇：《前期创造社期刊创办与郭沫若早期的文学创作》，《郭沫若学刊》，2008 年第 2 期。
⑤ 郁达夫：《纯文学季刊〈创造〉出版预告》，《时事新报》，1921 年 9 月 29 日第 1 版。

的进步步伐，抑或是以作家、作品批评实践勾勒现代文学批评理论框架，郭沫若以一种标新立异的文化态度促进了新文学内容与形式的巨大转变。同时，也为文学青年趋向新文艺，获得新知识提供了充足的理论支持与榜样示范效应。据笔者统计，在两卷共六期的《创造季刊》上共刊有 43 名作者的作品 144 篇。其中郭沫若各类作品 22 篇，总量居 43 位作者之首，约占全部篇目的 18%；《创造周报》共 52 期刊载 31 名作者，作品共 200 篇，郭沫若 73 篇居首位，占全部篇目的 37%；《创造日》共 41 名作者 100 篇作品，郭沫若计 10 篇又居首位，占全部篇目的 10%。[①] 由此可见，在创造社诸多社员中，郭沫若无论是刊发作品数量还是参与刊物编辑时长上都首屈一指。此外，除发表自己与创造社同人的作品外，郭沫若还凭借自身的文坛号召力与创造期刊的社会影响力，吸引具有相同文学趣味与艺术追求的青年作家参与到期刊的运作上来。仅以《创造季刊》第 2 卷共 4 期文章为例，就出版有新进作家的处女座 19 部。包括：滕固的《二人之间》《壁画》《石像的复活》（小说），闻一多的《李白之死》（诗），黄慎之的《他》（小说），冯至的《归乡》（诗），方光焘的《曼蓝之死》《疟疾》（小说），邓均吾的《白鸥》（诗），淦女士的《隔绝》（小说），全平的《迷途的羔羊》（诗）、《林中》（小说），袁家骅的《秋江》（剧诗），何畏的《黄昏》（小说）、《上海幻想曲》（诗），赵邦杰的《可怜的少女》（小说），张定璜的《路上》（小说），张友鸾的《坟墓》（小说），徐祖正的 Osbibaana（诗）等，新近作家与文学青年的作品几乎占到创作栏目作品总量的三分之一。可以说，郭沫若以发现、鼓励、支持的方法，在将文学青年的作品推荐到刊物上发表的同时，也为中国社会培养了一大批具有较高文学素养与文化品位的作家、编辑，更对中国现代文学的发展演进注入了多支新鲜血液。

借助于独特的期刊栏目与郭沫若的文学影响力，创造社期刊作为传播新文学的重要载体，在青年读者群中产生了巨大反响。据沉钟社成员陈翔鹤回忆："自从《创造周报》出版以后，青年人对创造社诸人的崇敬和喜爱，不觉便更加强烈起来。"[②] 这也能在创造社成员郑伯奇的回忆中得到印证——"青年作者的投稿不断增加，刊物的影响不断扩大。每到星期六，总有不少读者在泰东书局的店头

---

① 以上数据均来自对三类期刊目录的统计，其中《创造周报》中出现的 4 幅素描画不在其列。

② 陈翔鹤：《郁达夫回忆琐记》，华夏出版社 1999 年版，第 339 页。

等候新出版的《周报》。案头上堆积得厚厚的新刊物很快就卖光了。"① 在社团经营与刊物销售过程中，郭沫若连同其他知名作家的文学作品被一并推向市场，成为战斗在文化领域内的思想武器。至于创造社刊物风靡文坛的现象，下面的解释或许能从侧面给我们一些启发。关于郭沫若《女神》如此受青年读者欢迎喜爱的原因，闻一多曾说道："他们的心里只塞满了叫不出的苦，喊不尽的哀。他们的心快塞破了。忽地一个人用海涛底音调，雷霆底声响替他们全盘唱出来了。这个人便是郭沫若，他所唱的就是女神。"② 在疯狂迷恋的青年崇拜者中，郭沫若的浪漫主义文学追求与激进主义文学理念得以找寻到可供继续发展的宿主，文学教育也在这延续与承继之中获得了最大程度的体现。

据此不难发现，郭沫若创造前期以社团、报刊编辑为形式的实践活动，对提升社会读者群的文学教育水平贡献显著。作家创作，社团推荐，报刊刊载，读者阅读的文学活动形式在作家与读者中形成了一种多层次、宽管道的互动模式。一方面，知名作家的组建社团、编辑出版行为提升了文学青年与报刊阅读者的阅读水平和新文学观念；另一方面，读者群的延续与扩大又为社团合作，报刊编辑出版事业开拓了空间，推动了新文学的创作实践，两者在一种互相联系的合力中共同促进了社会文化事业的进步与发展。但是，纵览郭沫若的此期教育实践，我们不应只看到积极的、正确的一面，还需从事实出发，以一种严肃、认真、客观的态度充分认识其中的消极、错误。

正如之前所说，借助于创造社及旗下各类期纸杂志的力量，郭沫若等早期元老周围已经聚集起了大批渴望进步，向往光明的文学青年。受制于特殊的社会政治环境与各派理论素养的缺乏，创造社与其他五四文学社团在现实主义与浪漫主义，革命文学与文学革命的论争中出现了较大局限与偏颇。其中，先有前期创造社与文学研究会多为意气之争的批评指责，再有后期创造社、太阳社诸人对鲁迅、茅盾等进步作家的群起围攻。此时的郭沫若，在一大批"小伙计"和文学青年的拥簇鼓动下，成了五四文学发展以来的唯一正确的、唯一先进的具有反抗精神的作家。鲁迅、茅盾等新文学先驱则成了时代的"落伍者"，成了彻彻底底的"反革命"。此时，社团和期刊的正确导向功能与时代引领功能锐减，甚至显现出

---

① 郑伯奇：《忆创造社》，载王延晞，王利编《郑伯奇研究资料》，山东大学出版社 1996 年版，第 116 页。

② 闻一多：《〈女神〉之时代精神》，《创造周报》，1923 年 6 月 3 日第 4 页。

了诸多"关门主义"与"派系斗争"的极端言论。平心而论，倘若郭沫若诸人能够正视国内革命、思想发展现状，不是采取急功近利的激进态度，盲目照搬国外理论以提倡无产阶级革命文学，20 世纪 30 年代的革命文学运动可能会以一种更加平稳、充实的姿态向更好的方向发展。在缺乏学理与冷静思辨的批评混战中，对青年文学教育具有积极推动作用的社团、期刊在某种程度上已经沦为发泄宗派情绪，盲目挑起争斗的舆论战场。因此，从这一角度来讲，郭沫若以文学社团和期刊为媒介实行的文学教育，非但没有凝聚各文学团体，合力促进新文学发展，反而对多数不谙世事的文学青年产生了干扰与误导，相当程度上损害了新文学力量，也遮蔽了文学教育应有的精髓与本真。

二、独特文学教育方式的具体实施

文学教育作为特殊生产活动，强调施教者与受教者之间的双向交流互动。于施教者来说，最先思考的正是通过何种方法传输知识，以加强接受者的文化素养与知识积累；而对受教者来说，只有充分利用各种条件积极获取知识营养，才能顺利完成文学教育。在此过程中，施受双方在一种交互式体验中建构了具有合作性质的伙伴关系，这正反映了"教育者与受教育者之间体现出一种主体间性，即二者的交往关系是主体间的相互作用、相互交流和相互沟通的关系"[1]。

1. 通信交友，专注培养

"啊，年青的人，你与众不同。你志趣坚定，竟有橘树的作风。你心胸开阔，气度那么从容。你不随波逐流，也不固步自封。你谨慎存心，决不胡思乱想。你赤诚一片，期于日月同光。我愿和你，永做个忘年的朋友，不挠不屈，为真理共同奋斗！你堪为我的老师，虽然年幼，足比古代的伯夷，永垂不朽。"[2] 这是郭沫若戏剧《屈原》中的一段，也是他在 1958 年 6 月 29 日给青年文学爱好者陈明远信中的内容。郭沫若指导陈明远从事文学创作，并对其诗作精心修改批注的史实我们已不陌生。[3] 只不过，与郭沫若通信交流长达八年的陈明远，仅仅是郭沫若

---

① 李臣：《活动课程研究》，教育科学出版社 1998 年版，第 4 页。
② 郭沫若：《屈原》，《郭沫若全集·文学编·卷 5》，人民文学出版社 1992 年版，第 361 页。
③ 详细可参考阎焕东：《沟通两代人的心灵的桥梁——读郭沫若致陈明远的信》，《郭沫若学刊》，1990 年第 4 期；周尊攘：《郭沫若和青年陈明远》，《新文学史料》，1982 年第 4 期。

通信著文，专注培养的诸多文学青年中的一个。

　　据不完全统计，仅在1992年出版的《郭沫若书信集》中，郭沫若关心、指导过的文学青年就有二三十人之多。其中有日后在文坛颇有造诣的徐迟、臧克家、萧殷、葛洛、孙铭传、赵景深、戈乐天、陶其情，也有热爱文学，喜爱创作的无名青年。在书信中，郭沫若不仅与他们谈志向，谈人生，谈理想，谈操守，谈书法，更从自己的文学经验、切身经历出发与他们谈文学，谈学术，谈创作。在信件《致吴明》中，郭沫若劝说文学青年对创作不应着急，而应在日常生活中确定思想、增长经验、充实生活、锻炼技术，将"服务大众""教育大众"作为写作的目的；① 在《致骆传伟》中，郭沫若再次强调创作之前应加强生活体验与艺术修养的积累；在《致叶思文》中主张青年文学爱好者应"多写作，多修改，少发表"，"要养成一个下笔谨严、不苟且、不草率的习惯"。② 纵览书信集，郭沫若与此有关的信件不胜枚举。以信交友，书信育人，在一段段亲切恳挚的文字中，郭沫若以一片赤诚之心无私地抚育艺苑幼苗，倾心促进了一代代诗人、作家的成长。

　　此外，不管是新文学发展初期，还是流亡日本与归国革命之际，抑或是新中国成立后身居高位之时，作为文坛领袖之一的郭沫若始终对那些热爱文学、倾向创作的文学青年关怀有加，并在实际行动上给予他们最直接也最有力的支持，这正是他实施文学教育的独特所在。其中仅有史可查的就有：1927年2月为广东大

---

① 郭沫若：《郭沫若书信集·下》，中国社会科学出版社1992年版，第6页。
② 郭沫若：《郭沫若书信集·下》，中国社会科学出版社1992年版，第311页。

学学生古有成详细审查译稿，并力促发表；① 1933 年，多次为留日青年雷石榆指导诗歌创作，与其探讨文学问题；② 1935 年 8 月为三位想出版文学杂志而不得的青年介绍出版社；③ 12 月又指导修改军旅作家邱东平的小说；④ 1942 年《屈原》风行之际接受白族青年杨亚宁的诚恳批评，与其交流创作心得。⑤ 期间还鼓励云南纳西族女作家赵银棠以家乡风物为素材专事创作，边写、边学、边提高，⑥ 还为苏联外交官兼学者费德林题写"在读书时认清学派，于苦难中了解世界"的题词，以勉励其从事中国历史和中国文学研究；⑦ 1963 年促成痴迷于写剧的理科大学生曲信先转而为文⑧……直到 1978 年逝世前夕还在全国科学大会上作《科学的春天》报告，号召知识分子钻研学术，迎接"科学的春天"。连续不断的书信文章与行为实践，充分展现了郭沫若对青年文学教育的热情鼓励与持续关注。郭沫若在书信上表现出的平易近人的民主作风与其孜孜不倦的爱护培育相结合，在经各类具有广大影响力的报纸杂志宣传之后，更在全社会范围内扩大蔓延，并由此产生更加深广与重要的教育动员效果。

2. 作序题跋，评点结合

序和跋作为"副文本"⑨ 在郭沫若的文学创作中占有相当比重。仅以数量来看，从《〈歌德诗中所表现的思想〉附白》（1920 年）开始，到《〈寥寥集〉跋》（1978 年）结束，在近六十年的文学生涯中，郭沫若共留下计 40 余万字的序跋 400 多篇。以《郭沫若集外序跋集》中收录的 119 篇序跋为例，其中为推介、评

① 详见郭沫若：《郭沫若全集·文学编·卷 13》，人民文学出版社 1992 年版，第 302 页。
② 详见刘玉凯：《郭沫若与雷石榆》，《郭沫若学刊》，1992 年第 2 期。
③ 详见郭沫若：《郭沫若全集·文学编·卷 13》，人民文学出版社 1992 年版，第 393 页。
④ 详见郭沫若：《郭沫若全集·文学编·卷 13》，人民文学出版社 1992 年版，第 397 页。
⑤ 详见原因：《郭沫若的白族知交——杨亚宁》，《大理文化》，2008 年第 5 期。
⑥ 详见陈筱平：《难忘的教诲 前进的动力——赵银棠和郭沫若先生》，《郭沫若学刊》，1994 年第 4 期。
⑦ 详见魏奕雄：《费德林与郭沫若的师友情》，《中外文化交流》，1994 年第 5 期。
⑧ 详见顾育豹：《郭沫若和痴迷写剧的理科大学生》，《郭沫若学刊》，2004 年第 4 期。
⑨ 副文本的概念是由法国文论家热奈特首次提出的，而据弗兰克·埃尔拉夫的定义："副文本指围绕在作品文本周围的元素：标题、副标题、序、跋、题词、插图、图画、封面。"详细参考：［法］热拉尔·热奈特（Gerard Genette）：《热奈特论文集》，史忠义译，百花文艺出版社 2000 年版，第 68—71 页。［法］弗兰克·埃尔拉夫：《杂闻与文学》，谈佳译，天津人民出版社 2003 年版，第 51 页。

论他人的著译作品而作的序跋就达 38 篇之多。① 这其中，有郭沫若对他人作品创作、出版及接受影响程度的描述，又有他文学理想及价值观念的寄托。它的发表即是郭沫若对作家创作价值与作品审美趋向的总结概括和深度推介，又是重视青年培养与文学革新进步的重要体现。

郭沫若曾说："我平时是很少替人作序的……诚实的著译者自有他的本领去要求读者的鉴赏。诚实的读者自有他的鉴别力来选择鉴赏底数据。作者与读者之间应该彻底保持着这种自由的接触，——这层我觉得可以称为是作者与读者之间的自由恋爱。"② 郭沫若认为，读者阅读作品时应注重获取真切感受，因而唯恐剥夺读者自由理解、判断和鉴赏的权力就成为他不愿为他人作序的主要原因。只是对那些与他并肩作战过的同辈师友，或因社团、期刊相识的年轻故交，郭沫若却往往"口是心非"，乐为序跋，从行动与文字中给予他们最衷心的支持爱护。

1923 年 2 月发表在《创造季刊》第一卷第四期中的《〈可怜的少女〉附白》当是郭沫若为文学青年作品创作的第一篇序言。在该序言中，郭沫若虽然客观地指出了作品存在的缺点在于"描写的手法虽不免粗糙，不免有流于概念的地方"，但依然对作者赵邦杰"严肃的精神""真挚的态度"和"对于旧礼制和习俗的批评"产生了"共鸣"与"感动"。此外，还为陶晶孙作《〈木樨〉独白》，为李一氓所作《〈新俄诗选〉序》。到了左翼时期，仅在 1936 年，尚在日本避难的郭沫若就不顾个人安危先后为三位革命青年的作品——苏夫的《红痣》、张天虚《铁轮》、周而复的《夜行集》作序。在被郭沫若称之为"西南二士"之一的张天虚的《〈铁轮〉序》中，他盛赞了作者"青年人的气概，青年人的雄心，青年人的正义，青年人的努力"，并对当时林语堂、周作人提倡的消磨斗志、腐蚀灵魂的"幽默小品"提出了辛辣的讽刺和严厉的批评。随着《〈铁轮〉序》与作品的同步出版，郭沫若的推介、鼓励与支持在扩大张天虚作品影响的同时，也在相当程度上矫正了革命文学发展初期的不良文学品味与错误文学现象。到了革命战争时期，身处文化战线上的郭沫若依然在为文学青年的成长付出努力。1947 年的《〈王贵与李香香〉序》、《序〈白毛女〉》，1949 年的《〈新儿女英雄传〉序》不仅对李季、贺敬之、丁毅、袁静、孔厥等新成长起来的解放区文学家给予了真切的关注，更对解

① 详见四川大学郭沫若研究室，上海图书馆文献数据室合编：《郭沫若集外序跋集》，四川人民出版社 1982 年版。

② 郭沫若：《郭沫若书信集·上》，中国社会科学出版社 1992 年版，第 420 页。

放区确立"文艺为工农兵服务，为人民大众服务"的文艺新秩序与知识分子思想改造提供了理论支撑与舆论关注。更让人感动的是，郭沫若还对草明的小说集《今天》亲笔评点。① 他在篇章结构整体考察，在遣词造句上润色锤炼，甚至对作品中的错别字修改指正。这种严谨认真、诚恳踏实的治学态度既是对像草明这样成名稍晚作家的帮助鼓励与鞭策支持，也彰显了他爱护作家的高尚人格。

在郭沫若眼中，"建设祖国是最高的艺术活动。建设者无论改造社会或改造自然，必须具有爱美之情操。故文学艺术为最重要的教育工具，有志者宜终身以之"②。因此，以序跋为工具，竭尽全力推荐优秀文学作品至更高、更大的交流平台，郭沫若的书写实践就成为鼓励文学青年从事创作，提升自身文化素质与国家、民族教育水平的重要组成部分。周作人认为："作序是批评的工作，他须得切要地抓住这书和人的特点，在不过分的夸扬里明显地表现出来，这才算是成功。"③ 作为除文学教材、作家作品之外的另一种教育文本，序跋在青年作家与读者大众之间建构了一种可供相互沟通的交流管道。对青年作家来说，名人序跋的题写与出版在将作家作品推向广阔市场的同时，又"为文本的解读提供了一种（变化的）氛围"④。而对读者大众来说，阅读名人序跋不仅会满足追新探奇的好奇欲，更会在期待视野的刺激下进入一种超越想象的审美心理与阅读空间。因此，作序题跋就成为郭沫若助力推介青年作者，教育引导读者大众的独特展示。

3. 语文教材中的郭沫若

文学教育实施主体的灵活多变与教育方法的复杂多样，为语文教材充当文学教育的物质载体提供了可能。作为一种传递知识、启迪教育的特殊凭借物，教科书——也就是语文教材，除了担任社会图景的真实反映物外，还承载着思想情感

---

① 详见乐文：《郭沫若先生评〈今天〉》，《新文学史料》，1990 年第 2 期。
② 陈明远：《白杨忆郭沫若》，《新文学史料》，1985 年第 2 期。
③ 周作人：《〈燕知草〉跋》，《燕知草》，开明书店 1930 年版，第 192 页。
④ ［法］热拉尔·热奈特（Gerard Genette）：《热奈特论文集》，史忠义译，百花文艺出版社 2000 年版，第 71 页。

教育、知识传播教育和技能训练教育等多重功能。对郭沫若来说，其人其作进入语文教材，正是其知识、思想与文学价值经典化与获得官方话语认同的印证。因此，语文教材中的郭沫若在提高学生及青年读者的文学素质、文化修养方面功不可没。郭沫若在文学教材中地位的高低及入选作品的多少，也成为衡量接受群体知识面大小及审美体验获得多少的重要标尺。

不管是中小学还是大中专院校，语文教材选用郭沫若作品的目标在于教学。因此，具有庞大基数的学生接受群体就为新中国建设初期普及学校教育，提升文学素养提供了数量上的支持与保障。对教材学习者来说，接受郭沫若作品的熏陶，学习其中蕴含的思想、知识对于提升个人文化品格与学识修养具有良好的示范效应。至于作品选择的标准与类别，不同的时代也是有所不同。如1956年人教版高中语文教材选取《天上的街市》，着重培养学生对联想、想象等文学表达方式的掌握；《炉中煤》则重视诗歌中煤的象征意味与托物言志的手法；至于对戏剧《屈原》的选取，则是让学生在了解戏剧文体特征的基础上品味戏剧冲突、体会戏剧情节、鉴赏戏剧语言。随着时代环境的改变，对其作品的选用角度虽然不同，但剔除与保留某些篇章的主要目的依然在于"从文学教育、教学出发，指导学生在学习文学作品的过程中，感悟作者的情感、领会作品的思想内容和艺术风格，理解作品中的人物，并通过听说读写训练学会表达，提高学生文学修养，加强学生思维能力的培养"[1]。此外，郭沫若还亲自参与过对自己作品进入文学教材的讨论。在1956年4月致东北师范大学中文系中国现代文学教研室的一份信中，郭沫若在审阅了该部门主编的《中国现代文学》讲义中涉及自己的篇章后，以一种实事求是的态度对其中的不确实和夸大之处进行了删改，还做了亲笔评点。之后，由孙中田、何善周等人执笔撰写，经郭沫若本人审校的《中国现代文学史》由吉林人民出版社出版后，便作为正式的文学史教材面向大学生群体了。[2] 诚然，受政治运动和国家教育政策的影响，文学作品的选取标准和角度虽然一直处于变化调整的不稳定状态，但对教材的编者来说，实现文学、思想教育的双重任务是一篇作品能够"入编"的基本要求。因此，在经历了历史与文化的双重考验之后，《女神》《天上的街市》《屈原》《炉中煤》等经典篇章依然被多次

---

[1]　张杰：《中学语文教材中郭沫若作品的选用与阅读研究》，《郭沫若学刊》，2003年第2期。

[2]　关于此事的详细过程及考证可参见李二年：《东北师范大学中文系中国现代文学教研室与郭沫若往来书信小考》，《新文学史料》，2013年第4期。

选用、反复出现，这正显示了郭沫若作品的顽强生命力。①

博尔赫斯曾说，"经典不是指一本书拥有这样或那样的优点，经典是指一本被世世代代的人们由于各种原因的推动，以先期的热情和神秘的忠诚所阅读的书。"② 因之，相对于经典的挑选和择取，阅读经典才能真正地延续文学生命力，提供思想、文学营养，促进语文教育发展。但是，正如同近年来语文教材编写中出现的"去鲁迅化"风波一样，时代局限、历史隔膜与受众阅读喜好的改变，也使得读者对郭沫若经典作品的阅读出现了严重的"两极阅读现象"③。各种版本语文教材中出现的郭沫若作品数量呈现出的明显下降趋势，也从另一方面证明了该现象的存在。这理应引起我们的关注。不过也不必过于悲观紧张，因为对郭沫若独特语言文字、思想内涵的解读本就是一项长期而又复杂的工作。受时代环境、社会发展所限，也必然会导致读者对经典作家作品的文学理念、审美趋向及价值判定出现认同差异。只是，我们需要坚信的是，不管是对"少看熟读""反复体验""埋头理会"等鉴赏方法的提倡，还是加强教师、学生、作家、作品之间的互动联系，在中国现代文学发展进程中，对郭沫若的阅读不会停止，也不能停止。虽然一定程度的曲解隔膜给读者的理解阅读带来了干扰，但其作品中蕴藉的文学价值与思想特质终究是无法掩盖的。正如《女神》之于现代诗歌反抗精神的首创，《屈原》之于历史剧创作原则的奠基，郭沫若以一种认真、执着的时代

---

① 根据张杰在《中学语文教材中郭沫若作品的选用与阅读研究》一文中的资料统计，1956 年至 2001 年人教社、开明、江苏、语文、北师大、教科社、上海、浙江、辽宁、沿海、四川、广西等 12 个出版社或省市地区出版的语文教材，共收录郭沫若诗歌、散文、论文、戏剧等 32 篇计 71 次（在同一版本的上连续出现的作品，按 1 次计算）。现将各篇目名称与选用的次数罗列如下：《天上的街市》13 次，《炉中煤》5 次，《立在地球边上放号》3 次，《向地球开战》1 次，《长江大桥》2 次，《文风问答》2 次，《我想起了陈胜吴广》1 次，《梦与现实》3 次，《屈原》（节选）6 次，《科学的春天》2 次，《关于文风问题》1 次，《甲申三百年祭》3 次，《〈鲁迅诗稿〉序》1 次，《访沈园》1 次，《骆驼》2 次，《天狗》1 次，《地球，我的母亲》2 次，《凤凰涅槃》1 次，《古代文字之辩证的发展》1 次，《石榴》5 次，《银杏》2 次，《白鹭》（鹭鸶）3 次，《反七步诗》1 次，《梅园新村之行》1 次，《在萧红墓前的五分钟演讲》1 次，《太阳礼赞》1 次，《一位牧羊人》1 次，《蔷薇》1 次，《做人与作文》1 次，《夕暮》1 次，《静夜》1 次，《杜鹃》1 次。详见：张杰：《中学语文教材郭沫若作品的选用与阅读研究》，《郭沫若学刊》，2003 年第 2 期。

② ［阿根廷］豪·路·博尔赫斯（Jorge Luis Borges）：《作家们的作家·论经典》，倪华迪译，云南人民出版社 1997 年版，第 23 页。

③ "两极阅读现象"是北京大学教授温儒敏最先提出的，大意是指在文学经典的阅读过程中，有一部分人会对其表现出极大的兴趣与关注，而给予极高的评价；也有一部分人对其根本不感兴趣，以至于不会阅读。详见温儒敏、赵祖谟主编：《中国当代文学专题研究》，北京大学出版社 2002 年版。

坚守与价值追寻，让一代代青年学生获得了反抗旧世界的精神力量与提升文化素养的思想资源。

三、高校任教与文学教育改革的双重体验

与20世纪中国文坛上的多数大家一样，系统或非系统文学教育经历的结束并不意味着教育生涯的断绝。选择走进大学，走上讲台，文学可以在良性循环中得到传承。作为国民教育的高级阶段，高等教育在选择师资时向来青睐于那些既有国内传统教育基础又具海外留学经历的精英知识分子。正如舒新城所说："高等教育界之人员亦十分之九以上（据民国十四年东南大学，北京师大同学录）为留学生，全国重要事业无不有留学生在其中。"[①] 于是，在民国教育中，同胡适、鲁迅、周作人、茅盾、叶圣陶、梁实秋、老舍等现代文学史上的著名作家一样，郭沫若也走进了大学，身兼作家和大学教师双重角色。这对郭沫若来说，既进入了一种对自己认同和接纳的体制内，又有了稳定的收入，较高的社会声誉和流畅的文章发表渠道，更让他以教授者和管理者的身份认识到了文学教育的特点和规律，为新中国成立后高校任职期间实施教育改革打下了丰富的理论基础和坚实的实践经验。不过，尽管郭沫若具有丰富的高校任职与改革经验，但到新中国成立后，特别是在中国科技大学的教育实践上，受限于特定时代、政治氛围、国际形势及自身理论视野狭窄所带来的认识困境，郭沫若的教育实践也出现了一定程度上的定位混乱乃至偏颇错误。

1. 作为高校文学教师的郭沫若

1924年11月，郭沫若返回上海。在之后的几年时间里，他以教为职，频繁地奔走于各个高校之间，成为此期从事文学教育的集中显现。大夏大学，正是郭沫若担任文学教师的第一站。

1925年初，大夏大学聘请郭沫若去教授文学概论课，时间为每周两小时。文学概论课虽是文科课程，但医科出身的郭沫若依仗于系统学习自然科学知识的经历，试图用一种新的方法授课。"他想借助于近代医学、生理学的知识，从原始人或未开化人及儿童对文艺的表现讲起，追求出文艺的细胞成分，他认为文艺

---

① 舒新城：《近代中国留学史》，中华书局1929年版，第212页。

的总论当以'文艺细胞'之探讨为对象。这样讲完总论，再就诗歌、小说、戏剧等做些分论，以构成自己所悬想的'文艺科学'。"① 虽然学校布置的课程只有每周两小时，但为了能充分利用这有限的时间，郭沫若总是花费好几天的功夫去认真准备，以补充课堂知识，让学生尽可能多地学习。不久因为生活所迫，郭沫若只得辞去教职，另寻出路。好在天无绝人之路，辞职不久的郭沫若又在刚刚开办的学艺大学内传道授业解惑。可是好景不长，虽有志于此的郭沫若因为发表了一些批评国内政局、阐述文艺观点的文章，在校内引起波澜，万般无奈之下，他只好辞职回家。

辞去学艺教职不过数日，有意专赴广东的郭沫若收到一封来信，广东大学（今中山大学）代理校长陈公博聘请他去做该校的文科学长。关于此次聘任经历，已有多种研究成果问世，但可以肯定的一点是"郭沫若被聘为广东大学文学院长一事与共产党有关"②。在征得广东大学的同意后，郭沫若终抵广州，在开始第三次高校教职生涯的同时，即在广州大学实行了一套文科课程选修体制改革方案，全力培养具有红色信仰与革命精神的青年学生，开启了中国现代教育史上的一场史无前例的改革运动。③

但在新中国成立后，郭沫若却依然坚守固定思维建设高等教育，以政治信仰作为培养学生的第一标准，以"红专并进"为指导思想，用革命理念建设大学。从而丧失了高等教育建设者所应具有的国际眼光、开放视野，还使得以中国科技大学为代表的高等学府发展艰难，并对新中国成立后的高等教育建设产生了严重损害。

2. 新中国成立后文学教育改革实践的经验与教训

新中国成立后，我国高等教育逐渐步入正轨。1952 年中央政府又在全国高校内实施大规模院系调整，把民国时期具有西方现代高等院校特色的教育系统改造成与国家政治、经济制度相匹配的"苏联模式"。因之，为配合国家经济建设，培养大量新兴科学技术人才，就成了彼时高等教育的重心。由郭沫若领导筹划并

① 蔡宗隽：《郭沫若生平事略》，时代文艺出版社 1985 年版，第 45 页。
② 详见［日］小谷一郎（Ichiro Kotani），《郭沫若与二十年代中国的"国家主义"、"孤军派"——论郭沫若"革命文学"论的提倡、广东之行、参加北伐的背景及其意义》，周立译，载王风、［日］白井重范（Shigenori Shirai）编《左翼文学的时代——日本"中国三十年代文学研究会"论文选》，北京大学出版社 2011 年版，第 243 页。
③ 详参冯超、李继凯：《论郭沫若与中国高等教育》，《郭沫若学刊》，2015 年第 2 期。

担任首任校长的中国科学技术大学（以下简称中科大）正是在这一背景下建立起来的。为了创建大学，郭沫若集众人之力，甚至动用行政力量，从多处引进名师援助中科大，使得学校的师资力量与办学条件在短时期内达到了较高层次，先后为国家培养了一大批科学技术人才，对我国的国防、科技、工业、教育事业贡献巨大。

正如之前所说，建立中科大是为了满足国家的新兴高科技人才需要。因此在"重理轻文""三纲""五化"的办学方针指导下，"苏联模式"成为现代高等院校系统建设的唯一参照。其结果是，具有几十年发展历史的综合性大学变成了文理区分明显的专业技术型大学。以中科大为首的高等院校因之产生了文理对立、轻视文学教育的"重理轻文"倾向。这也导致大学教育中教育功利化，人文精神缺失现象异常普遍，因而给之后的高等教育发展造成了十分严重的后果。

我们知道，人文学科的发展，离不开对文学感悟、理解与接收等人文精神的培养。教育功利化会驱使社会各界盲目地从实用角度审视大学教育。在适应论和工具论的支配下，大学教育的精髓和本质被慢慢遮蔽，学生在实践中走向了狭隘，丧失了对教育本质的思考，渐渐沦为物质社会的附庸和奴隶。同时，人文精神的缺失导致人类的全面发展理想难以实现，结果是人缺乏思考现实、批评现实、引领现实的精神和能力，变成了缺乏自我意识的机器。毫无疑问，受大环境影响的中科大在培养人才方面同样此类困境。因此，作为一校之长的郭沫若就从自己的亲身经历出发，尽力加强学生的文学教育，重视其人文精神的培养，试图做出改变。在实践中，郭沫若首先强调基础知识的培养，在将基础知识分为思想、科学与语文三个方面后，大力加强学生中国语文与外语语文等文学知识的学习。他曾对学生说："譬如你们将来要著书立说或者讲学座谈，总要能说会写，才能把你们的学识传播给别人。外国的科学家，特别是法国科学家，每每长于文笔。我们中国的科学家，似乎有点两样，往往不善于写作。我觉得，这是缺点。我建议：我们年轻的科学家应该懂点文学，而年轻的文学家应该懂点科学。"[①] 此外，对日语、德语、英语都有掌握的郭沫若还要求学生一定要在基础课程学习之外精通一到两门外语，以满足日常工作学习及阅读外国作家作品的基本需要。郭

---

① 丁毅信：《郭沫若在中国科技大学的办学思想与实践》，《高等教育研究（武汉华中工学院）》，1987 年第 2 期。

沫若对文学教育的重视虽难彻底改变教育功利化与人文精神缺失的发展困境。但在感知经典作家、作品基础上实施的文学鉴赏教育，依然具有促进学术研究，培植文化品格，获得审美情趣，提升人文精神的开创性地位。郭沫若想要培养的，就是那些既掌握广泛专业知识，多元文化素养，又具备多种发展潜能以及和谐发展个性和独特创造性的复合型人才。况且，集医学文学知识于一身，对历史、考古、文学、科技都有独到见解的郭沫若正是复合型人才的楷模。这种实践和探索也是对以高层次、专业化、技术化为特征的大学培养模式的冷静思考，对日后的高等教育发展理念多有启发。遗憾的是，郭沫若在此问题上的想法实践虽有颇多可取之处，但为时代环境所限，作为校长的他并无太多行之有效的持续性政策。仅凭口头号召与一时兴起，郭沫若在短期内绝难改善中科大长期存在的发展弊病。这也成为新时期困扰中国高等教育健康、合理、可持续发展的重大问题之一。

以尊重历史实践的眼光来看，郭沫若不仅是一位杰出的文学家、政治家、革命家，而且也是一位实践型教育家，他与文学教育也有着相当深切的关联。在这里，按时间、方式、地域逐条分析、厘清、论述关联史实，并对其进行重新解读对于我们评说郭沫若与文学教育的关系，具有重要价值。诚然，在当今这个只重效率、讲求利益、忽视精神的时代，文学教育的实施内容与形式都在面临着巨大的危机与困惑。我们重视文学教育，不仅是孔子教诗以识"鸟兽草木之名"的知识获取，更重要的是在重视人的价值基础上实现审美感悟与人格质量的双重提高。正如赖大仁指出的："重视人文教育，其目的即在于培养健全人格和人文关怀精神。之所以如此，是因为文学是'生命化'的，它深刻地展示了教育之道的真谛，它需要用生命去交接生命，用灵魂去触摸灵魂，从而真正实现文学教育'道'与'艺'的和谐统一。"① 这也是我们研究郭沫若与文学教育的最终目的。

---

① 葛永海：《"文学教育"的总结与反思》，《文艺报》，2011 年 7 月 29 日。

郭沫若与编辑出版事业管窥

郭沫若从事的文化活动很多，涉及了许多领域许多方面。其中，作为一个编辑家，一生中编辑了众多数量质量都很可观的各类刊物与书籍。而作为编辑家，自然少不了要和出版社打交道。这里主要介绍他从事文学编辑及在具体出版实践中与出版社有关的一些史实，以求还原一个更加真实与多样的郭沫若。

首先介绍他从事文学编辑的一些情况。

郭沫若比较自觉地想编文学刊物，是在 1918 年，彼时他想"找几个人来出一种纯粹的文学杂志，采取同人杂志的形式，专门收集文学上的作品。不用文言，用白话"①。在酝酿期间，结识了一些朋友，先编了一个小小的同人杂志 Green，手抄本，仅出两期，但却为创办正式文学刊物积累了经验。时至 1921 年 6 月 8 日，创造社宣告成立，并议定创办《创造季刊》。在此刊出刊之前，郭沫若即着手编《创造社丛书》，第一种即为他本人的《女神》诗集，1921 年 8 月由上海泰东书局出版，引起了轰动效应。这些促使他更加紧编辑《创造季刊》，修改选择稿子，力求保证创刊号的质量，为此花费了大量心血。待基本编定后方移交给郁达夫，自己返回日本，不过仍遥领编务，做一些力所能及的工作，如撰《创造者》为代发刊词，为这初生的刊物放声咏唱。他在编《创造季刊》一卷二期时，还写下了很有感召力的《编辑余谈》，使许多有才华的文学青年读之动心动容，欣然加入创造社或积极投稿。郭沫若有时会为编辑此刊而在中日两国之间奔

---

① 郭沫若：《创造十年》，《郭沫若全集·文学编·卷12》，人民文学出版社 1992 年版，第 47 页。

波，灯下编校和写作更是倾注了他的大量心血。当《创造季刊》引起广泛而强烈的反响时，"创造"欲望极强的郭沫若又感到季刊难以满足广大青年读者的要求，遂着手创办《创造周报》，发刊时也写了诗体的发刊词《创世工程之第七日》。接着又与同人合议办了文学副刊《创造日》，显现出了极大的办刊热情和很高的编辑水平。正是由于郭沫若将办刊、编辑视为创造社的"生命"或"阵地"，他投入了巨大的热情和精力，很快便促使创造社进入了兴盛时期，在中国新文学史以及编辑史上，写下了光辉的篇章。

伴随着创造社向后期的转换，创造社前期的刊物相继停刊，并由《洪水》《创造月刊》《文化批判》等刊接续，虽然郭沫若对这些刊物的具体编务过问不多，但他作为创造社的核心人物，对这些刊物的编辑思想、编辑工作还是起到了重要的影响作用。不仅如此，即使是创造社成立的出版部也多赖郭沫若的筹划和指导，才得以顺利地展开业务。在创造社出版部第一次理事会上，郭沫若被选为创造社总社第一届执行委员会总务委员和出版部总部第一届理事会主席，便很能表明他在创造社整个事业（包括编辑业务）中的重要地位。事实上，正如郭沫若自己所说："自然我也过问过创造社本身的业务"，"我是爱护创造社的，尤其爱护创造社在青年中所发生的影响，因此我想一面加强它，一面也要为它做些掩护的工作。"① 郭沫若还将自己的作品和译著主要交由创造社的刊物或出版部发表、出版，这也是对创造社编辑业务的一个强有力的支持。

除了创造社的编辑工作之外，郭沫若在社外也从事了一些编辑活动。如四川的《草堂》得到过他指导性的书信；"丙辰学社"将他选为学艺丛书委员会委员；"中华学艺社"任命他为总事务所编辑科干事；他还参编或主编过《鹃血》《革命日报》等。

大量的编辑活动使郭沫若积累了丰富的编辑经验，并使他养成了关心报刊、分析报刊的思维习惯。比如在他流亡日本期间，为了生存，曾去请求一位日本大

---

① 郭沫若：《跨着东海》，《郭沫若全集·文学编·卷13》，人民文学出版社1992年版，第307页。

众文学作家村松梢风的帮助，村松也邀郭沫若为其编辑的刊物《骚人》写稿，然而郭沫若分析该刊带有封建性，创作的路数导源于中国明清的章回小说，因此未给该刊写稿。又如在 1936 年，郭沫若尚在日本，有一天他收到《东方文艺》杂志，翻阅之后便看出了该刊的优劣：其内容充实，编辑较精心，但印制质量差，编辑经验还有不足等。由此还引发了他关于编辑刊物的一大段议论：

> 编制一种刊物等于在做一种艺术品，印刷是不可不讲究的。即使印刷差得一点，编辑者的经验如充分，也多少可以补救。内容的配置，排比，权衡，不用说要费一番苦心；就是一个标题的宽窄，一条直线的粗细，都要你费一些神经的散动。要有一个整个的谐调，一个风格，然后那个刊物才是一个活体。内容就平常得一点，就如家常便饭而弄得洁白宜人，谁都会高兴动箸。但如桌椅既不清净，碗盏又不洁白，筷子上爬着苍蝇，酱油里混些猪毛，大碗小盘，热吃冷吃，狼藉在一桌，不怕就是山珍海味，都是不容易动人食兴的。编辑者除尽力拉稿选稿之外，对于编辑技术是应该加倍地用点工夫。这倒不是专为《东方文艺》而言，我觉得国内有好些刊物，说到编辑技术上都不能及格。新出的刊物以《译文》、《作家》两种的编辑法为最好。在日本出的《杂文》、《质文》也还可观。……①

郭沫若的这番兴致淋漓的议论，显然凝聚着一位"老编辑"的可贵的经验。由此表露的编辑思想，即使对今天的编辑者来说，依然有启示意义。而那些"编制一种刊物等于在做一种艺术品"，"要有一个整个的谐调，一个风格，然后那个刊物才是一个活体"等话语，简直可以视为编辑学的格言警句，可以当作编辑者的座右铭。

抗战爆发，郭沫若潜回国内，全身心地投入到抗日宣传工作之中。创办报刊即是其中重要的一件工作。1937 年 8 月，在上海创办《救亡日报》，并担任该报社长，为该报题写了刊头，写了不少作品，对实际编辑工作也提出了许多指导性的意见。由于有他的卓越领导，《救亡日报》产生了巨大影响，特别是郭沫若主

---

① 郭沫若：《痲》，《郭沫若全集·文学编·卷 10》，人民文学出版社 1992 年版，第 383—384 页。

张多发战地通讯和特写方面的稿子，赢得了广大读者。与此同时，郭沫若还积极参与《抗战文艺》的编务工作，经常出席《抗战文艺》编委会的座谈会，发表意见。他还在重庆创办了群益出版社和《中原》杂志，积极宣传抗战和从事文化建设。他在抗战期间，虽然较少躬行具体的编务，但对编辑事业的关心和支持却显然超过了以前。许多刊物都希望得到郭沫若的支持，纷纷邀他加盟、指导或题词、赐稿，在这方面，郭沫若也费去了不少精力——这显然不是一般的应付，而是一种特殊的"编辑工作"。

新中国成立后，像这样的特殊的"编辑工作"郭沫若依然做了许多。或者更因他政治地位的提高，对书刊编辑的影响增大了，其间对《人民文学》《诗刊》等文艺刊物的关心支持，也令人难以忘记。当然，他热心编《红色歌谣》以及一些学术书籍，也很难让人忘却……

读书著书，编报编书，郭沫若为此劳心费力，尽管有失误，但其功劳苦劳是应为后人所记取的。

正如之前所说，从事编辑工作自然少不了要与出版社打交道，更何况郭沫若自己也还有多部著（译）作依托出版社刊印出版，因而他与出版社发生联系的过程，也就值得我们探讨。

郭沫若初始与出版社打交道并不顺利。初至日本留学不久，他便爱上了泰戈尔的诗歌。读了许多，便产生了向国人译介泰戈尔的想法。加之做了父亲，家庭生活的经济压力也促使他去编译书以求换回面包。他很快编译成了一本《泰戈尔诗选》，寄给商务印书馆，未能接受出版，又寄给中华书局，也未被接受出版。原因固然有泰戈尔当时在中国尚未被宣传推崇，更重要的怕是编辑先生未看上名不见经传的"郭沫若"本人（彼时署的名字当是"郭开贞"）。大名人也都有他"没名气"的时候，并且多有坎坷的奋斗历史。在《泰戈尔诗选》碰了钉子之后，郭沫若心犹不甘，于次年又编译了《海涅诗选》，寄回国内出版社请予出版，但结果是又碰了钉子，连书稿也不知弄到什么地方去了。

郭沫若受到出版社的"青睐"，始于他与上海泰东书局的合作。1921年4月初，他与成仿吾同船抵达上海，受到了泰东书局经理赵南公的欢迎，并安排他俩住进书局的编辑所中，但未给他们明确的职务。成仿吾原被通知聘为书局的文学主任的，如今也搁置不提，因为文学主任的位子已被人占了。闲居有如做客，寄人篱下的滋味并不好受。成仿吾便决心到长沙去另谋出路，让郭沫若留在泰东以待机会。当时，郭沫若已是较有影响的诗人了，赵南公心知肚明：这是一个可以利用的人才，其诗作也有较好的经济效益和社会效益。于是他同意郭沫若将自己的诗篇（包括诗剧）编辑出版，这样便有了《女神》。几乎同时，郭沫若将他与钱君胥合译的施笃谟（施托姆）的《茵梦湖》也交由泰东书局出版。两书均以"创造社丛书之一"的名义出版，赢得了读者的喜爱，一版再版，成了颇为风行的好书。书局老板于是更加信任郭沫若，主动约请他标点元曲。郭沫若则为求新异，采取西洋歌剧形式将《西厢记》改编标点，并写了长文评论王实甫及其《西厢记》。此书未与泰东书局老板的意图契合，改由上海新文艺书社出版。在与泰东合作期间，虽然并非始终轻松愉快，但总的来看，泰东书局对郭沫若及其创造社同人的支持确实是很大的。其中一个突出的标志，便是支持办创造社的重头刊物《创造季刊》。

为了办成此刊，郭沫若还专程返回日本组稿、策划，充分调动了创造社同人的积极性；为了办成此刊，泰东书局也积极配合，甚至停止出版另一刊物《新晓》，而倾力支持《创造》季刊。《创造》的成功问世将异军突起的创造社推到了广大读者面前，同时，郭沫若的知名度也借助团体的力量有了新的提高。此后的郭沫若与出版社的关系便明显异于当初了，现在是出版社求他了，这对他来说可真是历史性的转变！后来，创造社自己有了出版机构，郭沫若写的书在出版上就更有了保障。如果说此后在出版著作方面又遇到了某些困难，那是在他流亡日本的初期，他初涉古代史和文字研究，学问太专门，身份又特别，加之尚属新手，原来的"名牌效应"难以发挥，于是出书又遇到了一些麻烦，但不久，在国内友人和日本友人的帮助下，便也得到了解决。

及至重返国内，郭沫若成了继鲁迅之后的又一面"旗帜"，他成了名副其实的风云人物。他写的东西不仅有地方出，而且出版社在争他的东西出，并常以能出版郭著的某某书而感到骄傲了。这种出书的相对容易既给郭沫若提供了方便，但也促使他"爱惜羽毛"，不能随随便便就出书了。同时，也使他有了涉足出版界乃至领导其发展的机遇。这里仅以他与群益出版社及其后身新文艺出版社、上海文艺出版社为例，简略说明他与出版社的密切关系。

20 世纪 40 年代初，在重庆的郭沫若寻求广泛支持，尤其是得到了党组织和亲友的支持，组成了群益出版社，以期推动大后方的文化建设。后来又在上海等地建立了分社。抗战胜利前夕，出版社改为公司，郭沫若出任公司董事长。群益出版社出版了不少好书，其中郭沫若的著译占有相当大的比例，有些曾在其他出版社出过的书，为应社会需求也在群益出版社重出重印。其中的《十批判书》《中国古代社会研究》《青铜时代》《屈原研究》《屈原》《南冠草》《筑》《羽书集》《浮士德》《少年维特之烦恼》《石炭王》等，集中显示了郭沫若多方面的成就。新中国成产之后不久，郭沫若出任政务院副总理等重要职务，工作极为繁忙，但他仍然关心着群益出版社的发展，在他的支持下，由群益出版社发起联合了其他出版社，成立了规模相当宏大的新文艺出版社。郭沫若在欣慰之余，记起了他原为群益出版社写的题词，云：

> 文化之田，深耕细耨。
>
> 文化之粮，必熟必精。
>
> 为益人群，不负此生。

这里表达的是他创办群益出版社时确立的"群益精神"，这既是出版社应该承担的使命，也是每一位出版工作者应该承担的使命。这一题词对群益出版社、新文艺出版社有指导意义，在今天也仍有指导意义。为了扶持新文艺出版社，郭沫若将《抱箭集》《沸羹集》《革命春秋》《地下的笑声》《天地玄黄》等著作交由该社出版或重印。

新文艺出版社后更名为上海文艺出版社，在"新时期"以来的出版界，依然秀挺地卓立着，散发着特有的芬芳，出版了大量的精熟而益群的书籍。其中也有一些是郭沫若的著译及研究郭沫若的著作，如《郭沫若论创作》《郑成功》《郭沫若纪游诗选注》等，是郭沫若著作的新编或新版；《郭沫若的诗》（楼栖）、《试论〈女神〉》（陈永志）、《郭沫若思想整体观》（陈永志）、《情绪：创造社的诗学宇宙》（朱寿桐）等，是研究或主要研

究郭沫若的学术著作。还有关于郭沫若的资料性、工具性的书，如《郭沫若著译书目》《郭沫若文集》（未收文章目录）等。在该社出版的论文集、资料集及学术期刊中，也多发表有涉论郭沫若的文章。抑或，上海文艺出版社所做的这些，也可以算是对本社前身之元老郭沫若的一种纪念吧。

不过，就出版郭沫若著作及研究著作的力度而言，北京的、四川的出版社较上海的出版社要大一些，卷帙浩繁的《郭沫若全集》（38 卷本）以及为纪念郭沫若百周年诞辰四川出版的一系列书籍，都特别引人注目。同时也告诉人们：乘鹤仙去的郭沫若，毕竟是个堪称伟大而复杂的一代文化巨人，他的遗产已经是也仍然是出版社珍视的宝贵财富。因此，他与编辑出版事业的关系仍未终结——因为他的精神不死。

附录

纵横比较见真知

——读《郭沫若与中外作家比较论》

在郭沫若研究领域中辛勤耕耘多年的傅正乾先生，又于近期奉献给读者一本崭新的论著：《郭沫若与中外作家比较论》（陕西师范大学出版社 1990 年 6 月出版，下面略称为《比较论》）。应该说，这是我国郭沫若研究领域的一个可喜的收获。

现代文坛有一位名人，曾为自己写下了这样的座右铭：两脚踏东西文化，一心评宇宙文章。这种渴望与追求，在《比较论》中便有着相当突出的表现。《比较论》的著者，在其灵动而情挚的《后记》中，便郑重地指出了这一点："把郭沫若置于波澜壮阔的世界文学的历史舞台上，同那些曾经给他以深刻影响的世界著名作家加以纵横的比较研究，则是十分必要的。"可以说，这种纵横比较、立意高标的学术追求及其体现，构成了《比较论》最为引人注目的特点。

这一特点在《比较论》收入的十篇专论中，都有具体的呈示，尤其是在著者有意选择的郭沫若与惠特曼、与歌德、与雪莱、与卢梭等"对子"的专论中，相当充分地体现了这种视野开阔、不甘守成、继续攀登的学术动机与追求。《比较论》中的"郭沫若"，被置于国内外作家所构成的"网络"或"坐标系"之中，使读者更清晰地看到了作为"天才人物"的郭沫若在个体生命与艺术实践的追求中，所表现出来的卓异而别致的"个性"，生动有力地表明真正的文学家也必然是独立的"这一个"。同时，《比较论》也注重对郭沫若与其他作家的共同性或相似性的发现。著者即使仅仅针对具体的两部作品进行比较，也注重从微观分析中超拔出来，努力从宏观的角度概括、总结出某些带有普遍性和规律性的东西。诸如"天才人物"（作家）与时代的密切关系、忧患意识与涅槃意识在不同作家心胸中的交织与融汇、情感之于诗人（作家）的创造生命的重要性、在"世界文学"背景上的相互影响等，都从切实的比较分析中凸现出来，给人留下了深刻的印象。

由于采取了这种纵横比较的视角，加之收摄了新时期繁音丛响的文学信息，著者在这种《比较论》中，显现出了难得的思维活跃与锐意求新，这可谓是《比较论》另一相当重要的特点。譬如著者在探讨郭沫若与鲁迅的异同时，便就这一早为世人关注的论题所涉及的"鲁郭"论争、误会、主体意识及神话重构等问题，进行了深入细致的比较分析，均带有一些新念或给予了新的阐释。著者指出，作为现实主义作家，鲁迅核心的主体意识是忧患意识，而作为浪漫主义作家的郭沫若，其核心的主体意识则为涅槃意识，但二者又有交叉互补共同表现时代精神的关系。深邃的忧患意识放射出人道主义的光辉，强烈的涅槃意识则表现出渴望再生、再创造的个性主义的积极精神，由于有这种主体意识的异同，郭沫若与鲁迅才各以积极的浪漫主义与冷峻的现实主义的艺术风貌名世，并互有渗透，共同表征着新文化、新文学的前进方向。

《比较论》的第三个特点是论证审慎，深具功力。《比较论》虽然涉足了一些新的论域，但由于著者具有深厚的学术素养，因而论述中很少有生硬粗疏之处。如在比较郭沫若与宋之的同名的历史话剧《武则天》时，便能将扎实的考证与论述评价很好地结合起来，字里行间，渗透着历史唯物主义的精神。

从实际情形看，《比较论》还只是著者以郭沫若为焦点进行的辐射比较研究的初步成果。无论是与国内作家作品，还是与国外作家作品的比较研究，都还有着很大的余地。仅从这点上说，《比较论》既对其他研究者有启示、引导作用，对著者本人也有自我督促、不断进取的激励作用，而随着研究工作的进一步深入，也许在反观《比较论》时更易发现其中的不足之处。譬如《比较论》虽预示了郭沫若比较研究的前景，但它自身还不是这种比较研究的系统、完整的专著，因而基本上还是属于散论的范畴；在具体论述中，有时也偶有不尽贴切之处，个别评判性的言语似有拔高或过抑之嫌。因为在文学比较的范畴，评判优劣往往是困难的，有时是不必要的。如果说《比较论》犹有不足之处的话，那也正意味着对郭沫若研究，尤其是这方面的广泛的比较研究的殷殷期待。我祝愿著者及其他研究者，在不久的将来能够将更好的佳著，贡献于世人面前！

精深・独到・全面

——评《郭沫若与中国传统文化》

  在郭沫若诞辰百周年的 1992 年，人们欣喜地看到，在郭沫若研究（或"郭学"）的书架上，平添了不少有分量、有特色的好书。税海模的《郭沫若与中国传统文化》（以下简称《郭》书，四川大学出版社 1992 年 9 月第一版），就是其中相当引人注目的一本。它篇短而意深，体轻而质重，对郭沫若与中国传统文化这一重要命题，进行了精深、独到而又全面的研究，相当透辟、精彩的论述，言"郭"而旨远，说古道今，纵横捭阖，雄辩中饱蕴着对世事人生的深切关注和思考，精见迭出，能够给读者带来许多启迪，为郭沫若研究这一仍旧略嫌单薄的学术领域，做出了不可忽视的贡献。

  郭沫若是一位学贯中西、通今博古的文化巨人，故而从文化视角来观照、研究他，可谓是恰合其宜、十分必要的，但如果把握得不好，则极易流于空泛、芜杂和浅薄。《郭》书开篇即表明了著者通向研究对象深层蕴涵的视角——将郭沫若的"心灵奥秘"与中国人的"文化基因"亦即传统文化的基本要素的关系，作为分析整个问题的逻辑起点与主要思路。"导论"的要义即在于把人们的视点从纷繁芜杂的文化表象与郭沫若现象，直接引向郭沫若文化心理结构与中国传统文化奥秘内在关系的纽结点。用著者的话说，也就是要"梳理郭沫若与中国传统文化的深层联系"。著者执着地发掘这种"深层联系"的结果，是相当精深地揭示了这样一种真相：在新文化阵营中冲在前列的郭沫若，其一生中无论接受多少西方文化的影响，也无论他本人是否意识到，他的心灵深处都潜存着传统文化塑成的人生模式，亦即其深层文化心理结构依然是典型的"中国式"的，并且不可避免地从郭沫若立身处世、待人接物的价值观念、思维方式、行为规范与情感态度上表现出来。在这一探索文化巨人的"文心"（文化心理）之谜的意向中，显然渗透了荣格的"集体无意识"等文化心理学的思想，这种探索必然导向深刻与精微。民族文化传统在这种思路中与民族集体无意识沟通了起来，于是在探索郭沫若与中国传统文化关系的时候，也就能够不为种种复杂多变的具体事象所迷惑，同时也能够不为郭沫若本人的某些话语所遮蔽。由此，《郭》书显示了令人钦佩的学术眼光，提供了一系列精深之见。在序列展开郭沫若与儒家文化、道家文化、墨家文化、法家文化、佛家文化及乡土（乐山）文化的命题时，著者总是最关注那些最深层、最真实的东西，力图揭示郭老在思维方式与行为原则上与传统文化中儒、道、墨、法、释及乡土文化的深层结构相契合的实际情形，其中尤其突出了对郭沫若与儒家文化深层联系的梳理。从前三章及两个附录中，可以看出著者对此的梳理是极其精深细致的。从接受儒学的过程到外显于政治、文学的创造性行为，从对郭老的儒学观及儒学本身精义的阐发到郭老与儒学传人之间实存关系的考证和分析，都很能见出著者深厚的理论功底与文化素养，很能见出著者对中国传统文化及其影响下的郭沫若的"真知"。要言之，《郭》书是一本少而精、精而深的耐读味足的书，它在深入诸家、提要钩玄的基础上，紧密地结合郭沫若一生的心灵真实与文化实践，破译了郭沫若现象中许多复杂矛盾的难解之谜。尽管这些破译不一定都准确并为学术界普遍接受，但却无不具有参考的价值。

在探究中，著者自觉地追求着自我独到的学术见解，不愿意也不屑于人云亦云，机械地重复前人的观点，包括也不因循郭老本人的某些自白或观点。郭沫若一生反佛、墨、法等，可说旗帜鲜明、众人皆知。然而正如《郭》书指出的那样："这丝毫也不意味着郭沫若没有受到佛家思想、墨家思想和法家思想的深刻影响。与此相反，郭沫若在其立身处世、待人接物等不少方面，都明显地受到他所反对的佛、墨、法诸家思想的塑造与制约。"例如在透视郭沫若与墨家文化的深层联系时，著者越过了郭沫若设置的一些否定性的理智话语。努力发露其潜意识层面的非自觉的文化积淀因素，用一个又一个具体的事实，说明了郭沫若承受墨家文化的深刻影响。著者认为墨者注重侠肝义胆、兼爱耐苦的人格精神，就对郭沫若有极深远的影响。从少年时代的小哥们儿义气，到壮年时代的弘扬义侠精神的历史剧，再到晚年面对"四凶"威逼而沉默不屈，以及贯其终生的呕心沥血、多事创造的忍苦耐劳的精神等，都有力地佐证了著者的观点。《郭》一书在论证诸家学说的精义及其传播途径时，尽可能地找到自我的真实感觉与理解，更尽可能地贴近郭沫若在接受与创化传统时的真实情形，使《郭》书格调得以免俗，严肃谨重的学者风度也就自然而然地从字里行间显现了出来。在著者将郭沫若置入地域文化——主要是乐山乡土文化的历史氛围中时，这种追求独到的学术境界的意向，便非常显豁呈现在读者面前了。乐山的山山水水和人文环境对郭沫若无论如何都是具有重要影响的，作为地方文化主导性格的狂放与通脱，就都曾对郭沫若的文化心理有着非常深湛的濡染。这种文化性格对郭沫若的影响主要在积极的层面上展开：培植其浪漫的诗心、树立其超越型的"创造"目标，并且能够"及时地根据时代需要不断地调整自己的前进步履"，"得以在众多领域内开发其得天独厚的丰富潜能"。在《郭》书的"余论"中，著者精要而独到地阐发了"郭沫若留下的文化启示"。其一是承袭传统文化中积极能动的文化因子，面对着西方文化的挑战，能够走向世界、敞开胸怀接纳世界文化；其二是郭沫若面对传统文化的态度表明：中国传统文化至今还有雄强活力，民族文化的虚无主义或自卑情结都是容易导致迷失民族自我的不良因素；其三是，通过郭沫若的文化探索、文学创作与历史研究，生动有力地表明：在中西文化撞击中实现中西文化的有机融合，恰是中国人乃至整个人类的最佳选择；其四是郭沫若的文化实践只是一个光辉的开端，他所处的时代成就了他，也局限了他，后来者理应继承他的遗志，消解他的失误，探索出优化民族心灵、创造新型文化的更佳途径。

上述的几点文化启示表明，《郭》书著者的理论思维不仅是精微独到的，而且是审慎全面的。力图全面周详地考察、论析郭沫若与中国传统文化的深层联系，是著者"蓄谋"数年的一种学术期待。尽管因种种原因，"原计划"未能如所期待地实现，对写出的原稿也"只好狠心大压缩、删除、改写"使这部原计划为25万字左右的著作锐减到13万余字。这的确影响了这部学术著作的系统构成，使其成了"系列专论"，有些问题未能充分展开、详加论证。譬如郭沫若从接受地域文化到接受世界文化的动态性历程及其内在的文化心理深层的矛盾，他对儒、道、释、墨、法……诸家文化的接受是在怎样的心理机制上"整合"起来的，以及他对古代文化典籍进行整理的特定心理状态（如对《管子》的校订）如何，等等问题，在《郭》书中就未能得到充分的论证。但从实际印出的篇幅看，著者力求全面地观照郭沫若与传统文化的深层联系的意图，还是得到了比较全面、比较周详、比较充分的实现。

就学术界的历史及现状而言，《郭》书的这种相对意义上的全面、周详与充分，也是鲜明可见、难能可贵的。何况著者在"系列"展开中注意到了前后呼应、犯中见避、渐次展示、条分缕析，其中尤注意对复杂的文化传播现象与心理现象，能够采取客观辩证的科学态度，对郭沫若文化性格中受限于传统而来的弱点，也能够给予中肯的扼要分析。更何况，著者本来就有志于在更加宏阔的文化背景上来研究郭沫若——这势必在更高的层面上完成对郭沫若与文化（包括传统文化）这一重要命题的研究。因此，我热切地期待着能够尽早读到著者预约的新著《中西撞击中的郭沫若》！

郭沫若与茅盾比较研究述评

　　改革开放以来，随着中西方文化交流的日盛，"跨文化""跨领域""跨学科"等比较文学当中常用的学术词汇逐渐步入中国人的视野。相对于东方与西方、国内与国外等宏大视野下的比较研究，具有本土性质与特色的文学比较研究在一大批身具"比较意识"和"立体思维"的当代文学研究者的努力探索下逐渐浮出了历史地表，继而成为他们自觉关注的学术增长点。回顾有近九十年历史的郭沫若研究和茅盾研究，涵盖领域之广泛，解读视角之独特，审视问题之深刻在将研究推向纵深的同时也为各类专家学者的探索发现积累了许多宝贵经验。但如何将已经达到相当高度和深度的郭沫若、茅盾研究引领至一个更高、更广阔的学术空间，已然成为学术界亟待解决的难题。因此，在这一理念的推动下，从比较的视角，运用比较研究的方法深入探究郭沫若与茅盾在人生、文化、文学创造上的因缘、异同、变化和意义，势必能从方法论和文学史的二维立体角度取得重大突破。

　　"鲁郭茅"作为一个重要的文学概念，具体何时走进中国现代文学研究领域，已不可考。但研究现代文学言必称此的程序化规约，已在无形之中稳固了三人的地位和作用。只是，相对于鲁迅与茅盾、鲁迅与郭沫若比较研究之中成熟而又多样的研究成果，郭沫若与茅盾的比较研究则显得略有冷清。不管是中国现代文学蓬勃发展的前三十年，还是新中国成立后泛政治化文艺批评主导的后三十年，很少有成熟而又全面的研究成果问世。不过，正如之前所说，随着新时期的到来，研究者研究兴趣的扩大转移，研究视角的延伸拓展，郭沫若与茅盾比较研究也产生了许多切入点多样共存、解析细致深入的坚实成果，而这是对二者比较研究的全新观照。

一、思想梳理与透视

事实上，1949年2月7日发表在《华商报》上名叫《郭沫若与茅盾》的报告式散文，可能是最早比较研究郭沫若与茅盾的文章。文章的作者秦牧从感性认识入手，认为"郭沫若的特点是光芒四射，慷慨悲歌"，"茅盾的特点是稳重谦和，勤奋努力"。① 在将二人的创作特点和为人处世风格稍加比较后，秦牧把郭沫若归为浪漫主义的诗人，把茅盾归为保持着冷静的现实主义的小说家。只是文中对郭茅二人的本质归类，并非秦文首创，而是三四十年代郭茅研究结论的延续。不过，文章的可贵之处在于最后，秦牧以散文家特有的诗话语言和抒情笔法，认为"郭沫若像瀑布，茅盾像湖泊，郭沫若像骑士，茅盾像灯塔的看守者，郭沫若像奔驰的白马，茅盾像辛勤的老牛"②。感性认识之中内蕴的是秦牧对郭沫若与茅盾总体思想的概述和总结，而这对于二者比较研究具有开创性的意义和价值。此后，同其他学术研究一样，郭沫若与茅盾的比较研究随着文化的政治功利主义的逼迫，归于沉寂。直到20世纪90年代，才渐有文章讨论郭沫若与茅盾在哲学思想、美学思想中的区别与联系。

对郭沫若与茅盾美学思想发生兴趣的当属《理想与现实的分裂和对抗——论郭沫若、茅盾的美学思想》一文。文章将郭沫若的美学思想分为主张"为艺术而艺术"的日本留学期和主张"文艺为现实革命斗争服务"的投身革命期，全力发掘其美学思想中蕴藏的变与不变，注重观察其肯定天才、强调情感的抒发、反对再现等不变之处。而对茅盾美学思想的探究则是在同郭沫若比较的基础上总结为，"一、郭沫若强调天才，茅盾这里坚决反对天才和灵感"；"二、郭沫若强调情感的酝酿与抒发，茅盾却主张对客观现实生活的观察、搜集、分析整理后再现之"；"三、茅盾强调文学的时代性和社会性，反对'为艺术而艺术'"。而这也是郭沫若与茅盾美学思想的差异所在。此外，作者并没有孤立地分析两者美学思想

---

① 秦牧：《郭沫若与茅盾》，《秦牧全集·补遗卷》，人民文学出版社2004年版，第39—40页。
② 秦牧：《郭沫若与茅盾》，《秦牧全集·补遗卷》，人民文学出版社2004年版，第40页。

的合理之处，而是实事求是，从现实出发，指出不足与遗憾之处在于，"其美学思想都并不怎么深刻，而且往往显得零乱，缺少系统性，他们谈出来的许多美学观点听起来有理却都不是他们所创造"。①

另外，《郭沫若与茅盾：从意志自由到历史必然》作为新时期以来第一篇从现代哲学发展角度切入的文章，详细探讨了两位文学大师从对自由意志的颂扬到对历史必然性探索过程中显现出的异同之处。文章一开始就将郭沫若早期诗歌、历史剧和茅盾的小说的哲学品格指向"自由意志"，在比较分析二者对以尼采哲学为代表的西方自由意志思想的不同领悟和借鉴的基础上，得出郭沫若与茅盾的异同之处在于，"他们在打破偶像、重新评估一切价值、歌颂和追求个人的意志自由方面，表现出了共同的倾向。但是，如果说郭沫若从自我扩张出发，注重的是大力讴歌自由意志的崇高与神圣，那么茅盾显然更深入了一步，他的目光集注在意志自由和历史必然性的关系上"②。从这个角度上来说，茅盾要比郭沫若思考得更为全面，更为深入，思维与作品中也蕴含了更多的历史辩证法。不过，对于郭沫若而言，虽然自由意志论与历史决定论常以合作与背离的独特形式并存于他早期思想、作品之中，但郭氏通过饱含激情与热力的诗歌创作，同样传达了近代文学革命的哲学指向，在五四思想史乃至整个 20 世纪中国思想史中都具有积极的探索意义。除此之外，《茅盾、郭沫若与中西文学的互证互识》③《大道之行殊途同归——鲁迅、郭沫若、茅盾的思想创作与外国文化之关系的比较研究》④等文继续探讨了郭沫若与茅盾对西方文艺思想的接受与反射，从不同角度窥视了他们在与西方文学的比较互动中存在的特点及异同，进而发掘出内蕴其中的价值和意义。因此可以说，西方文艺理论视角的引用与介入是深化郭茅比较研究的重要途径。

　　① 封孝伦：《理想与现实的分裂和对抗——论郭沫若、茅盾的美学思想》，《贵州社会科学》，1997 年第 7 期，第 60-62 页。

　　② 高瑞泉：《郭沫若与鲁迅：从意志自由到历史必然——中国现代文学的哲学透视之二》，《天津社会科学》，1992 年第 2 期。

　　③ 乐黛云、王向远：《茅盾、郭沫若与中西文学的互证互识》，《比较文学研究》，福建人民出版社 2006 年版。

　　④ 曾庆元：《大道之行殊途同归——鲁迅、郭沫若、茅盾的思想创作与外国文化之关系的比较研究》，武汉大学学报（人文科学版），2001 年第 6 期。

二、聚焦文学创作

将郭沫若和茅盾分为风格截然不同的作家在现代文学研究史上已存在多年，"为艺术"与"为人生"的互相对立在将郭茅研究推向深入的同时，也使研究本身在既定思维的规约下日益僵化。但刘勇教授的《茅盾与郭沫若：人生派与艺术派?》一文为我们反思研究中存在的问题提供了一个良好思路。正如文章所说，"虽然'为人生'和'为艺术'表面上是互相对立的，但茅盾与郭沫若并不像他们的口号那样彼此对立……中国的'为艺术'主张，其根本目的说到底还是'为人生'的，只是表面上略有区别罢了。"① 随后，文章从郭沫若与茅盾的创作生活入手，以一种敏锐、冷静的研究视角，深刻、细致地剖析了二者的文学创作历程及代表作品，将郭沫若与茅盾在文艺思想及创作上的独特方式分别归纳为"用创造来展示生活"和"用生活来创造艺术"。其实正如人们常将"艺术源于生活又高于生活"作为艺术创造的既定准则一样，生活、创造和艺术三者本身就是一个无法分割的矛盾共同体，因此，从这一意义上来说，虽有诸多差异与裂隙的郭沫若与茅盾在此时得到了暗合。

事实上，郭茅二人都是以小说创作起家的，因此从文学发生论的角度来说，对郭沫若与茅盾短篇小说进行比较分析就具有了特别的意义和价值。《论郭沫若与茅盾早期的短篇小说》一文正是以此立意的代表文章。正如作者所言："本文拟从人物叛逆性格的塑造、爱情题材的运用，对西方现代派手法的择取、对文艺功利观与创作'为人生'的认识诸方面，对两者进行美学比较，比较其异与同，不仅能使各自的特点鲜明地显示出来，而且有助于说明：浪漫主义与现实主义尽管各有无可代替的本质特征，却都不是封闭的、僵化的艺术体系，这就蕴含着艺术本身确有共同的规律。"由此可看，早在20世纪80年代，学界就对贴在郭茅身上长达半个世纪之久的浪漫主义、现实主义标签产生了质疑，而以文本介入的方式比较分析二人文艺理论的区别与联系就成了该文的特色所在。最后，文章在经过独特的分析与论证后，认为郭沫若与茅盾早期短篇小说的差异之处在于：

---

① 刘勇：《郭沫若与茅盾：人生派与艺术派?》，《现代文学讲演录》，广西师范大学出版社 2009 年版，第 327 页。

"郭沫若的作品多借自我形象抒写内心世界，主观性强，烈火般的感情，浓郁的诗意明显地自然袒露，境界别致，语言复沓，回环往复，气势逼人。茅盾的作品冷静地反映客观世界，感情蕴藉、深沉，构思精巧，语言简洁，其味醇厚。"但是，正如作者所言，郭茅同中有异，异中有同的文艺思想不仅是对僵化、封闭的艺术规律的反拨和背离，更在具体的文学创作中"关注并发掘了小说人物的内心世界，开拓了作家的思维空间，增强了文学的认识功能，标志着文学作家现代文学观念和审美意识的更新"①。此外，《茅盾与郭沫若异同论》②《鲁迅、郭沫若、茅盾历史题材小说的论述与比较》③ 等文在肯定两者具有相同特点的基础上，又对其进行了总体比较与平行比较，成为此期小说创作比较的补充。

除了小说创作，将茅盾与郭沫若的诗词作品进行比较也是显示创作者艺术个性的绝佳方式。《论茅盾的诗词创作——兼于鲁迅、郭沫若比较》一文正是在肯定茅盾诗歌创作的前提下，运用交叉比较的方法对三人诗词作品中的几个问题进行集中论述的代表文章。论文首先分析了茅盾所留存的 161 首新旧体诗词，并肯定其研究的价值和意义，进而从郭沫若与茅盾诗词中存在的"内容趋势附势与艺术芜杂不精的问题"为突破口，仔细探求此类问题产生的政治原因及思想原因，表达了一种"即无需为尊者、贤者讳而对这种错误倾向不作任何批评，也不能以偏概全因此而对诗人过多的否定"④ 的实事求是的态度，而这对于新世纪的郭沫若、茅盾研究具有思想上的指导意义。此外，正如诗词创作必然要以一定诗歌理论为支撑一样，对郭沫若与茅盾诗歌理论的比较研究自然也是一个新的学术关注点。而李标品的《中国现代作家文体论》一书则在详细阐释鲁郭茅三人的诗歌理论之后，另辟专节对三者进行了比较，客观分析了三人诗歌理论的出发点在于"鲁迅着眼于整个诗坛创作的倾向，意在把握新诗发展的方向。郭沫若着眼于新诗创作的艺术规律，较全面地论述诗歌的本质是抒情，并把诗格与人联系起来加以论述。茅盾则着眼于新诗的创作实际，从具体的诗歌创作出发，引发出带有规

---

① 徐可：《论郭沫若与茅盾早期的短篇小说》，《郭沫若学刊》，1988 年第 3 期。

② 欧家斤：《茅盾与郭沫若异同论》，《郭沫若学刊》，1993 年第 3 期。

③ 曹铁娟：《鲁迅、郭沫若、茅盾历史题材小说的论述与比较》，《思茅师专学报》，1992 年第 1 期。

④ 丁茂远：《论茅盾诗词创作——兼于鲁迅、茅盾比较》，载中国茅盾文学研究会《茅盾与二十世纪》，华夏出版社 1997 年版，第 400—411 页。

律性的结论"①。在谈及郭茅两人早期都赞同的诗歌"主情说"时，作者特别强调了茅盾相对于郭沫若更强调诗歌抒情的时代性问题，而这可能是我们单独研究郭茅诗歌理论时所忽视的地方。

三、探求历史横断面

探求历史横断面，是对某一问题的横向比较，纵向探索。而在发掘郭沫若与茅盾交往史实钩沉，厘清二人恩怨是非的基础上，比较研究两者人生经历、思维方式及文化背景上的异同，就具有了史实探寻与比较研究的双重价值。因此，从历史出发，以事实为准的研究郭沫若与茅盾在 20 世纪 20 年代及抗战期间的文艺论争，用更开放的文学史视野和更广阔的文化学视角审视他们的不同文化成就和文化地位，继而探寻其政治和文学观念的同与异，对于剥离研究之中存在的偏见和误读，还原两人在现代文学史和文化史上的真实面貌和地位具有独特的贡献。这类研究的代表成果如《石取他山攻玉错：郭沫若与茅盾》②《郭沫若、茅盾论争的曲曲折折》③《大战斗都为着同一目标——茅盾与郭沫若》④《"暴露与讽刺"论争中的郭沫若和茅盾》⑤《人生·艺术·介绍外国文学的目的——二十年代初期郭沫若与茅盾的论争述评》⑥《郭沫若、茅盾往事》⑦ 等均以史实性的梳理和注释为基础，注重发掘隐藏在表象之下的真与假、和与分、异与同，极大地丰富了郭茅比较研究的内容，拓宽了研究视野。不过，比较视点的狭窄，论述方式的琐碎及单纯通过交往史料去阐明二人身上存在事实差异的思路，虽然为我们展示了多种深入了解二者异同的独特视角，但也在一定程度上限制了学术性研究的深入与

① 李标品：《茅盾的诗歌理论》，《中国现代作家文体论》，黑龙江人民出版社 2005 年版，第 248 页。

② 陈伟华：《石取他山攻玉错：郭沫若与茅盾》，《鲁迅郭沫若研究札记》，中国社会科学出版社 2009 年版。

③ 李频：《郭沫若、茅盾论争的曲曲折折》，《大众期刊运作》，中国大百科全书出版社 2003 年版。

④ 钟桂松：《"大战斗却都为着同一目标"——茅盾与郭沫若》，《人间茅盾——茅盾和他同时代的人》，河南人民出版社 1993 年版。

⑤ 白永吉：《"暴露与讽刺"论争中的郭沫若和茅盾》，《郭沫若学刊》，2005 年第 3 期。

⑥ 邵伯周：《人生·艺术·介绍外国文学的目的——二十年代初期郭沫若与茅盾的论争述评》，《郭沫若学刊》，1988 年第 1 期。

⑦ 涂光群：《郭沫若、茅盾往事》，《五十年文坛亲历记》，辽宁教育出版社 2005 年版。

文化透视新境界的提升。

此外，值得一提的是一篇比较研究郭沫若与茅盾书艺特色的文章。作者从郭茅二人的书法艺术入手，认为"郭沫若的性情之作"和"茅盾的理性之作"① 都是在他们独特的性格特征、人生经历中形成的，同时也客观地批判了二人书艺在性情与理性纠葛斗争下暴露的缺点和问题。但是，该文的不足之处在于并未详细展开讨论，而似蜻蜓点水般简单叙述，缺乏深层次发掘研究的眼光。

四、原因与反思同在

正如之前所说，相对于纷繁复杂的鲁郭、鲁茅比较研究，"门前冷落车马稀"的郭沫若与茅盾比较研究成为一片未被关注和开垦的处女地。虽然两人同属大家，且个体研究异常兴盛，但二人的比较研究，在许多研究者看来并无过多阐释空间。首先，两人虽然同为现代文学史上的巨臂，且在新中国成立后都担任了较高的行政职位，但整体观之，除 20 世纪 20 年代、40 年代发生的几次文艺论争外，两人直接接触的时间并非太多，因此可供挖掘的史实也很匮乏。其次，作为创造社与文学研究会的领袖，郭茅二人"为艺术"与"为人生"的文艺主张早已成为学界的共识，其区别大于联系的论断在一段时期内很难改变，这就为突破固定思维，走出研究困境蒙上了一层无法祛除的阴影。再次，相比较于茅盾而言，郭沫若炽烈的革命热情与政治敏感性将他塑造成一个忠实的革命者，一个中国革命文艺政策的呼应者、推行者，两个人在文艺理论上虽有较多的相遇和碰撞，但可供深入发掘的内涵问题却很有限。最后，从文学创作的倾向上来说，郭沫若创作较多的当属诗歌、历史剧，而茅盾则更钟情于小说和文学批评，虽然二人在诗歌、小说、散文领域有所重合，但并未激起引人注目的火花。当然，现实的困境虽然在一定程度上限制了郭茅比较研究的深入和扩大，但原因仅仅是原因，它的存在既不能成为冷落研究的借口，也不能成为遮蔽既有研究成果光芒和魅力的理由。与此同时，在对既有研究成果以肯定和鼓励的基础上，给予必要的反思，就成为我们的又一重要关注点。

首先，怎样正确看待郭沫若的缺点与不足？相对于鲁迅、茅盾等人，郭沫若

---

① 刘宗超：《共和国书法大系》，江西美术出版社 2009 年版，第 86—88 页。

一生之中存在的缺点和弱点非常突出，"两极阅读"现象的出现使他成为一个直到今天还存在巨大争议的历史人物。但是，对于研究者来说，不管是为尊者讳的遮补掩盖，还是简单化的粗暴批评，都不能客观、准确、全面地看待郭沫若的不足，更不能充分了解他对文学革命、新文化运动乃至整个中国现代文学建构过程中的历史贡献。正如著名历史学家黄仁宇所说的，"对历史人物的作为要有一种同情心，要设身处地地从他的具体境遇出发"，"要通过一个人物、一个事件、一个时段来透视，来把握一个时代的整体精神"①。而这正是我们研究历史人物时所必备的信仰和态度。当然，必须承认的是，郭沫若在近半个多世纪的文学生涯中确实存在许多过失，如"五四时期"面对文化传统时的过度偏激，"创造时期"学习西方的天真幼稚，"文革"时期丧失知识分子价值追求的无奈可惜……不过我们还应该看到的是，郭沫若的人生追求、文艺思想、价值观念以及在建构 20世纪中国文化中的创作与努力。至于茅盾，其实也是一样，他们互为存在、相伴相生的历史贡献性和历史局限性表达了一代知识分子的理想与追求，过失与遗憾，而这正是研究者们所要关注的关键所在。

其次，如何避免比较研究中的简单归纳和模拟？观察现阶段的比较文学研究现状，仅对作品、人生经历简单对比，对二人异同点简单归纳已是普遍存在的现象，而这也是当前郭茅比较研究中出现的问题。因此，如何避免此类现象的发生就成为研究能否成功延续下去的关键。古罗马学者塔西陀曾说："要想认识自己，就要把自己同别人进行比较。"② 这也是运用比较的方法去认识人类，区别和确定事物异同关系的主要目的。但是，许多已有的研究成果却忽视了这一点，只是简单寻找郭沫若与茅盾之间有哪些相同点、不同点，忽视了同与异背后的未知问题，从而沦为了"为比较而比较"的工具。因此，在寻找异同处的基础上深度发掘隐藏在表象之下的因果内涵，就有了认识事物本质，把握基本规律的价值和意义。此外，具备可比性是比较研究顺利进行下去的前提。但对可比性的判断不是表层现象的一般发现，而是对两者之间存在的内在联系和本质共性的独特总结。在具备可比性的前提下，对郭茅二人之中相同点的比较，是对某种具有共同规律性未知问题的揭示；而对不同点的比较，则是对某种具有特殊性未知问题的探

---

① 转引自孔丽雯：《骤变 798——后工厂的艺术号角》，湖南美术出版社 2011 年版，第 14 页。
② 转引自陈强，鲍悦华：《德语国家科技管理的比较研究》，化学工业出版社 2012 年版，第 2页。

索。因此，对相同点和不同点数量较多且并不孤立存在的郭沫若与茅盾而言，从现象出发，用整体观照，以学理探讨就成为避免简单归纳和模拟，深化比较研究的有效途径。

最后，下一个郭沫若与茅盾比较研究的学术增长点在哪里？就目前所列举的郭沫若与茅盾比较研究的成果来看。从思想来源、风格差异、创作异同，到资料考证、关系疏离、个性对比等等，各类选题较为广泛，论述也相当深入。诸多研究者在对二人互相参照和比较分析中提出了许多前人未曾明确表达的观点，也澄清了一些历史事实。但是，这些研究成果主要还是部分相对单纯的论文，其单调化、片断化、印象化的研究方式在一定程度上限制了研究视角的开放深入和研究领域的全面开拓，而缺乏完整比较系统和全面比较视域的研究专著，不能不说是郭茅比较研究中的一大遗憾。正如我们所知，在整个 20 世纪中国文学史中，郭沫若与茅盾分别代表着两种不同的知识分子群体。郭沫若热情、豪放，善于自我表现与流露，重开始而不计过程与结果；茅盾则冷静、敏锐，创作之中结合了深度与广度、冷静与激情、科学与美学。他们所提倡的文艺观点、价值取向、从事的文学创作缺一不可，共同推动了中国新文学的历史进程。而在新中国成立后，郭沫若与茅盾两人又共同经历了"文化大革命"和真理标准的讨论，从这个意义上来说，他们又代表了五四一代知识分子在中国现代史上行进的全过程。因此，从 20 世纪中国社会发展史的角度分析郭沫若与茅盾的异同，从"全人视境中的观照"① 入手，全面比较他们不同时期的文化性格、文艺批评、心理状态、文学创作就具有了一种由个别到一般，由局部到整体，由单一到开放的视角来解读现代中国、现代中国人、现代中国文化与现代中国社会某种精神"密码"的可能。

对于研究者而言，比较文学研究方法的成功引入是中国现代文学研究得以深入、扩大和持久的重要秘诀。诚然，中国现代文学的发生离不开中西文化的碰撞、对话与交融，而在此基础上，运用比较的眼光和方法深刻分析西方文艺理论与社会思潮对中国社会、政治、经济、文化产生的冲击和影响，不仅有助于横向了解中国现代文学与 20 世纪世界文学的区别与联系，还为我们纵向剖析中国现

---

① "全人视境中的观照"，出自《全人视境中的观照——鲁迅与茅盾比较论》一书，又称全人研究，是对研究对象（作家、文人和战斗等）作为"人"而非"神"的整体把握。详细可参考：李继凯：《全人视境中的观照——鲁迅与茅盾比较论》，中国社会科学出版社 2003 年版。

代文学的发展脉络提供了新的视角和维度。但是，研究中国现代文学，除了宏观视野上的国内外比较，从文学内部出发，对现代文学史上的各种文学现象进行相互比较同样是扩展与深入文学研究领域的有效措施。回到郭茅比较研究本身，正如学者所说，"茅盾是属于 20 世纪的，也是属于 21 世纪的"①。其实郭沫若同样如此。我们有理由相信，随着比较文学研究观念的深入、文学研究方法的革新与科学理性研究意识的勃发，郭沫若与茅盾比较研究必将在不久的将来产出更多、更好的优秀成果。

---

① 钟桂松：《二十世纪茅盾研究史》，浙江人民出版社 2001 年版，第 289 页。

后　记

首先要感谢我那青葱的"知青生涯"，那时候在苏北万亩果园里不仅能够看到许多果树的开花结果，同时伴随枕畔的便有郭沫若的书，尤其是他诠释或手书的毛泽东诗歌集，这样的时代烙印极深的书居然能够使我打发许多徜徉于树林中的寂寞时光。

其次要感谢我本科学习时的专业课老师，如吴奔星、陈金淦、邓星雨等老师，他们常常讲起郭沫若，还曾请来吴功正先生为大家讲郭沫若诗歌，激情洋溢，给我们这些"77级"学子留下了极为深切的印象。

还要感谢我那些"游学"中结识的师友。我于1983年秋"西游"到了西安，顶着研究生的头衔满世界晃悠，接触到许多学者，自然包括自己的"亲导师"黎风先生，以及教研室中的傅正乾等老师，大都是搞"鲁郭茅"研究的。那时候是"新启蒙"时代，文学大家研究是很走红的，郭沫若也是学术界的热点，全国郭沫若研究会更是热闹，厕身其间，其乐融融，师友交往，受益良多。

更要感谢四川省郭沫若研究中心和中国郭沫若研究会诸位老师的提携帮助，立项支持我总结一下自己的郭沫若研究，如今在冯超博士的努力下，本书已经成型，且加入了一些相关的插图，其中有多篇文章也出自他的手笔，还有个别篇章是与钱克兴合作的，因此这本书其实是师生合作的成果，教学相长，同行共勉，立此存照，亦可资纪念也。

最后还要感谢我的老伴刘瑞春女士，她不仅持家有方，偶尔即兴发表对郭沫若的某些印象式的话语和议论，也可以促进我进一步思考某些"郭沫若现象"。

是为后记。

李继凯
2016 年 8 月 16 日定稿